KB083425

전쟁터로 간 소크라테스

전쟁터로 간 소크라테스

철학자의 삶에서 배우는 ───────── 유쾌한 철학 이야기

김헌 지음

SOCRATES WENT TO WAR

북루덴스

일러두기

이 책의 모든 표기는 저자의 표기 원칙을 기준으로 하였다.

프롤로그

무엇을 사랑하며 살 것인가?

"

인문학이란 무엇인가?

인문학의 위기라는 말을 자주 듣습니다. 그런데 인문학이 뭘까요? 좀 단순하게 풀어 보겠습니다. 이 말은 '인문(人文)'과 '학(學)'으로 나뉘고, '인문'은 다시 '인(人)'과 '문(文)'으로 나뉩니다. 문(文)은 '글월 문'이라고 새기는데, '글월'이란 '글자' 그리고 글자들이 결합하여 이루어지는 '글과 문장'을 가리킵니다. 그러면 인문은 '사람의 글자' '사람의 문장'이란 뜻으로 풀이되는데, 이게 무슨 뜻일까요? '사람이 쓴 글씨나 문장'이라고 하면 충분할까요?

문(文)은 오래전 중국의 갑골문에서는 팔을 벌린 사람의 가슴에 문신을 새겨 넣은 모양새를 취하고 있습니다. 그러니까 문(文)은 애초엔 '사

람의 가슴에 문신을 새긴다'는 뜻이었습니다. 사람마다, 부족마다 취향과 약속에 따라 서로 다른 문신을 새겼기 때문에 위와 같이 다양한 모습의 원초적 형태가 남아 있지요. 그러니까 문(文)은 글자라는 뜻 이전에 '무늬'라는 뜻으로 통했던 겁니다. 나중에는 이 둘의 의미를 구분하면서 문(文)은 글자를 뜻하는 의미로 굳어졌고, 대신 무늬를 뜻하는 紋(문)자가 새롭게 생겨납니다. 그런데 따지고 보면, 글자라는 것도 종이 위에 새기는 무늬와 다를 바 없으니 굳이 나눌 필요가 있었을까 싶긴 합니다.

이런 사정을 살펴보면, 인문(人文)은 원래 '사람의 무늬'라는 뜻이었습니다. 위 글자들을 보면 '사람의 몸에 새겨진 무늬' 즉 '문신(文身)'을 뜻했지요. 그렇다면 인문학은 문신을 잘 새기는 방법을 연구하는 학문일까요? 그렇지는 않겠지만, 잘 생각하면 통할 것도 같습니다. 이제 인문의 뜻을 조금씩 넓혀 볼까요. 사람의 몸에 문신을 새기는 주체도 결국 사람일 테니 인문은 이제 '사람이 새겨 넣은 무늬'라는 뜻도 됩니다. 그리고 사람이 사람에게 새겨 넣은 무늬, 즉 문신만을 뜻하는 데서 그치지 않고, 사람이 사람의 몸 아닌 다른 것에다 새겨 넣은 무늬도 모두 인문이됩니다.

돌에 새겨 넣은 그림이나 글, 고운 비단 위에 수놓은 그림, 종이 위에

붓으로 멋지게 쓴 문장들도 모두 인문입니다. 이렇게 말하고 나니, 인문학의 의미가 조금씩 생기는 것 같습니다. 적어도 마지막에 말한 것처럼, 사람이 멋지고 의미 있는 문장을 잘 쓰는 방법을 연구하는 것이 인문학일 것 같으니까요. 인문의 의미를 좀 더 깊게 파헤쳐 볼까요?

먼저, 인문에 대비되는 것이 무엇일까요? 『주역』의 '분괘(賁卦)'에는 이런 말이 있습니다. "천문(天文)을 살펴서 시간의 변화를 관찰하고, 인문(人文)을 살펴서 천하를 화성(化成)한다." 주목할 것은 '인문'에 짝을 이루는 말이 '천문'이라는 것입니다. 천문은 말 그대로 '하늘의 무늬', 즉 '하늘에 새겨진 무늬'라는 뜻이 되겠지요. 아침에 떠올라 한나절을 밝히다가 서쪽으로 저무는 태양이 하늘에 새긴 가장 대표적인 무늬겠지요. 천문으로서의 태양의 움직임을 잘 살펴보면 하루라는 시간의 변화를 파악할 수 있습니다. 밤이 되면 두둥실 달이 떠오릅니다. 달은 밤하늘에 새겨진 무늬, 또 하나의 큰 천문이지요. 달은 날카로운 손톱 같은 초승달로 떠올라 보름달이 될 때까지 차오르다가 점점 기울면서 그믐날에는 아예 사라집니다. 천문으로서의 달의 움직임과 모양새의 변화를 관찰하면 한 달이 지나가는 시간의 흐름을 읽을 수 있습니다. 또한 반짝이며 하늘을 수놓는 수많은 별과 그것들이 만들어 내는 신비로운 별자리들의 움직임을 헤아린다면 계절의 변화를 느낄 수 있겠지요. 맞네요. '천문을 살펴서 시간의 변화를 관찰'한다는 것 말입니다. 이처럼 천문의 움직임을 탐구하는 학문은 그야말로 '천문학'이고, 천문을 관찰할 수 있는 곳을 '천문대'라 합니다.

이런 식으로 따지면, "인문을 살펴서 천하를 화성한다"는 말에서 인문과 인문학의 의미를 찾을 수 있겠네요. 인문은 앞서 살펴본 것처럼 사람의 무늬입니다. 사람의 몸에 새겨진 문신에서 시선을 다른 곳으로 돌리면 사람들이 이 세상에 새겨 놓은 다양한 인문을 발견할 수 있습니다. 예를 들어 볼까요. 이름 모를 풀들이 무성한 땅이 있습니다. 그곳으로 한 농부가 소를 끌고 들어와 풀을 뽑아 내고 땅을 갑니다. 드론이라도 띄워 이 장면을 카메라에 담는다면, 농부가 밭을 가는 모습은 땅에 선으로 그림을 그리는 것처럼 보일 겁니다. 즉 자연에다 농부가 무늬를 새겨 넣는 것이지요. 그것은 농부의 인문이 아닐까요. 사람들이 넓은 황무지를 개척하여 집을 짓고 마을을 이루며 다른 마을로 통하는 길을 닦는 것도, 강이 범람하지 않도록 강물을 따라 둑을 쌓는 것도 모두 인간들이 땅에 새겨 넣는 무늬, 즉 인문이라고 할 수 있습니다. 결국 인문이란 이 세상에 태어나 살다 죽어 갈 인간들이 생존과 행복을 위해 새겨 넣는 흔적의 총칭이라고 정의할 수 있겠네요.

어디 그뿐이겠습니까? 자기가 보고 느낀 것을 화폭에 그리는 행위는 화가의 인문일 테고, 삶의 경험과 깨달음을 글로 써서 이야기를 지어내는 것은 작가의 인문입니다. 어떤 사람의 몸에 무늬를 새겨 넣는 것처럼, 나를 만나는 사람들에게 내가 짓는 표정과 행동, 말 한마디 한마디가 모두, 그 사람의 마음에 내가 새겨 넣는 인상 일체가 그 사람에게 새겨 넣는 나의 인문입니다. 이렇게 인문의 외연을 넓혀 나가면, 인간의 모든 행위가 인문이라고 생각할 수 있습니다. 제가 지금 글을 써서 여러분이 그것을 읽고 마음에 새겨 넣는다면, 그것은 글을 통해 제가 여러분께 저의 인문을 새겨 넣은 것이겠지요. 사람의 행동 하나하나가 모두 인문이니, 삶의 터 위에 함께 사는 사람들이 어떤 '인간의 무늬', 즉 인문(人文)을 남기느냐가 한 나라, 한 민족의 문화(文化)와 문명(文明)의 실체와 수

준을 결정할 것입니다.

　그런데 저는 인간 사회와 역사에서 가장 중요한 인문은 교육이라고 생각합니다. 교육의 구체적인 한 장면을 떠올려 볼까요? 교실에서 선생님이 학생들에게 지식과 정보, 전통과 가치를 전달합니다. 학생들이 선생님을 바라보며 그 말을 마음에 새깁니다. 그렇게 선생님이 학생에게 지식과 전통적 가치를 새기는 행위가 인문이며, 그 인문의 실천을 통해서 한 세대에서 다음 세대로 전달됩니다. 이와 같은 교육 행위는 한 공동체 내의 정체성과 역사를 이어 나갈 중요한 인문의 실천입니다.

　흥미로운 것은 이런 생각들이 서양의 언어에 흔적으로 남아 있다는 겁니다. 고대 그리스에서는 교육을 '파이데이아(Paideia)'라고 했습니다. '아이(pais)를 어른으로, 인간다운 인간으로 성장시킨다'는 의미를 담고 있지요. 고대 그리스 문화를 전폭적으로 계승한 로마에서는 이 말을 '후마니타스(Humanitas)'라고 옮겼습니다. 이것은 '인간다움' 나아가 '인간다운 인간의 모습을 갖추도록 하기'라는 의미가 담겨 있는데, 영어 '휴머니티(Humanity)'로 고스란히 이어집니다. 그리고 '인간다움을 탐구하는 공부'인 '스투디아 후마니타티스(Studia Humanitatis)'는 '인문학'이 됩니다. 이처럼 서구 문명사에서 교육은 곧 인문(학)이라는, 뜻을 담고 있는 셈입니다.

　그런 인문을 살피고 탐구하는 것, 그래서 천하를 화성하는 학문이 바로 인문학입니다. 천하를 '화성'한다는 건, 그야말로 세상을 만들어 나가는 것입니다. 지금까지 사람들이 이 세상에 남겨 놓은 온갖 종류의 인문을 살피면서, '인간은 무엇이기에 이런 것들을 남겼을까?'라며 인간의 본성을 탐구하는 것, '그렇다면 인간은 무엇을 할 수 있는가?'라며 인간의 가능성을 상상하고 타진하는 것, '그런 인간은 무엇을 해야 하고 하지 말아야 하는가?'라고 물으며 인간의 도덕적·윤리적 당위성을 모색하는 것이 인문학입니다. 마지막 세 번째 질문에 이르면, '화성'은 더 높은 차원의 의미로 올라섭니다. 단순히 새로운 것을 만들어 내는 데서 그치지 않고, 덕을 구현하고 세상을 선하게 만드는 것이지요. '우리는 이제 어떤 세상을 만들어야 하는가?' 인문학은 궁극적으로 이 질문에 답하는 학문이라고 할 수 있습니다.

그렇다면 인문학의 위기란 무엇일까요? '이 세상에 무엇을 새겨 넣을 것인가? 어떤 인문을 남길 것인가?'를 고민하지 않을 때 생기는 위기입니다. 이 위기는 아주 사소하고 일상적인 차원에서 시작됩니다. '나는 오늘 내가 만난 사람들에게 어떤 무늬를 남겼나? 나의 말은 상대를 미소 짓게 만들고 행복하게 하는 아름다운 인문으로 남았는가, 아니면 상대의 가슴을 아픈 상처로 얼룩지게 만든 저주와 욕설의 난도질이었는가? 나의 표정과 행동은 상대가 즐거운 꿈을 꾸게 만드는 유쾌한 인문으로 남았는가, 아니면 혹시 불쾌함을 일으키는 지저분한 낙서로 남은 것은 아닌가?' 이런 질문을 던지며 오늘을 깊이 성찰하고, 그 반성의 사유를 바탕으로 내일은 내가 가는 곳에 어떤 무늬, 어떤 인문을 남길 것인가를 숙고하고 준비하는 삶이 인문의 삶, 인문학적 통찰이 있는 삶이라고 할 수 있습니다. 이런 통찰이 희미해질 때, 인문학의 위기가 온다고 할 수 있겠지요.

거꾸로, '나는 내 안에 무엇을 새겨 넣을 것인가?'라는 질문도 던질 수 있습니다. 어떤 사람을 만나고, 어떤 경험을 하고, 어떤 책을 읽고, 어떤 음악을 듣고, 어떤 그림을 보느냐에 따라, 내 안에 새겨지는 것이 달라질 것입니다. 그리고 내 안에 새겨지는 것들이 하루하루 누적되면서 총체적으로 나의 품격을 이루고, 그것이 나의 말과 행동, 인격으로 나오겠지요. 내가 어떤 인문을 내 안에 새길 것인가, 그리고 어떤 인문을 내 바깥의 사람들과 세상에 새길 것인가, 이런 통찰이 약할 때, 세상을 위협하는 인문학의 위기가 개인의 차원에서도, 사회적 차원에서도 찾아옵니다.

서양 최고의 고전으로 꼽히는 기독교의 성서는 이렇게 시작합니다. "태초에 신이 하늘과 땅을 만들었다." 아무것도 없는 허무의 공간에 신이 자신의 무늬를 새겨 넣은 것입니다. 최초로 빛을 만들었다고 합니다. 텅 빈 공허에 불현듯 빛이 새겨지더니 낮과 밤의 구별이 생겼답니다. 그리고 신은 자신이 우주에 새겨 넣은 빛을 보고 "보기에 좋았다"고 합니다. 그리스어로 번역된 '70인경'에는 "아름답다(kalon)"라고 번역되었습니다. 신은 계속해서 창공과 물과 바다를 만들었고, 하늘에는 해와 달과 별이 빛나게 했고, 땅에는 풀과 꽃, 나무를 피워 냈습니다. 그리고 마지막으로 인간을 만들었지요. 인간은 신이 이 세상에 가장 정성껏 새겨 넣은 무늬(文)입니다.

그가 이 우주에 새겨 넣은 모든 것들이 생겨날 때마다 '아름답다'는 자족의 감탄이 터져 나왔습니다. 그런 신이 정말 부럽습니다. 그런 신처럼 내가 이 세상에, 나를 만나는 사람들의 마음에 보기 좋은 무늬, 아름다운 인문을 남기는 삶을 살 수 있다면 얼마나 좋을까요? 우리가 날마다 그렇게 노력하고 아름다운 결실을 하나씩 하나씩 맺으며 자족하는 삶을 살게 된다면, 우리의 삶은 가히 신의 경지에 이른 것이 될 것입니다. 하루를 돌아보며, '참 아름답다! 보기 좋구나!' 하며 잠자리에 들 수 있다면 말입니다.

| 인문학의 세 분야, 문(文)·사(史)·철(哲) |

인문, 사람들이 이 세상에 남겨 놓은 모든 흔적들을 바라보고 깊이 숙고하면서 '도대체 인간은 어떤 존재이기에 이런 흔적을 만들었을까?'를 물으며 인간의 본성을 탐구하는 것이 인문학이라 했습니다. 그러나 인문학을 좀 더 세밀하고 정확하게 정의해 나갈 수 있습니다. 흔히 인문학에는 문(文)·사(史)·철(哲) 세 분야가 있다고 합니다. 문학과 역사와 철학을 줄여서 이렇게 말합니다.

이 가운데 역사는 사실에 입각하여 실증적인 탐구를 해 나갑니다. 지금까지 인간이 이 세상에 무엇을 남겼는가를 정확하게 밝혀내려고 하지요. 오직 사실만을 밝혀내겠다는 의지가 남다릅니다. 어느 시대에 어느 곳에서 누가, 무엇을, 어떻게 했는지, 왜 했는지를 최대한 명확하게 밝혀내려고 합니다. 실증적인 증거가 없다면, 아무것도 단언하려고 하지 않고, 매우 조심스럽게 접근하며, 증거 자료를 찾아 사실이 아닌 것은 엄격히 제거하고 제한합니다.

그렇게 마련된 구체적인 사실과 사건, 유적을 보면서 냉정하고 차분한 태도로 객관적으로 기술하려고 노력하지요. 왜 그랬는지, 그래서 인간은 어떤 존재라고 말할 수 있는지, 적어도 그 시대는 어떤 시대고 그 시대를 살았던 사람들은 어떤 특징이 있는지를 궁극적으로 밝혀내고 싶어 하지만, 충분한 근거와 자료가 없다면 설불리 단정하려고 하지 않습니다. 역사의 법칙을 내세웠던 사람도, 그런 작업이 유행했던 시대도 있지만, 그것이 역사를 연구하는 사람의 본연의 자세는 아니라고 해야겠지요. 역사를 나타내는 영어 단어 히스토리(history)는 원래 그리스어 히스토리아(historia)에서 온 것인데요, '자신이 직접 보고 듣고 겪은 것을 기록하고 탐구하는 것'이라는 뜻입니다. 그래서 역사의 아버지라고 불리는 그리스의 헤로도토스나 실증적인 역사에 충실했던 투퀴디데스 모두 근거 없는 소문이나 허황된 상상의 이야기를 거부하고 검증할 수 있는 자료나 증언에 충실했습니다.

반면 문학은 기본적으로 사실에 충실하고 세상과 인간에 관한 진실을 지향하지만, 역사처럼 실증의 덕목에 묶여 있으려 하지 않습니다. 인간이 실제로 무엇을 했는가를 탐구하는 데서 그치지 않고, 그런 인간이라면 도대체 무엇을 할 수 있을까에 대해 자유롭게 상상의 나래를 펼칩니다. 이러이러한 인간이 어떠어떠한 상황 속에 놓이게 된다면 무슨 일을 할 수 있는지, 인간의 가능성을 마음껏 상상하는 가운데 인간이 무엇이며 무엇일 수 있는지를 실험합니다. 역사와 문학을 비교하며, 아리스토텔레스는 『시학』에서 이렇게 말했습니다. "시인의 작업은 실제로 일어났던 일이 아니라 일어날 수 있었던 일, 즉 개연성이나 필연성에 따라 가능한 일을 말하는 것이라는 사실은 명백하다." 따라서 "역사가와 시인의 차이점은 한 사람은 일어났던 일들을 말하는 반면, 한 사람은 일어날 수 있는 일들을 말한다는 데 있다."

인간이 실제로 무엇을 했는지, 그리고 무엇을 할 수 있는지를 탐구하는 것은 분명 인간을 이해하는 데 아주 중요합니다. 따라서 역사와 문학이 인문학의 중요한 두 축이 된다는 것을 부인할 수는 없습니다. 그러나 인간들 사이에서 실제로 벌어진 일들을 고찰하고 인간들이 할 수 있는 일들을 상상하는 것만으로는 충분하지 않습니다.

여기에 더해, 인간이 무엇을 해야 하고 무엇을 하지 말아야 하는지를 물어야 합니다. 그것은 윤리적이고 도덕적인 문제이며, 당위성을 따지는 것입니다. 역사를 돌이켜 보며, '이런 일은 일어나지 말아야 하지 않는가?' '그때 그렇게 했어야 하는 것 아닌가?'라는 질문은 그런 윤리적·도덕적 문제의식에서 나오는 것입니다. 인간과 세상의 실상을 파악하는 데서 그치지 않고, 그 가능성을 상상하는 것을 넘어서는 곳에서 철학이 그 고유한 빛을 찬란하게 발합니다. '인간은 이렇게 했다. 그리고 인간은 이런 일도 할 수 있다. 그러나 이렇게 해야 도리가 아닌가?'라는 당위의 문제를 다루며, 사람들이 가야 할 길을 환하게 보여 주기 때문입니다.

　물론 철학도 역사처럼 인간과 세상의 실체를 파악하려고 노력합니다. '무엇을 해야만 하고, 그렇게 했을 때, 인간과 세상은 어떤 행복을 누릴 수 있는가?'라는 질문은 단순히 논리적인 탐구만이 아니라 문학에서와 같은 모종의 상상력이 필요합니다. 그러나 철학은 윤리적이고 도덕적인 당위성을 제안하는 가운데 인간이 궁극적으로 나아가야 할 방향을 제시하는 데에서 최종적인 결실을 맺으려고 합니다. 그래서 인간의 윤리적 문제를 다루었던 소크라테스를 철학의 본격적인 시작점으로 삼으려는 사람들이 적지 않습니다. 소크라테스 이전에도 많은 철학자들이 있었지만, 진정 인간의 윤리적인 문제를 다룬 철학자는 소크라테스였기 때문입니다. 로마의 철학자인 키케로가 『투스쿨룸 대화』라는 책에서 이렇게 말했습니다.

　　그러나 그 옛날의 철학으로부터 아낙사고라스의 제자인 아르켈라오스에게서 강의를 들었던 소크라테스에 이르기까지 철학자들은 숫자들과 운동들을 다루어 왔고, 모든 것들이 어디에서 오는지, 어디로 가는지, 그리고 별들의 크기, 간격, 궤적과 천체에 관해 아주 진지한 연구를 해 왔다. 그러나 소크라테스가 처음으로 철학을 하늘에서 도시들과 인간들 안으로 불러들여 자리 잡도록 했고 집 안으로 끌어들였으며, 삶과 죽음, 선한 것들과 악한 것들에 관해 탐구하도록 만들었다.

대부분의 철학사 책에서 고대철학은, 소크라테스를 기점으로 소크라테스 이전의 철학자들을 비중 있게 다루면서 이들을 묶어 '자연철학자들'이라고 부릅니다. 그들의 관심이 인간 바깥의 세상과 물건들에 있었다는 의미이지요. 그런데 그것을 요즘 학문의 구분으로 본다면, 소위 '문과'가 아니라 '이과'에 속하는 관심이었고, 그들의 문제의식과 지향점은 '철학'이라기보다는 '과학'에 가까웠습니다. 그러나 소크라테스는 인간의 바깥으로 향하던 지성의 눈을 인간 안으로 돌렸습니다. '어떻게 하면 인간답게 살 수 있을까, 행복한 삶을 살기 위해 공동체는 어떻게 구성되어야 하는가, 그렇게 하려면 어떤 덕이 필요한가?' 그야말로 소크라테스는 본격적인 인문학으로서의 철학을 하며 삶의 방식에 관해 진지한 탐구를 한 셈이지요. 실제로 그도 이렇게 말했습니다. 플라톤의 『소크라테스의 변명』에 나온 말입니다.

인간이 누릴 수 있는 가장 좋은 것들이라고 내가 생각하는 것은 이것입니다. 즉 날마다 덕에 관해서 말하는 것, 내가 다른 사람들과 나누는 대화에서 주제가 되는 것들, 그리고 그것을 기준으로 나 자신과 다른 사람들을 검토할 때, 여러분이 듣는 바로 그런 것들에 관해서 말하는 것입니다. 이와 관련하여 나는 숙고하지 않는 삶은 인간에게 살 가치가 없다고 말하겠습니다.

인간을 인간답게 만드는 덕에 관하여 대화를 나누고, 인간을 평가하는 참된 기준이 되는 것이 무엇인지를 묻고 탐구하고 검토하며 숙고하는 삶이야말로 인간의 삶을 값지게 한다는 것이지요. 이것은 그야말로 자연과학이나 테크놀로지와는 구별되는 인문학적인 가치를 지닌 윤리학으로서의 철학입니다.

| 무엇을 사랑할 것인가? |

그런데 안타깝게도 소크라테스는 당시 아테네 시민들에게 많은 오해를 받았습니다. 시기 질투와 혐오의 대상이 되기도 했지요. 몇몇 사람이 그를 고발했고, 그는 재판정에 서야 했습니다. 법정에서 열정적인 변론을 펼쳤으나, 배심원으로 모인 시민들을 설득하지는 못했습니다. 결과는 극단적이었지요. 사형선고를 받았으니까요. 그를 아끼며 존경하고 따르던 친구와 제자들은 소크라테스가 무고하게 죽도록 놔둘 수는 없다고 생각했습니다. 탈옥을 기획했지만 그는 단호하게 거부했습니다. 죽음을 기꺼이 맞겠다는 것이었지요. 사실 자신은 평생 죽음을 기다려 왔고, 일생을 바쳐 죽음을 준비해 왔다고 주장합니다. 그런데 그렇게 고대하던 죽음의 순간이 왔는데, 죽음을 피해 탈옥을 한다고요? 말이 안 된다며 탈옥하자는 제안을 거절했던 겁니다. 그러면서 이렇게 말합니다. 소크라테스의 최후의 순간을 그려 낸 플라톤의 『파이돈』에 나오는 구절입니다.

그러면 어떤 사람이 죽게 되었다고 분하다며 화내는 걸 자네가 본다면, 그것이 자네에겐 그가 **필로소포스**(philosophos)가 아니라 **필로소마토스**

(philosōmatos)라는 충분한 증거가 되지 않겠나? 그리고 바로 그 사람은 똑같이 **필로크레마토스**(philokhrēmatos)이고 **필로티모스**(philotimos)임에 틀림없네, 둘 중 하나건, 둘 다건!

소크라테스가 죽음을 준비하고 기다려 왔다는 말이 무슨 뜻이냐고요? 죽음은 영혼이 몸에서 빠져나가는 해방의 사건인데, 철학은 몸의 간섭에서 영혼을 떼어 내어 순수한 존재와 진리를 추구하는 작업입니다. 몸과 영혼의 분리, 그 점에서 철학은 죽음과 비슷합니다. 그러니 평생 철학을 했다는 것은 죽음을 연습하고 기다린다는 뜻이 되는 거지요. 그런 차원에서 소크라테스는 위와 같은 말을 했던 겁니다.

그런 소크라테스를 이해하기 위해 인용문에서 굵게 표시한 그리스 단어들에 집중하겠습니다. 네 개의 단어에는 '필로'라는 말이 공통으로 들어 있는데, '사랑하다, 좋아하다, 친애하다'라는 뜻입니다. 그래서 '필로스(philos)'는 '친구'라는 뜻이 되고, '필리아(philia)'는 '우정'을 뜻합니다. 사랑한다는 것은 대상에 대한 열정을 갖는 것입니다. 그런데 대상에 대한 열정은 그것이 필요하기 때문에 나오고, 그것이 필요하다는 것은 그것이 결핍되어 있어 고통을 겪는다는 뜻입니다. 어떤 대상에 대한 결핍이 고통을 만들고, 그 고통에서 벗어나기 위해 열망하는 것, 그것이 바로 사랑입니다.

이제 '필로' 다음에 쓰인 말들을 풀어야겠지요. '소포스(sophos)'는 '지혜로운 사람'이라는 뜻인데, 지혜를 뜻하는 '소피아(sophia)'와 연결됩니다. 그래서 '필로소피아(philosophia)'는 '지혜 사랑'인데, 보통 '철학'으로 번역됩니다. 그리고 '필로소포스(philosophos)'는 '지혜를 사랑하는 사람', 즉

'철학자'가 됩니다. 어떤 사람이 지혜를 사랑하는 철학자일까요? 스스로 아는 것이 없다는 것을 깨닫고 지혜의 결핍을 절실하게 느끼고, 그 결핍 때문에 견딜 수 없는 고통을 겪으면서, 그 무지의 고통을 극복하기 위해 지혜에 대한 열정을 가지고 지혜를 추구하는 것, 그것이 바로 지혜를 사랑하는 철학자의 모습입니다. 그는 지혜를 추구하고 얻는 과정에서 기쁨을 느끼고, 그 기쁨을 다른 이들에게도 전하려고 애쓰는 교육자의 모습을 나타내기도 합니다.

반면 '필로소마토스(philosōmatos)'에서 '소마(sōma)'는 '육체'를 뜻합니다. 그래서 필로소마토스는 '몸을 사랑하는 사람'이라는 뜻이 됩니다. 몸을 사랑한다는 것은 자기 몸을 잘 가꾸는 운동선수의 모습과 연결되기도 하지만, 육체를 정신보다도 더 중요하게 생각하고, 육체적 욕망을 채우는 일을 삶의 최고 목표로 삼고 살아가는 사람을 가리키기도 합니다. 이런 사람은 몸이 생명을 잃고 쓰러져 버리는 죽음을 두려워할 겁니다. 영혼을 돌보고 육체에서 벗어나려고 노력하는 대신, 악착같이 육체적인 삶을 연장하려고 집착하며 정신을 온통 육체적인 것, 세속적인 것에 빼앗기고 말지요. 소크라테스가 죽음을 연습하고 기다리면서, 영혼을 육체의 간섭으로부터 떼어 내며 영혼을 풍성하게 하는 지혜를 사랑했던 것과는 정반대의 태도입니다.

육체를 사랑하는 사람들은 여러 가지 모습으로 나타날 겁니다. 감각적이고 육체적이며 물질적인 이 세속의 삶에 집착하는 모든 형태의 사람들이 필로소마토스에 속합니다. '필로크레마토스(philokhrēmatos)'가 대표적인 사람입니다. 그는 '크레마(khrēma)', 즉 '돈과 재물'을 사랑하는 사람이기 때문이지요. 한편 '필로티모스(philotimos)'는 '티메(timē)', 즉 사람들 사이의 '평판과 명예'를 사랑하는 사람입니다. 이 또한 정신적인 가치보다는 세속적 가치에 더 많은 무게를 두고 있다고 할 수 있습니다.

소크라테스는 바로 이런 사람들이 죽음을 두려워하고, 물질적인 가치와 육체적인 욕망에 집착하며 이 세상에서의 삶이 전부인 것처럼 살아가면서 영혼을 돌보는 일에 소홀하다고 지적합니다. 그런데 이런 사람들이 추구하는 육체적·세속적인 것들은 그 양이 제한되어 있어 사람들 사이에 경쟁을 일으킵니다. 욕망을 채우려고 혈안이 된 사람들은 수단과 방법을 가리지 않고 경쟁자들을 제거하고 다른 사람들의 접근을 막습니다. 폭력도 서슴지 않습니다. 그들의 욕망은 쉽사리 채워지지 않아, 더 많이 가지려고, 더 많은 사람을 제거하는 가운데 이 세상을 맹수들의 생존경쟁 터로 만들고 말지요. 이런 가치의 추구가 결국 인간 사회를 피폐하게 만듭니다. 반면 지혜를 사랑하고 추구하는 사람은 그 반대편에 서 있습니다. 그들이 추구하는 지혜는 정신적인 것에 속하기 때문입니다. 이들은 세속적이고 육체적·물질적 가치에 집착하지 않고 오히려 가볍게 여기며 멀리하고 지혜를 지고의 가치로 존중하며 갈망하지만, 그것이 다른 사람들과의 경쟁을 일으켜 사람들을 고통스럽게 하지는 않습니다.

이런 점에서 본다면, 대부분 우리 사회의 위기는 결국 인문학적인 위기이며, 사람들이 정신적 가치인 지혜보다는 물질적이고 육체적인 욕망에 자신을 맡기기 때문에 생기는 것이라고 진단할 수 있을 것입니다. 우리가 무엇을 사랑하며 살아갈 것인가, 어떻게 죽음을 준비할 것인가를 고민한다면, 인문학의 위기는 극복되며 우리의 공동체가 행복의 터전이 될 수 있지 않을까요?

하이데거의 질문, 철학이란 무엇인가?

1955년 8월, 독일의 철학자 하이데거(Heidegger, M., 1889~1976)는 프랑스 노르망디에서 '철학이란 무엇인가?'라는 제목으로 강연했습니다. 그런데 그가 어떻게 노르망디에서 강연을 하게 되었을까? 의아하신 분들이 계실 겁니다. 독일과 프랑스는 제2차 세계대전 때, 최대의 앙숙으로 싸웠습니다. 그래서 독일의 철학자가 프랑스에 가서 '철학이란 무엇인가?'라는 질문을 던지고 강연을 했다는 게, 이해하기 쉽지 않습니다. 게다가 하이데거가 나치에 협조했다는 사실을 알고 나면 더욱 받아들이기 어렵지요.

그런데 하이데거는 나치에 협조했음에도 전쟁이 끝나고 학자로서 존경을 받으면서 활동했습니다. 물론 격렬하게 비판받기도 했지요. 하이데거가 도대체 어떤 활동을 했기에 이 같은 논란에 휩싸이는지 살펴보겠습니다. 하이데거는 1889년, 독일 바덴주의 메스키르히라는 작은 마을에서 태어났습니다. 프라이부르크대학교에서 신학을 공부하다가 철학으로 전공을 바꿨지요. 1923년 서른네 살에 마르부르크대학교의 교수가 되고, 1928년 서른아홉 살에는 모교인 프라이부르크대학교 교수가 됩니다. 문제는 1933년에 터집니다. 당시 프라이부르크대학교 총장이던 묄렌도르프 교수가 반유대주의에 반대하다가 나치에 의해 파면됩니다. 그는 하이데거를 찾아가, 총장이 되어 달라고 부탁했습니다. 자칫하면 나치당의 간부가 총장이 될 수도 있으니, 그걸 막아야 한다는 게 이유였습니다.

불과 마흔네 살에 불과했던 하이데거는 거의 만장일치로 대학 평의회의 지지를 받아 총장이 됩니다. 총장이 된 그에게 나치 간부가 찾아와 나치당에 입당하라고 강권하고, 하이데거는 나치당에 입당합니다. 아마도 하이데거는 나치당, 즉 '국가사회주의 독일노동자당'과 그 지도자인 히틀러에 대해 큰 거부감이 없었던 것 같습니다. 오히려 히틀러의 『나의 투쟁』도 읽고, 독일 민족의 이상을 나치즘에서 찾을 수 있다고 생각했던 것 같습니다. 게다가 총장 취임 연설에서 하이데거는 학생들에게 학문 활동뿐만 아니라, 노동과 군사훈련에도 동참하라고 권합니다. 결과적으로는 그는 나치에 협조했습니다. 하지만 그가 열성 나치 당원이었던 건 아닙니다.

 총장 취임 연설로 인해 하이데거는 평생 비판을 받았습니다. 그러나 억울한 측면도 없지 않습니다. 하이데거는 어쩔 수 없는 상황에서 총장이 되었고, 총장이 되어서도 나치에 적극 협조하기보다는 오히려 반유대주의 정책을 계속 반대했기 때문입니다. 하이데거는 결국 10개월 만에 총장직에서 물러났습니다. 그는 불순분자로 찍혔고, 전쟁 말기에는 '쓸모없는 교수' 취급을 당했습니다. 심지어 라인강 변의 참호를 쌓는 강제노역에 동원되기도 했습니다. 그는 나치에게 시달렸고, 반나치주의자들에게도 비난받았습니다. 물론 사람들은 대부분 그의 철학과 학문적 성과에는 존경을 표했습니다.

 철학사에 한 획을 긋는 탁월한 철학자가 상황 판단과 처신을 잘못해서 곤경에 빠진 것입니다. 흔히 사람들은 "철학자들이 현실 감각이 없다"고 말하곤 하는데, 하이데거가 그런 말을 입증이라도 하듯, 몸소 보여 준 것 같습니다. 하이데거는 나치 치하에서 총장직을 수행했다가 고생을 많이 했습니다. 1945년에 연합군의 승리로 제2차 세계대전이 끝나자, 독일은 프랑스 군정 아래 놓입니다. 그때 하이데거는 대학 강의 금지 명령을 받습니다. 그로부터 6년 후인 1951년 9월에야 다시 강단에

서게 됩니다. 그리고 1955년에 프랑스의 초청을 받아 노르망디에서 '철학이란 무엇인가?'라는 강연을 하게 되지요.

| 철학하는 것 |

저는 앞으로 서양철학사를 풀어 나가는 방식으로 하이데거의 예처럼 철학자의 삶 자체와 그 속에서 이루어진 철학적 사유를 함께 살펴보고자 합니다. 왜냐하면 철학이 한 인간이 특정한 상황에서 행했던 구체적인 활동이기에, 그 내용이 아무리 추상적이라고 해도 철학자는 특정한 시대, 특정 상황 속에서 철학을 했기 때문입니다.

하이데거의 강연을 한마디로 정리하면, '철학이란 무엇인가?'라고 묻는 순간, 우리는 고대 그리스로 돌아가야 한다는 것입니다. 이 질문은 '정의란 무엇인가?' '아름다움이란 무엇인가?' '사랑이란 무엇인가?' '국가란 무엇인가?'와 같은 구조입니다. 바로 '○○○은 무엇인가?'라는 형식이지요. 하이데거에 따르면 '○○○은 무엇인가?'라는 식으로 질문하기 시작했던 사람들이 바로 고대 그리스인입니다. 그는 이렇게 말합니다. "그 물음은 소크라테스, 플라톤, 아리스토텔레스가 발전시켰던 물음의 형식이다. 예컨대 그들은 '아름다움이란 무엇인가?' '인식이란 무엇인가?' '자연이란 무엇인가?' '운동이란 무엇인가?'라고 물었다."

'○○○은 무엇인가?'라는 질문이 뭐 그렇게 대단한가요? 일견 무척 평범해 보이는 그런 질문이 누구나 가능하지 않다는 것이 하이데거의 주장입니다. 예를 들어 보겠습니다. 한 아이가 아빠에게 묻습니다. "이게 뭐야?" 아빠가 대답합니다. "이건 붕어빵이란다." 그런데 만약 그 아이가 더 묻지 않는다면, 아이가 알고 싶었던 것은 그 물건의 '이름'이었던 겁니다. '아, 이런 걸 붕어빵이라고 부르는구나!'라고 이름을 아는 순간 아이는 더는 물을 필요가 없는 거죠. 그리고 그 아이는 붕어빵이라는 이름과 함께 '붕어빵이란 이러이러한 것이구나!'라고 나름대로 생각하고, 그 생각으로 붕어빵에 대한 결론을 내릴 것입니다. 자기 생각이 맞는지, 틀렸는지 따지지 않고, 자신만의 생각에 만족하는 거죠.

그런데 그 아이가 "아빠, 그런데 붕어빵이 뭐야?"라고 묻는다고 가정해 봅시다. '○○○은 무엇인가?'라는 질문에서 ○○○에 붕어빵을 넣은 거죠. 아이는 도대체 뭘 알고 싶은 걸까요? 아이의 궁금증인 '붕어빵이 뭔지'에서 그 '뭔지'에 해당하는 것을 '본질'이라고 할 수 있습니다. 붕어빵을 붕어빵이게 하는 것, 붕어빵을 붕어빵으로 존재하게 만드는 것, 그게 빠지면 붕어빵이 될 수 없는 것, 그것이 붕어빵의 '본질'입니다. '붕어빵은 무엇인가?'라는 질문은 곧 '붕어빵의 본질은 무엇인가?'라는 질문과 같습니다. 그러면 그 질문에 대한 답은 뭘까요?

형태는 붕어 모양이고, 겉은 밀가루고 속에는 팥이 들어 있는 빵입니다. 요즘엔 팥 대신 슈크림 같은 다양한 재료를 넣기도 합니다. 그렇게 답을 만들면, 우리는 붕어빵에 대해 정확하고 충분한 정보를 얻게 됩니다. 바꿔 말하면, '붕어빵이란 무엇인가?'라는 질문을 던지면, 우리는 그때 비로소 붕어빵의 본질, 붕어빵의 정체에 대해 충분한 정보를 찾으려고 노력하게 되고, 그 과정에서 훌륭한 지식을 얻게 됩니다. 그런데 바로 그 같은 질문을 던지면서 답을 찾고, 본질을 추구하던 사람들이 바로 소크라테스, 플라톤, 아리스토텔레스 같은 고대 그리스 철학자들이었다는 것이 하이데거의 견해입니다. 그리스의 철학자들은 정의, 국가, 사랑, 아름다움, 용기, 그것이 도대체 무엇이냐고 묻고 그 대답을 찾기 위해 탐구했는데, 바로 그런 지성적인 활동을 철학이라고 생각한 거죠. 그리스 철학자들과 하이데거 모두 그렇게 생각했습니다. 단, 하이데거는 '그런 질문을 누가 가장 먼저 했고, 체계화해 나갔는가?'라는 질문에 대해 소크라테스를 지목하고, 그 뒤를 이어 플라톤과 아리스토텔레스가 그런 일을 했다고 한 겁니다.

그러면 '붕어빵이란 무엇인가'라는 질문을 일반화하여 철학을 정의하면, 철학이란 '대상이 무엇이든지 간에, 그 대상이 무엇이냐고 묻고, 그 답을 정확하게 찾아내려고 하는 작업'이라고 할 수 있습니다. '○○○은 무엇인가?' 바로 이런 질문을 발명해서 그 ○○○에 인간의 삶과 행동에 관한 중요한 개념을 넣고 그 답을 추구하는 것이 바로 철학이고, 그런 일에 평생을 다 바친 사람이 바로 철학자인 것입니다. 그래서 하이데거처럼 '철학이란 무엇인가?'라는 질문을 던지는 것 자체가 이미 철학을 하는 것이라고 할 수 있습니다.

우리가 생활 속에서 만나는 모든 것들을 무심코 지나가지 않고 '○○○은 무엇인가?'라는 질문을 던지면서 그 질문에 대한 답을 찾으려고 한다면, 그게 소크라테스, 플라톤, 아리스토텔레스와 같은 사람들이 발명했다는 '철학'을 하는 것입니다. '친구란 무엇인가?' '결혼이란 무엇인가?' '돈이란 무엇인가?' '직장이란 무엇인가?' 이런 질문을 던지고 답을 찾으려고 하는 것, 그것이 바로 철학입니다.

그런데 우리는 언제 이런 질문을 던질까요? 친구 사이에 문제가 생기거나, 결혼에 대해 회의가 들고, 돈이나 직장과 관련해서 뭔가 심각한 고민거리가 생겼을 때일 겁니다. 친구 사이나 결혼, 직장 생활에 큰 만족을 느끼며 힘든 일이 없다면 문제를 제기하지 않는 게 인지상정입니다. 그러니까 철학은 우리의 삶에서 문제가 생겼을 때, 절실해지는 것이라고 할 수 있습니다.

하지만 문제에 부딪혔는데도 질문을 던지지 않는 사람도 많습니다. 질문만 던지고 그 답을 찾으려고 노력하지 않는 사람은 더 많습니다. 하지만 문제가 생길 때마다 그에 관한 질문을 던지고, 답을 찾으려고 노력하는 사람을 '철학을 하면서 살아가는 사람', 즉 철학적으로 사는 사람이라고 할 수 있습니다. 그런 사람은 답을 찾게 되면 그 답을 따라 살아가며 실천하게 되고, 다시 문제에 부딪히면 또다시 질문을 던지고 답을 찾습니다. 문제없이 살고 그런 질문을 던지지 않아도 되는 삶이라면 좋겠지만, 사람이 살아가는 데 문제없는 삶이 어디 있을까요?

문제가 없는데 굳이 문제 삼아 질문을 던지는 것도 문제지만, 문제가 있는데도 문제 삼지 않고 묻지 않는 삶은 더 큰 문제라고 할 수 있습니다. 그래서 소크라테스는 그런 삶을 살 가치가 없다고 신랄하게 질책했습니다. 문제를 인식하고 질문을 던지고 진지하게 답을 찾아가는 삶, 그런 삶의 태도나 행동을 하이데거는 '철학하다(philosophieren)'라고 했습니다. 그의 글을 인용해 보겠습니다.

'철학이란 무엇인가?'라고 우리가 물을 때, 우리는 철학에 대해서 말하는 것이다. 이와 같은 방식으로 묻게 되면, 분명히 우리는 철학의 윗자리에, 즉 철학의 밖에 머물게 된다. 그러나 우리 물음의 목표는 철학 안으로 들어가는 것, 철학 안에 머무는 것, 철학의 방식에 따라 행동하는 것, 즉 '철학하는 것(philosophieren)'이다.

차례

제3부
전쟁터로 간 소크라테스

제4부
독주 한 잔

제1부

분화구 속으로
뛰어들다

나는
철학자입니다

뷔타고라스

'○○○은 무엇인가?'라는 질문을 던지고 그 해답을 찾으려는 탐구가 그리스에서 시작된 철학이라고 했습니다. 그래서 많은 사람들이 철학을 가리켜 '답이 없는 질문을 다루는 학문'이 아니냐고 비난하기도 합니다. '소금은 무엇인가?' '바닷물은 왜 짠가?' '강물은 왜 짜지 않은가?'라든가, '월식이란 무엇인가?' '다음 개기 월식은 언제 일어날까?'처럼 사람들이 대부분 수긍할 수 있는 답을 찾을 수 있는 질문을 던지는 학문이 과학이라면, 그야말로 정답이 없이 중구난방 답이 쏟아질 수밖에 없는 질문을 다루는 학문이 철학이라고 말하는 사람도 많습니다. 그리고 '그런 질문이 도대체 어디에 쓸모가 있을까?'라며 의심하고 철학을 심지어 '쓸데없는 질문으로 바쁜 사람들을 현혹하고 허송세월하게 만드는 학문'이라고 말하는 사람도 적지 않습니다.

그런데 철학의 역사를 연구한 학자들은 고대 그리스로 돌아가면, 철학이 삶과 아주 밀접하게 연결되어 있었다고 주장합니다. 그 가장 대표적인 사람이 프랑스의 피에르 아도입니다. 그는 『고대철학이란 무엇인가?』라는 책에서 고대 그리스의 철학이 '삶의 독특한 양식'이었다고 정의합니다. 철학이 인간의 삶을 대상으로 놓고, 마치 개구리를 해부하듯이 파헤치며 탐구하는 행위가 아니라, 철학이라는 활동 자체가 하나의 삶의 양식이라는 것입니다. 철학이 삶을 대상으로 하는 게 아니라, 사람들이 철학을 하면서 살아간다는 뜻입니다.

철학이 '삶의 한 양식'이라는 의미를 좀 더 구체적으로 설명하면, 철학자는 어떤 일을 할 것인가를 고민하고 선택하고 실천하면서, 묻고 또 묻습니다. 그리고 그 물음에 대한 확신이 섰을 때, 말하고 행동하고 그 말과 행동이 일으켜 놓은 결과가 과연 어떤 가치가 있는가를 또 묻습니다. 그 과정에서 책을 읽기도 하고, 다른 사람과 대화를 나누고, 또 글을 쓰기도 합니다. 하지만 책을 보고 연구하고 논문이나 글을 쓰는 것은 부차적인 일입니다. 정말 중요한 것은 살아가는 과정에서 끊임없이 묻고 되돌아보고, 반성을 토대로 다시 행동하고 말하고 살아가는 것. 그런 삶의 양식으로 살아가는 것, 그것이 철학이라고 피에르 아도는 말합니다.

아도가 정의한 삶의 양식으로서의 철학, 즉 살아가는 과정에서 묻고 되돌아보고 행동하는 삶의 방식은 고대 그리스의 역사에서 어느 순간 나타났습니다. 즉 전에 없던 '철학'이라는 삶의 양식이 새롭게 탄생한 것입니다. 그런 삶의 양식이 나타나기 전에는 사람들이 그렇게 살지 않았다고 할 수 있습니다. 다시 말해 철학이라는 삶의 양식이 나타나기 전, 사람들은 자기 삶을 돌아보고, 무엇이 옳은지, 그른지 깊이 따지지 않고 살았다는 겁니다. 다시 말해서, 철학이라는 것이 나타나기 전까지 사람들은 다른 사람들이 좋다는 걸 그저 좋은 거라고 따라 하고, 깊이 반성하지도 않고, 자기 영혼을 돌아보지도 않고 살았다는 겁니다. 그런데 어느 순간, 철학적인 태도로 사는 사람들이 나타났고, 그들의 삶의 양식이 사람들의 주목을 받기 시작했습니다.

'철학자'라는 말을 처음 사용했다고 알려진 퓌타고라스를 소개하면서 고대 그리스인들이 생각한 철학적으로 산다는 것이 무엇인지 구체적인 내용을 살펴보겠습니다. 퓌타고라스(Puthagoras, B.C. 580?~B.C. 500?)는 그리스 사모스섬 출신으로 우리에게는 수학 시간에 배운 '퓌타고라스의 정리'를 세운 수학자로 널리 알려졌습니다. 하지만 그는 자신을 철학자라고 규정합니다. 알려진 대로 철학자는 그리스어로 '필로소포스'이고, 철학을 '필로소피아'라고 합니다. 필로소포스는 '지혜를 사랑하는 사람'이라는 뜻입니다.

플레이우스라는 도시국가의 참주였던 레온이 퓌타고라스에게 물었습니다. "당신은 누구인가? 무엇을 하는 사람인가?" 그러자 퓌타고라스가 "저는 필로소포스입니다"라고 대답했습니다. 레온은 퓌타고라스에게 필로소포스에 대해 좀 더 자세히 말해 달라고 요청합니다. 퓌타고라스는 이렇게 설명합니다.

인생은 축제와 같습니다. 많은 이들이 축제가 열리는 곳으로 모여들죠. 어떤 이는 승리를 얻기 위해 경기하러 오고, 어떤 이는 돈을 벌기 위해 장사하러 옵니다. 하지만 가장 뛰어난 이는 축제를 보려고 오는 관람객입니다. 이와 마찬가지로 인생에서도 노예근성을 타고난 이들은 화려한 명성과 물질적 풍요를 좇아가지만, 진정 앎을 사랑하는 사람들은 진리를 추구한답니다.

수의 원리로

퓌타고라스가 수학을 공부한 건, 수학책을 펴내고 수학을 가르치면서 먹고 살려고 한 것이 아니라는 사실에 주목해야 합니다. 그렇다고 수학적인 원리에 대한 순수한 지적 호기심을 채우기 위해 탐구에 전념했던

퓌타고라스 흉상

것도 아니었습니다. 그는 만물의 구성원리를 탐구하면서 세상 만물이 수로 구성되어 있고, 모든 것이 수의 원리로 움직인다고 생각했으며, 인간의 삶 자체도 수학적 원리로 이루어졌다고 믿었지요. 그래서 수학을 공부해야 삶의 진리를 깨달을 수 있고, 그 진리에 따라 살아야 인생을 행복하게 살 수 있다고 생각했습니다. 퓌타고라스가 수학을 공부한 이유는 수학적 진리를 따라 사는 것이 행복에 이르는 방법이라 믿었고, 그 자체가 또한 삶의 중요한 방식이었기 때문입니다. 수학은 그에게 철학, 삶의 방식으로서의 철학이었습니다. 그리스의 다른 철학자들도 마찬가지입니다. 이해를 돕기 위해 '인간은 생각하는 갈대다'라는 경구로 유명한 프랑스의 철학자 파스칼의 말을 인용해 보겠습니다.

> 우리는 플라톤이나 아리스토텔레스를 학자 특유의 긴 옷을 입은 모습으로만 상상한다. 하지만 그들은 보통 사람들처럼 친구들과 웃으며 담소를 나누는 순수한 사람들이었다. 그들은 『법률』과 『정치학』을 쓰는 과정을 즐겼고, 그렇게 즐기기 위해 책을 썼다. 그것은 그들의 삶에서 가장 덜 철학적이고 덜 심각한 일이었다. 가장 철학적인 일은 평온하고 단순하게 삶을 살아가는 것이었다.

파스칼이 플라톤과 아리스토텔레스를 예로 들었지만, 파스칼의 철학적인 삶이라는 규정에 가장 잘 들어맞는 사람은 소크라테스였습니다. 그는 책을 하나도 쓰지 않았으니까요. 소크라테스는 덜 철학적인 일에 시간을 허비하지 않았고, 대신 사람들과 대화하고 웃고 떠들며 삶의 대부분을 보냈습니다. 그렇게 살아가는 게 그에게는 좋은 삶이었고, 진정한 철학이었던 것입니다.

파스칼은 "가장 철학적인 일이 평온하고 단순하게 살아가는 것이다"라고 했는데 왜 우리는 철학을 공부한다고 하면, 철학책을 읽고 철학 관련 글을 쓰거나 논문을 쓰는 학자들을 떠올릴까요? 그 답이 바로 서양 철학사에 있습니다. 그리스에서 철학을 한다는 것은 생각하고 대화하고 판단하고 선택하고 행동하고, 그리고 다시 그 행동을 돌아보고, 잘 사는 것이 무엇일까를 고민하며 살아가는 것이었습니다. 소크라테스, 플라톤, 아리스토텔레스를 거치면서도 그 전통은 잘 유지되었습니다.

그런데, 그 이후 서양철학의 역사에서는 그들과 관련된 책, 특히 플라톤과 아리스토텔레스 같은 그리스 철학자들이 쓴 책을 읽고 그 뜻을 해석하고 연구하는 것이 철학의 가장 중요한 활동이 되었습니다. 다시 말해, 고대 그리스의 위대한 철학자들이 어떤 말을 했고, 그 말이 의미하는 바가 무엇인지를 이해하고 해석하는 데에 열정을 바친 그들의 후계자들은 그리스 철학자들이 자신들의 방식대로 살아가는 철학적인 삶을 점점 뒷전으로 밀어내는 모습을 보였던 겁니다. 그리고 그런 모습이, 파스칼의 말대로 학자의 옷차림으로 강단에 서서 강의하고, 연구실에 눌러앉아 책을 파헤치고, 집필하는 모습이 철학자의 전형이 되었고 그 연구 결과를 마치 상품처럼 팔아서 먹고사는 것이 철학자의 일로 여겨지게 된 것입니다.

하지만 소크라테스를 보면 학교를 세워 학생들을 가르치면서 수강료를 받은 것도 아니고, 책을 써서 그 인세를 받으며 살아간 것이 아닌데도, 사람들은 그를 가장 위대한 철학자라고 부릅니다. 하이데거도 서양 철학의 진정한 시작은 소크라테스로부터라고 할 정도니까요.

고대 그리스의 철학은 지금 우리가 알고 있는 철학과는 크게 달라 보입니다. 철학이 커튼이 드리워지고 책으로 가득한 연구실이나 도서관보다는 우리의 일상생활의 현장에 가까이 있는 느낌이지요. 이런 고대 철학과 관련하여 칸트의 말을 되새길 필요가 있습니다.

에피쿠로스, 제논, 소크라테스 등의 고대철학자들은 현대 철학자들보다 훨씬 더 진정한 의미에서 철학자라는 관념에 충실했다. 한 노인이 플라톤에게 자신은 덕에 대한 가르침을 들었노라고 말했다. 플라톤은 그 노인에게 '그래서 결국 당신은 언제 덕을 실천하면서 살려고 합니까?'라고 물었다. 사색만이 능사가 아니다. 궁극적으로는 사색의 결과를 적용하는 것에 대해 생각해야만 한다. 그러나 오늘날 자신이 가르치는 바와 일치된 삶을 사는 자는 몽상가 취급을 받을 뿐이다.

진리를 아는 것보다 선을 행하는 것이 훨씬 더 중요하다는 것을 우리가 잘 알고 있듯이, 칸트도 그런 맥락에서 위와 같은 말을 한 것 같습니다. 우리는 말만 하는 몽상가를, 삶의 현장에서 멀리 떨어져 무슨 소린지도 모르는 어려운 관념을 외치는 사람을 철학자라고 오해하는 것 같습니다. 그래서 "우리 시대에는 철학 선생만 있고 진정한 철학자는 없다"는 말이 나오는 게 아닐까요. 철학이 단순히 학문의 한 분야가 아니라 삶을 잘 살아가기 위한 방법론, 삶의 양식이라는 점을 되새겨야 할 시점입니다.

세상 만물은
무엇으로
이루어졌는가

탈레스

앞에서 우리는 '철학이 무엇인지를 알려면 고대 그리스로 가야 한다'라는 주제로 스스로를 철학자라고 주장한 퓌타고라스와 그 시대의 철학적 삶이 무엇인가를 살펴보았습니다. 그런데 철학의 역사를 연구하는 학자들은 퓌타고라스보다 한두 세대 앞서 살았던 탈레스를 최초의 철학자라고 부릅니다.

탈레스(Thalēs, B.C. 624?~B.C. 546?)는 밀레토스에서 태어나 기원전 546년에 일흔여덟의 나이로 세상을 떠났습니다. 그가 출생한 밀레토스는 그리스 본토가 아니라 지금의 튀르키예 땅 서쪽에 있는 해안 도시로 탈레스가 살던 시기에는 그리스의 식민도시였습니다. 우리는 탈레스를 최초의 철학자, 즉 최초의 필로소포스라고 부르는데, 그건 나중에 붙여진 명칭이고 당시 사람들은 그를 '소포스'라고 불렀습니다. '지혜로운 사람' '현인'이라는 뜻이죠. 그리스에서는 그를 포함하여 뛰어난 지혜를 가진 일곱 명의 유명한 '소포스', 즉 '칠현인(七賢人)'이 있었습니다.

그와 관련해서 유명한 일화가 전해집니다. 밀레토스의 한 청년이 생선을 먹고자 어부에게 돈을 주고 그물에 잡히는 것을 모두 사기로 했습니다. 어부가 바다에서 끌어 올린 그물 속에는 물고기와 함께 값진 세발솥(다리가 세 개 달린 솥)이 있었습니다. 그 세발솥은 누구의 것일까요? 청년은 그물에 잡힌 것을 모두 사기로 돈을 지불했으니 세발솥도 자기 것이라고 주장했습니다. 어부는 물고기는 청년의 것이겠지만, 세발솥은 자기 것이라고 반박했지요. 두 사람의 논쟁이 계속되자, 밀레토스 사람들은 델피에 있는 아폴론 신전에서 신탁을 구했습니다. '모든 이들 가운데 가장 지혜로운 자, 그가 세발솥의 주인'이라는 답이 나왔지요. 그런데 누가 가장 지혜로운 사람일까요? 밀레토스 사람들은 모두 탈레스라고 입을 모았습니다. 하지만 탈레스는 "나는 이것을 받을 자격이 없소"라며 거절하고 대신 다른 사람을 추천했지요. 겸손도 지혜로운 사람의 중요한 조건 같지요?

탈레스가 지목한 사람은 피타코스였습니다. 그는 귀족들의 힘을 누르고 민중의 지지를 받아 민주적인 정치를 펼친 뮈틸레네의 정치가였습니다. 그는 아테네와 무력으로 충돌했을 때, 장군으로 참전하여 전면전 대신 일대일 대결을 제안하여 아테네의 프뤼논을 제압하여 전투를 승리로 이끌었습니다. 그는 자식이 살해되는 비극적 상황에서도 범인을 잡아 처벌하는 대신, "용서는 복수보다 더 훌륭한 것이다"라며 용서하고 사형을 면할 수 있게 해주었다고 합니다. 그에게 세발솥이 전달되었을 때, 피타코스의 반응도 탈레스와 같았습니다. 그도 세발솥을 받을 수 없다며 다른 사람을 지목했던 것입니다.

그렇게 세 번째로 지목된 소포스는 프리에네라는 도시국가의 비아스라는 사람으로, 기원전 6세기에 활동하던 정치가였습니다. 그는 시민들이 만족할 만한 법을 제정했지요. 또한 억울하게 당한 약자들이나 모함으로 죄를 뒤집어쓴 사람을 위한 변론에 앞장선 일종의 인권 변호사 노릇을 했습니다. 그는 '힘이 아니라 합리적인 설득으로 당신의 뜻을 관철하라'는 신념을 지켜 나갔습니다. 또한 전쟁 포로로 잡혀 와 노예생활을 하던 이방의 여인들에게 교육의 기회를 제공하고, 나중에는 고향으로 돌아갈 수 있도록 해주었다고 합니다. "부유하다는 이유로 그럴 가치가 없는 자를 찬양하지 말라"는 말을 남겼는데, 권력이나 돈 앞에 비굴하지 않은 모습으로 시민들의 존경을 받았던 지혜로운 사람이었습니다. 그는 도시의 청년들에게도 "젊은 시절을 지나 노년으로 가는 삶의 여행에서 그 무엇보다도 지혜를 동반자로 삼으십시오. 그것이 다른 어떤 소유보다도 오래갑니다"라고 조언했습니다. 이런 비아스에게 세발솥이 전달된 것은 어찌 보면 당연한 일이었습니다. 하지만 그도 자기는 세발솥의 주인이 아니라며 거절했지요.

네 번째로 지목된 소포스는 린도스의 통치자로 백성들의 높은 신임을 받던 클레오볼로스였습니다. 그는 탈레스의 장인이었다는 이야기가 전해지기도 하고 할아버지였다는 말도 있습니다. 그가 남긴 몇 가지 명언들은 당대 사람들 사이에서 지혜로운 조언으로 회자되었습니다. "입을 열어 말하기보다는 귀를 열어 듣는 것이 더 좋다." "분쟁 뒤에는 항상 협상을 준비하라." "삶에서 최선의 미덕은 절제다." "폭력으로 일을 해결하려고 하지 말고, 악덕과 부정의를 피하라." 하지만 그도 세발솥에는 조금의 욕심이나 미련이 없었습니다.

주인을 찾지 못한 세발솥은 크레타(또는 라코니아)의 한 도시국가(케나이, 또는 켄)에 살던 뮈손에게 전달되었습니다. 그는 독재적인 권력을 행사하던 참주의 아들이었지만 농부가 되어 정치와 거리를 두면서도 사람들의 어려움을 헤아리며 그 해결책을 모색했다고 합니다. 그는 "말에 따라 사실을 조사하거나 판단하지 말고, 사실에 비추어 말을 따져 보라"라는 말을 했습니다. 그는 편견에 휩싸이지 않고 사태를 객관적이고 공평하고 공정하게 풀어 나가려고 노력한 것으로 유명했습니다. 그는 델피 신탁에서 세상에서 가장 분별력이 있는 사람이라는 평가를 받았습니다.

그런데 일부 기록에 따르면, 세발솥은 뮈손이 아니라 코린토스의 페리안드로스에게 갔다는 이야기도 있습니다. 페리안드로스는 코린토스의 참주였습니다. 코린토스는 그리스 본토와 펠로폰네소스반도를 잇는 좁은 육로의 서쪽 끝에 자리한 도시국가였습니다. 페리안드로스는 이런 지리적 위치를 경제적으로 활용하여 이탈리아반도와 아테네를 오가는 배들이 펠로폰네소스반도를 빙 돌아가지 않고 코린토스 지협을 가로질러 갈 수 있도록 배들의 도로(디올코스)를 건설하여 코린토스에 막대한 부를 가져다주었습니다. 그는 강력하고 현명한 정치력을 발휘하여 반대자를 제압하는 한편, 코린토스를 부강한 나라로 키워 나갔고, 국가가 거두어들인 부를 시민들에게 적절하게 분배함으로써 큰 지지를 받았다고 합니다.

세발솥을 받은 사람이 페리안드로스든, 클레오불로스든, 두 사람 모두 앞선 사람들과 마찬가지로 세발솥을 거절했습니다. 그렇게 거절된 세발솥은 스파르타의 킬론에게 전달되었습니다. 그는 왕을 보좌하는 감독관이었는데, 왕의 독재를 막는 감독관 제도를 만든 사람이 바로 킬론이었습니다. 그는 자신이 만든 제도가 어떻게 실행되어야 하는지, 얼마나 공정하고 청렴하게 수행되어야 하는지를 솔선수범하여 보여 주었던 겁니다. 또 스파르타를 중심으로 하는 펠로폰네소스동맹을 결성하고 강화해 나가는 탁월한 정치력과 외교력을 보였습니다. 그는 "간단명료함이 철학의 요체다." "강하거든 자비로워라. 이웃이 그대를 두려워하기보다는 존경할 것이니"라는 명언을 남겼습니다. 그 역시 세발솥을 거절했습니다.

그렇게 해서 세발솥은 결국 아테네의 솔론에게 전달되었습니다. 그

청동 세발솥 _ 델피의 아폴론 신전 박물관

는 아테네의 정치가이자 입법가였는데, 법과 정치적인 메시지를 아름답고 적절한 선율에 담아 발표하였기 때문에 시인으로도 높은 평가를 받았습니다. 아테네가 살라미스섬을 놓고 메가라와 군사적으로 경쟁할 때, 지휘관으로 임명되어 전쟁을 승리로 이끌면서 시민들의 신임을 받았습니다. 특히 그는 귀족이나 왕족과 같은 소수의 기득권층이 권력을 독점하던 정치적 관행을 조금씩 해체하고 민주정으로 갈 수 있는 길을 열었습니다. 신분에 상관없이 경제적인 수준에 따라 시민들이 선거권을 행사할 수 있도록 하는, 일종의 금권정치를 펼쳤던 겁니다. 지금의 시각으로 보면 부자를 위한 정책 같지만, 그리스시대라는 역사적 맥락에서 보면, 그동안 정치권력에서 소외되었던 시민들이 권력에 진출할 수 있는 길을 열어 준 획기적인 조치였습니다. 그는 아테네의 정치적 개혁을 위한 법을 만들어 놓고 깨끗이 정치 일선에서 물러나 세상을 떠돌아다녔다고 합니다. 그에게 세발솥이 도착했을 때, 그는 그것에 조금도 욕심을 갖지 않았고, 세발솥이 주인을 찾지 못하고 떠돌아다니는 사연을 듣고는 결정적인 마침표를 찍었습니다. 그는 인간들 사이에서 이 세발솥의 주인을 찾을 수 없으니, 이성과 신탁의 신인 아폴론에게 바쳐야 한다고 제안했던 겁니다. 그래서 세발솥은 에게해의 여러 도시국가를 돌고 돌다가 결국 델피에 있던 아폴론 신전에 봉헌되었습니다.

다른 이야기도 있습니다. 솔론은 자신은 세발솥의 주인이 아니라며, 밀레토스의 탈레스를 지목했습니다. 이렇게 해서 탈레스에서 출발한 세발솥이 다시 탈레스에게 오자, 그는 세발솥을 델피에 있는 아폴론 신전에 바쳐야 한다고 결론을 냈다고 합니다.

지혜로운 자

앞에서 소개한 소포스 대부분은 학문적 연구에 전념하며 추상적 개념을 다루는 철학자라기보다는 현실적인 문제에 능한 탁월한 정치가에 가깝습니다. 그리스에서는 지혜를 도시국가 폴리스의 시민으로서 공동체 안에서 잘 살아가는 것이라 여겼기 때문에 훌륭한 정치가가 '지혜로운 자'로 존중을 받았던 것입니다. 고대 그리스인들이 생각한 소피아는 학문적인 지혜라기보다는 매우 실용적이고 정치적인 지혜였습니다.

탈레스도 조국의 정치적인 문제를 해결하는 데에 앞장섰던 사람입니다. 당시 밀레토스는 신흥 강국이었던 페르시아제국과 전통적인 대국 뤼디아, 그리고 메디아와 가까운 데 위치해 늘 군사적 위협에 노출되어 있었습니다. 탈레스는 이들 강국 사이에서 조국이 살아남을 수 있는 생존전략을 제안하곤 했습니다. 특히 페르시아의 퀴로스왕이 메디아를 정복하고 서쪽으로 세력을 확장하면서 뤼디아의 크로이소스왕과 충돌할 때, 인접한 뤼디아의 동맹으로 참전하지 않고 거리를 두어야 한다고 주장했습니다. 그 덕분에 페르시아가 뤼디아를 정복하였을 때, 밀레토스가 보복당하지 않았다고 합니다. 탈레스는 현실 정치와 국제 정세에도 놀라운 통찰력과 실천력을 보여 주었던 겁니다. 그는 우리가 흔히 상상하는 철학자의 모습, 연구실에 앉아 추상적인 개념을 사유하는 그런 창백한 모습과는 판이하게 달랐습니다.

탈레스는 현실적인 문제에서 지혜로워 소포스라고 불렸습니다. 일곱 현인 가운데 유독 그를 최초의 철학자, 필로소포스라고 부르는 데는 이유가 있습니다. 그는 전혀 실용적이지 않은 문제들에 대해서도 깊은 관심을 가지고 많은 시간을 쏟았습니다. 사람들은 "탈레스는 이상해. 땅에서 무슨 일이 일어나는지도 모르면서, 저렇게 하늘의 별만 쳐다보다가는 언젠가 우물이나 구덩이에 빠지고 말 거야." "아냐, 땅도 보긴 봐. 맨날 쭈그리고 앉아서 땅바닥에 원이나 삼각형을 그리면서, 뭐라고 구시렁거리거든. 그렇게 해서 돈이 되는 것도 아닌데…"라며 탈레스를 조롱하고 비웃었습니다. 그러나 탈레스는 아랑곳하지 않고 우주에 관해 근원적인 질문을 던지고 그 답을 찾으려고 했습니다. 바로 그런 태도가 그를 철학자, 즉 지혜를 추구하는 사람으로 만들었던 겁니다.

탈레스 끊임없이 '세상 만물은 무엇으로 이루어졌는가?'라고 질문했습니다. 그는 세상에 존재하는 것은 제각기 생김새가 다르고 성질도 다른

탈레스 흉상

것처럼 보이지만, 모든 만물은 근본적인 하나의 요소에서 시작되고, 그것이 모이거나 흩어지면서 다양한 모습으로 변화한다고 생각했습니다. 그는 그것을 '물'이라고 했습니다. 탈레스는 물이 평소에는 액체로 있다가, 겨울에 온도가 내려가면 단단한 얼음인 고체가 되고, 불에 올려놓고 끓이면 기체인 수증기가 되는 등 다양한 모습으로 변하고 또 세상 어디에나 존재한다고 생각했습니다. 게다가 고인 물에서 벌레들이 꾸물꾸물 생겨나는 것을 보고는 물이 생명의 근원이자 만물의 근본 요소라고 여겼던 겁니다. 그는 사물을 아주 예리하게 관찰하면서, 가지각색의 모습으로 변하는 모든 것이 전부 원초적으로는 물이라는 하나의 요소에서 생겨났다는 결론을 끌어냈지요.

현대 물리학이나 화학적인 관점에서 보면, 탈레스의 주장이 틀렸다고 할 수 있습니다. 하지만 그가 던진 '만물은 무엇으로 이루어졌는가?'라는 질문은 지금도 유효하고 여전히 과학자들의 관심을 끌고 있습니다. '모든 다양한 현상들 너머에는 하나의 동일한 요소나 원리가 있다'라는 생각도 그렇습니다. 과학자들뿐만 아니라, 학자들이 추구하는 것이 바로 그것이기 때문입니다. 예를 들면, 경제학자들이 다양한 경제현상을 일으키는 하나의 원리를 찾으려고 하듯이 그런 궁극적인 지식 추구의 원칙을 만들어 낸 사람이 바로 탈레스라고 할 수 있습니다. 비록 탈레스가 내린 결론, '만물의 근본은 물이다'는 틀린 답이지만, 그가 던진 질문과 그 질문에 답하려고 내세운 원칙은 틀리지 않았습니다. 그가 던진 질문과 답을 찾는 원칙 때문에 그를 최초의 철학자라고 부릅니다.

탈레스도 동시대인들의 반응을 눈치챘던 모양입니다. 어느 날 그는 사람들의 비웃음을 견디기 어려웠는지, 한 가지 결심을 합니다. '내가 쓸데없는 짓을 하는 것 같아? 좋아 내 지식이 얼마나 쓸모가 있는지 보여 주겠어.' 그는 여느 때처럼 하늘을 보면서 기상관측을 시작했습니다. 그해에는 올리브 농사가 끔찍한 흉작이었지요. 사람들은 다음 해에도 마찬가지일 거라고 예상했습니다. 그런 민심을 이용해, 탈레스는 올리브기름 짜는 기계를 어렵지 않게 끌어모았습니다. 그리고 봄이 찾아오고 여름이 지나면서 탈레스가 예측했던 대로 올리브 농사가 풍작이 되었습니다. 그런데 문제가 생겼습니다. 사람들이 올리브기름을 짜야 하는데, 기계가 없었던 겁니다.

탈레스는 하늘을 보고 계절의 변화를 확인하면서 한 해의 길이를 계산했고, 기후의 변화 또한 예측하는 방법을 터득했습니다. 그 덕분에 이듬해 올리브 농사가 풍작이리라고 예상하고 기름 짜는 기계를 사들여 큰돈을 벌었던 겁니다. 사람들은 더는 그를 비웃지 못했습니다. 그는 기원전 585년 5월 28일에 일식이 일어날 것을 예언해 사람들의 감탄을 자아내기도 했습니다. 또한 직접 피라미드에 올라가거나 자를 들이대고 길이를 재지 않고도 오직 기하학적인 방법을 통해 그 높이를 계산하는가 하면, 해안에서 배까지의 거리를 계측하지도 않고 척척 계산해냈다고 합니다. 하지만 그는 돈벌이나 세속적인 가치에 집착하지 않았습니다. 대신 사람들에게 자신의 도움이 필요할 때, 언제나 도움을 주는 삶을 살았습니다. 그래서 그는 사람들에게 존경과 사랑을 받을 수 있었고 소포스, 즉 '지혜로운 자'라는 명예를 얻었습니다. 그가 지혜로운 소포스로서 추앙받았던 것은 지혜를 추구하는 열정으로 지혜를 사랑하는 필로소포스로 살았기 때문입니다.

탈레스는 자신이 사는 이 세상에 관해 철저하게 알고 싶어 했습니다.

그것이 어떤 원리로 움직이는지, 그 속에서 자신이 살아가는 이유를 찾고 싶었던 것입니다. 결국 그가 지혜를 사랑하고 지식을 추구했던 것은 이 세상과 자기 삶에 대한 사랑 때문이었습니다. 유명한 일화가 있습니다. 탈레스는 세상 모든 것이 하나의 원리로 움직이고 사람도 그 원리에 따라 움직이는 것에 불과하다면서, 살아 있으나 죽으나 큰 차이가 없으니, 죽음을 두려워할 필요가 없다고 했습니다. 그러자 그 말을 듣던 사람이 "그렇다면 당신은 왜 죽지 않습니까?"라고 물었습니다. 탈레스는 "죽든 살든 큰 차이가 없는데, 굳이 죽음을 재촉하거나 일부러 삶을 떠날 필요가 없지 않은가"라고 대답했다고 합니다.

최초의 철학자라 불리는 탈레스의 삶과 지혜, 그리고 지혜에 대한 사랑이 결국은 자신의 삶과 세계에 대한 사랑에서 비롯되었다는 것을 우리의 삶 속에서도 때때로 떠올려 보면 좋겠습니다.

한 번 들어간 물에 다시 들어갈 수 없다

— 헤라클레이토스

헤라클레이토스(Hēracleitos, B.C. 540~B.C. 480)는 튀르키예의 소아시아반도 서쪽 항구도시인 에페소스 출신입니다. 에페소스는 성경에서 에베소라고 불리는 곳입니다. 에페소스는 사냥의 신이자 달의 신인 아르테미스 여신을 모신 거대한 신전이 있던 곳으로 아르테미스 신전은 고대 세계 제7대 불가사의 중 하나로 유명합니다.

그는 탈레스가 죽은 뒤, 퓌타고라스가 한창 활동할 때 태어났으며 탈레스와는 정반대 주장을 했습니다. 헤라클레이토스도 '세상 만물은 무엇으로 이루어졌는가?'라는 질문에 대한 답을 찾으려고 평생을 노력했는데, 그의 결론은 불이었습니다. 탈레스가 물을 세상의 근본 요소라 본 것과는 정반대입니다. 그는 자신의 결론에 충실하게 살았습니다.

그가 예순 살 무렵, 심한 수종에 걸려 온몸이 퉁퉁 붓는 증상으로 고생했습니다. 그는 의사를 찾아가 "폭우로부터 가뭄을 만들어 낼 수 있는가?"라고 수수께끼처럼 물었다고 합니다. 헤라클레이토스는 '폭우'를 '수종'으로 '수종을 치료하기 위해 물기를 빼내는 것'을 '가뭄을 만드는 것'으로 비유했던 겁니다. 그런데 당시 의사들은 헤라클레이토스의 말을 이해하지 못했습니다. 그래서 그는 특단의 조치로 외양간에 들어가 쇠똥에 구르면서 온몸에 쇠똥을 묻히려고 했습니다. 그러나 여의치 않자 뜨거운 햇볕이 내리쬐는 땅바닥에 누워 제자들에게 자기 몸에 쇠똥을 빠짐없이 바르라고 부탁합니다. 그렇게 하면 몸에서 물기를 없애 불기운을 회복하고, 다시 건강을 회복할 수 있다고 믿었던 겁니다.

아르테미스 신전 모형(튀르키예 이스탄불 미니아투르크 공원)과 아르테미스 신전 유적지

제자들은 믿고 따르던 스승의 명령을 곧이곧대로 실행했습니다. 헤라클레이토스의 몸에 정성스럽게 쇠똥을 발랐습니다. 쇠똥에 뒤덮인 채로 땡볕에 누운 헤라클레이토스는 처음에는 평온해 보였습니다. 온몸에 열기가 돌자, 이제 곧 건강을 회복하리라고 믿었던 것입니다. 평온한 스승의 모습에 제자들도 안도했습니다. 밤이 되자 제자들은 집으로 돌아갔고, 아침이 되어 다시 스승을 찾아왔습니다. 그런데 아무리 불러도 헤라클레이토스는 대답이 없었습니다. 제자들은 스승이 영원히 잠든 것을 발견하고 깜짝 놀랐습니다. 황급히 쇠똥을 뜯어내려고 했지만, 피부에 딱 달라붙은 쇠똥은 떨어지지 않았습니다. 제자들은 하나둘 그의 곁을 떠났고, 개들이 모여들었다고 합니다.

헤라클레이토스의 철학적 신념이 그를 죽음으로 몰아간 것으로 보입니다. 그가 만물의 근원을 불이라고 생각한 것은 그의 성장 배경과 관련이 있습니다. 헤라클레이토스는 에페소스를 건설한 전설적인 왕 안드로크로스 가문에서 태어났습니다. 왕족인 그는 어려서부터 각종 특권과 다양한 문화적·교육적 혜택을 누렸습니다. 당시 왕족은 정치적인 권력을 행사했을 뿐만 아니라, 종교 지도자이기도 했죠. 헤라클레이토스는 어려서부터 왕궁은 물론 신전에서도 지냈습니다. 그리스 종교에서는 불이 모든 더럽고 잡스러운 것을 태울 수 있는 신성한 것으로 여겨져서 신전에서는 언제나 성스러운 불이 피어올랐습니다. 어릴 적부터 신전에서 계속 타오르는 성화를 보며 자란 경험이 그의 사상에도 큰 영향을 미쳤던 것으로 여겨집니다.

한 번 들어간 물에 다시 들어갈 수 없다

헤라클레이토스의 사상을 연구한 많은 학자들은 '만물은 불로 이루어졌다'는 주장의 의미를 좀 더 깊게 해석합니다. 불의 특성에 주목하는 것입니다. 불은 그야말로 신비한 존재입니다. 딱딱한 고체도 아니고 흐르는 액체도 아니고, 그렇다고 기체도 아닙니다. 그리고 다른 것들을 태워 없앨 수 있는 강력한 힘을 가지고 있고, 어둠을 비추는 빛을 뿜어내기도 하죠. 그 밖에도 불의 가장 중요한 특징 가운데 하나는 가만히 있지 않는다는 점입니다. 항상 춤을 추듯 이글거리고 흔들립니다. 모닥불이나 햇불은 물론, 심지어 촛불조차도 들여다보고 있으면 끊임없이 꿈틀댑니다. 따라서 '만물은 불로 되어 있다'는 주장은 '만물은 끊임없이 움직이며 변한다'라는 뜻이라고 말할 수 있습니다.

수종에 걸린 헤라클레이토스가 병을 고치겠다고 쇠똥을 바르고 뙤약볕에 누워 있다가 죽었다는 일화는 사실 여부를 확인할 길이 없습니다. 다만 헤라클레이토스의 사상을 잘못 이해한 사람들이 그를 조롱하기 위해 지어낸 이야기일 것이라 짐작할 뿐입니다. 그가 왕족 출신으로 오만한 태도로 사람들을 무시하는 언행을 많이 했다고 전해지는데, 그래서 사람들이 그를 향한 악의적인 내용을 만들어 냈을 가능성이 큽니다. "헤라클레이토스 알지, 그 사람 그렇게 잘난 척하더니, 수종에 걸렸다가 쇠똥을 온몸에 바르고 죽었다고 하더군!" 이런 식으로 말입니다.

그런데 그의 사상은 '만물이 불로 이루어졌다'기보다는, 만물이 불처럼 끊임없이 운동하며 변한다는 데에 초점이 맞춰졌다고 보는 게 좋을 것 같습니다. 그래서 사람들은 그의 사상을 '만물유전(萬物流轉) 법칙'이라고 부릅니다. 그의 가장 유명한 말이 바로 "한 번 들어간 물에 다시 들어갈 수 없다"이기 때문입니다. 물은 계속해서 흐르기 때문에 한 번 들어가 발을 담그고, 조금 후에 다시 발을 담근다고 해도 앞서 발을 담갔던 물은 이미 흘러가고 새로운 물이 흘러왔기 때문에 "한 번 들어간 물에 다시 들어갈 수 없다"라고 말한 것입니다.

인간도 마찬가지입니다. 어제의 나와 오늘의 나는 사실 같은 내가 아니라고 할 수 있습니다. 인간의 몸을 이루는 세포는 죽고 새로운 세포가 생성되기를 반복합니다. 태어날 때 가졌던 피부, 머리카락, 손톱, 발톱, 무엇 하나 지금 남아 있는 게 없을 겁니다. 이 글을 쓰기 시작한 시점의 저와 글을 읽는 독자도 엄밀하게 따지면 똑같지 않은 존재입니다. 눈에 띄지 않고 우리가 인식할 수 없지만 무언가 변했습니다. 이 같은 헤라클레이토스의 사상을 이용해서 그리스의 희극작가 에피카르모스는 흥미로운 희극 작품을 발표했습니다.

작품은 전해지지 않고, 다음과 같은 줄거리만 알려져 있습니다. 헤라클레이토스의 사상에 심취한 한 사내가 큰 빚을 졌습니다. 빚을 갚아야 할 기한이 다가오는데 돈을 마련할 수 없어 걱정이 태산이었습니다. 그러다가 그는 헤라클레이토스의 사상에서 빚을 갚지 않아도 될 방법을 찾아내고 쾌재를 불렀습니다. 마침내 빚쟁이가 그를 찾아와 말합니다. "오늘이 무슨 날인지 알지? 내게 꿔간 돈을 이자까지 쳐서 갚게." 그러자 사내는 "아, 그런가? 그런데 나는 그대에게 돈을 갚을 이유가 없네. 왜냐하면 전에 자네에게 돈을 꾸었던 나는 지금의 나와는 완전히 다르거든. 나의 어떤 부분은 살이 빠졌고, 어떤 부분은 살이 쪘고…. 그때 나와 지금의 나는 도무지 똑같은 구석이라곤 하나도 없어. 그런데 내가 왜 지금 나와는 완전히 다른 내가 꾼 돈을 갚아야 하나?" 빚쟁이는 화가 머리끝까지 치밀어 올라, 상대를 흠씬 두들겨 패 주고 씩씩거리며 돌아갔습니다. 이 사내는 자기를 때린 빚쟁이를 고소했습니다. 그러자 빚쟁이가 영리하게 대꾸했습니다. "난 그 고소에 응할 수 없네. 그때 자네를 때린 나와 지금의 나는 완전히 다르거든. 자네가 신봉하는 헤라클레이토스의 말대로 만물은 끊임없이 흐르고 흘러 전혀 다른 것이 되지 않는가? 지금의 내가 왜 자네를 때린 그때의 내 행동에 책임을 져야 한다는 말인가?"

헤라클레이토스가 자신의 주장을 담은 에피카르모스의 희극을 봤을까요? 그 가능성을 완전히 배제할 수는 없습니다. 희극작가 에피카르모스가 헤라클레이토스와 거의 동시대에 시칠리아에서 활동했기 때문입니다. 헤라클레이토스는 최소한 자신의 주장을 재미있게 담은 희극이 시칠리아에서 상연되었다는 소문을 들었을 가능성이 있습니다. 여기에서 우리가 기억해야 할 점은 헤라클레이토스는 소아시아의 에페소스 사람이고, 희극이 공연된 곳은 이탈리아 남쪽에 있는 시칠리아라는 점입니다. 그만큼 헤라클레이토스의 사상이 멀리까지 전해졌고 많은 사람들이 관심을 가졌다는 사실을 주목할 만합니다.

헤라클레이토스가 '만물은 불로 이루어졌다. 불처럼 모든 것이 변한다'는 철학적 주장을 펼치며 사람들의 관심을 끌면서도, 왕족으로서 정치적인 활동도 많이 했습니다. 그가 에페소스의 정치에 관여했고 영향력이 적지 않았다는 이야기도 전해집니다. 헤라클레이토스는 에페소스의 시민들이 자신의 절친한 친구였던 헤르모도로스를 부당하게 추방하자, "에페소스의 인간들이란, 이미 성년이 된 자들을 모조리 목을 매달아 죽이는 편이 낫지!"라며 대중의 무지를 신랄하게 비난했습니다.

에페소스는 부유한 도시답게 시민들의 사치와 낭비 또한 극심했습니다. 헤라클레이토스는 시민들의 낭비벽에 대해서 극도로 혐오적인 표현을 했다고 전해집니다. 그런 이유 때문인지 장남인 헤라클레이토스는 왕위에는 관심을 두지 않았고 왕권을 동생에게 물려주었다는 기록도 있습니다. 그와 관련하여 이런 기록도 전해집니다. "그는 어느 누구보다 오만하고 방자했다. 끝내 그는 사람들을 싫어하여 산속에 은둔했고 풀과 나뭇잎을 먹으며 살았다." 그래서 수종에 걸렸고 급기야 죽음에 이르렀던 것 같습니다.

왕족이자 철학자인 그에게 에페소스 시민들은 도시를 바로 잡을 법을 세워 달라고 부탁하지만 그는 거절합니다. 사람들이 그에게 "왜 당신은 말하지 않고 잠자코 있는가?"라고 물으면, "그래야 자네가 말을 할 것 아닌가?"라고 시큰둥하게 반응했습니다. 그렇다고 해서 헤라클레이토스가 정치에 완전히 무관심했던 건 아닙니다. 경제적으로 부유했던 에페소스가 페르시아의 침략을 받아 재정 상태가 나빠지고 생활도 곤궁해졌습니다. 그런 상황에서도 시민들은 낭비하는 습관을 고치지 못했지요. 시민들이 헤라클레이토스에게 해결책을 물었습니다. 의회가 소집되자 헤라클레이토스는 단상에 올라 아무 말도 하지 않고 대접에 물을 따르고 보릿가루를 타서 휘졌더니 조용히 마셨습니다. 그 모습을 바라보던 에페소스 사람들은 비로소 자신들의 사치스러운 생활 습관을 버리고 소박한 생활을 실천하며 위기를 극복했다는 이야기가 전설처럼 전해집니다.

앞의 사례를 보면 헤라클레이토스에 대한 에페소스 시민들의 신망이 두터워 보이는데 그에 관한 기록이 많지 않고 그의 글 또한 단편적으로만 남아 있어서 사실 여부를 파악하긴 어렵습니다. 하지만 그는 매력적인 사상가임은 분명합니다. 그가 살던 에페소스는 끊임없이 주변 강대국의 위협에 시달려야 했고, 그 강대국들도 여러 차례 바뀌었습니다. 물론 전쟁에도 여러 차례 휩싸였습니다. 왕족으로 태어나 이 모든 정치적 격변과 전쟁을 겪었던 헤라클레이토스가 세상을 불로 파악하고, 불꽃처럼 흔들리고 격변하는 것을 만물의 본성으로 규정한 것은 어쩌면 자연스러운 일이었을지도 모릅니다. 격변의 와중에서 헤라클레이토스는 자신이 살던 세상의 본질을 꿰뚫어 보고, 불꽃처럼 한세상을 살아간 것이 아닌가 생각합니다.

있는 것은 있고
없는 것은 없다

파르메니데스

파르메니데스(Parmenides, B.C. 515?~?)는 플라톤이 쓴 『파르메니데스』에 따르면 이탈리아 남부 그리스의 식민도시 엘레아에서 태어났습니다. 플라톤은 파르메니데스와 그의 제자 제논이 판아테나이 제전에 참여하기 위해 아테네에 왔을 때 소크라테스와 만나 대화를 나누었다고 전합니다. 그때가 기원전 450년쯤이었으며, 당시 파르메니데스는 예순다섯, 제논이 마흔, 소크라테스는 스무 살 청년이었다고 자신의 책에서 기록하고 있습니다. 파르메니데스의 사상은 그의 스승인 크세노파네스와 제자인 제논을 떼어 놓고는 생각할 수 없습니다. 지금부터 파르메니데스를 중심으로 그들의 사상을 함께 살펴보겠습니다.

파르메니데스는 헤라클레이토스의 사상에 정면으로 반박한 철학자로 알려져 있습니다. 헤라클레이토스는 만물의 근원이 불이라고 주장하면서, 동시에 만물은 모두 변한다고 했습니다. 모든 것이 태어나 자라고 없어지며 변한다는 거죠. 영원한 것은 아무것도 없고, 생성 소멸의 원리에 따라 모든 것이 운동하며 변한다고 주장합니다. 파르메니데스는 헤라클레이토스가 주장했던, 만물의 구성요소는 불이라는 질료가 아니며, 불이 갖는 운동과 변화의 속성을 부정했습니다. 파르메니데스는 만물이 변화한다는 생각 자체를 부정한 것입니다.

아킬레우스는 거북이를 이길 수 없다

현대인은 세상 만물이 움직이지 않고 변하지 않는다는 사실을 받아들이기가 쉽지 않습니다. 상식적으로 사람은 숨을 쉬거나 눈을 깜빡이거나 끊임없이 움직이는 존재이고 그것이 우리 감각에도 맞기 때문입니다. 실제로 파르메니데스도 우리와 마찬가지로 태어나서 자라고 먹고 자고 이리저리 돌아다니고 그렇게 살다가 죽었습니다. 그 자신도 그걸 직접 느끼면서 살았을 텐데, 그는 도대체 왜 존재하는 것은 언제나 그대로 있고 결코 변하지 않으며 영원하다고 말도 안 되는 것 같은 주장을 한 것일까요? 하지만 그는 오히려 '모든 것이 움직이고 변한다'는 게 말도 안 된다고 생각했습니다. 그의 제자 제논은 스승의 말이 옳다고 맞장구치면서 흥미로운 논증을 펼쳤습니다. "아킬레우스가 거북이와 달리기 시합을 한다면 이길 수 없다"는 겁니다.

아킬레우스라면 트로이아전쟁 최고 전사입니다. 『일리아스』를 쓴 호메로스는 아킬레우스를 언급할 때마다 "발이 빠른 아킬레우스"라고 표현할 정도로, 아킬레우스는 달리기에서 그리스 남자들 가운데 압도적으로 일등을 할 만큼 준족(駿足)입니다. 그런 아킬레우스가 어떻게 거북이 따위를 이기지 못한다는 것인지 쉽게 납득하기 어렵습니다. 그런데 제논은 이 논증에서 거북이가 아킬레우스보다 몇 걸음 앞에서 출발한다는 조건을 내겁니다. 그런 조건 아래서 경주하면 아킬레우스가 절대로 거북이를 이길 수 없다고 주장하는 거지요.

우리는 아킬레우스와 거북이가 경주를 시작하면 발 빠른 아킬레우스가 금방 거북이를 앞지를 거라고 생각합니다. 그런데 제논은 이렇게 반론을 펼칩니다. 그는 먼저 모든 판단에서 우리의 감각이나 상식에 의존하지 말고, 모든 편견을 버리고, 오직 이성과 논리에만 충실하라고 당부합니다. 자 그럼, 달리기 시합을 시작합니다. 출발신호와 함께 아킬레우스가 달리겠죠. 그리고 거북이도 움직입니다. 아킬레우스가 몇 걸음 앞서 출발한 거북이를 추월하려면 거북이가 있는 지점을 통과해야만 합니다. 그런데 아킬레우스가 거북이 도착한 지점에 이르면, 거북이가 정지하지 않는다면 조금이라도 앞서 있겠죠? 그리고 그 지점을 통과해야 아킬레우스가 거북이를 추월할 텐데, 그 지점에 도착하면 거북이는 또다시 조금이라도 더 전진할 겁니다. 이렇게 계속 진행된다면, 아킬레우스와 거북이 사이의 격차는 계속 좁아지겠지만, 결코 아킬레우스는 거북이를 추월할 수 없게 됩니다. 이런 일이 결승점까지 계속 이어질 테니, 결국 거북이가 아킬레우스를 이긴다는 겁니다.

제논은 아킬레우스가 쉽게 거북이를 앞지를 거라고 우리가 생각하는 이유는 논리적으로 따지지 않고, 감각에 의존하기 때문이라고 주장합니다. 우리가 실제 생활에서 그런 예를 수도 없이 보는데, 그건 감각적인 현상에 불과하다는 거지요. 우리가 감각을 떠나서 순수하게 이성에 충실하고, 논리적으로, 말로만 엄밀하게 따진다면, 제논의 논증은 타당해 보입니다. 사실 그의 논리대로라면, 아킬레우스와 거북이는 한 발짝도 움직일 수 없게 됩니다. 그 이유를 살펴보겠습니다. 아킬레우스와 거북이가 출발선에 서 있습니다. 물론 거북이는 몇 걸음 앞에 서 있고요. 아킬레우스가 거북이가 있는 곳으로 가기 위해서는 아킬레우스와 거북이 사이의 중간 지점을 통과해야 합니다. 그 지점을 통과하지 않으면 거북이가 있는 곳까지 못 갈 테니까요.

거북이와 아킬레우스 사이의 중간 지점을 통과하려면, 출발점에서 그 첫 중간 지점 사이의 중간 지점을 통과해야만 하겠지요? 그리고 또 그 두 번째 중간 지점과 출발점 사이의 세 번째 중간 지점을 통과해야만 하고, 또 그 세 번째 중간 지점을 통과하려면 그곳에서 출발선까지의 네 번째 중간 지점을 통과해야 하고…. 이렇게 계속, 영원히 공간을 쪼개면서 중간 지점을 통과해야만 한다고 논리를 전개하면, 결국 아킬레우스는 출발점에서 한 치도 나아갈 수가 없게 됩니다. 아킬레우스뿐만 아니라 거북이도 마찬가지고요. 둘 다 출발선에 서 있을 뿐, 앞으로 나갈 수가 없기 때문에, 둘 사이의 달리기 시합 자체가 이루어지지 않을 겁니다.

세상의 모든 거북이는 움직이고, 아킬레우스도 움직입니다. 아킬레우스가 아니라 제가 거북이와 경주해도 거북이 따위는 단숨에 이길 수 있습니다. 그게 우리의 현실이고 진실입니다. 하지만 그에 대해 제논은 아마 이렇게 대꾸할 겁니다. "김헌 선생! 진정하시고 잘 따져 보세요. 지금 말씀하시는 건, 순수하게 이성적·논리적으로 따지지 않아서 생긴 착각입니다. 우리에게 익숙한 감각적인 정보에 바탕을 둔 오해에 불과하죠. 우리의 감각이 믿을 만한 것인가요? 아닙니다. 같은 짜장면도 배고플 때 먹으면 맛있지만, 배부를 땐 보기도 싫은 게 우리의 감각입니다. 자 그러니, 믿을 수 없는 감각에 의존해서 판단하지 말고, 논리적으로만 따져 보세요. 그러면 제 말이 옳다는 걸 인정할 겁니다. 아킬레우스나 거북이가 움직인다는 것도, 아킬레우스가 쉽게 거북이를 이길 수 있다는 것도 다 감각적인 판단일 뿐입니다. 감각에서 벗어나, 논리적으로만 제 말을 곰곰이 따져 보세요. 그러면 아무것도 움직일 수 없다는 제 주장과 제 스승님의 주장에 전적으로 동의하실 겁니다." 만약 제가 "지금 제논 당신의 입술이 움직이고 있어요. 지금 당장 거북이를 가져다 놓고 제가 시합을 한다면 전 이길 자신 있어요"라고 대답한다면 제논과 파르메니데스는 또 이렇게 말할 겁니다.

지금 제가 말하는 것처럼 보이는 것도, 우리가 서로 나뉘어 여러 사람으로 있는 것처럼 느끼는 것도, 우리가 거북이와 달리기 시합을 해서 이길 수 있다고 생각하는 것도 모두 다 허상입니다. 감각이 조작해 낸 허상. 우리가 진리에 이르는 길은 그 감각적 허상을 모두 버리고, 오로지 로고스에만 충실하다면, 우리는 허상에서 벗어나 진리에 이를 수 있습니다.

그리스어로 로고스는 '말'이라는 뜻이면서 동시에 '이성, 합리, 논리'를 뜻하는데요, 로고스에 충실하면 그 어떤 것도 변하지도 움직이지도 않고, 모든 것이 영원히 그대로 있다고 주장할 수밖에 없다는 겁니다. 심지어 그는 모든 것이 수많은 개체로 나뉘어 있는 것처럼 보이지만, 사실은 단 하나라고까지 주장합니다.

모든 것이 영원하고 하나라는 주장에 대해 좀 더 살펴보겠습니다. 파르메니데스와 그의 제자 제논을 '엘레아학파'라고 부릅니다. 두 사람이 이탈리아 남서부 엘레아 출신이고 그곳에서 활동했기 때문입니다. 그런데 파르메니데스에게는 크세노파네스라는 스승이 있었습니다. 모든 것이 하나고, 모든 것이 영원하다는 파르메니데스의 주장과 운동이 불가능하다는 제논의 주장이 모두 크세노파네스에게서 비롯되었습니다.

파르메니데스

메타퓌지카

엘레아는 지금은 벨리아라고 불리는, 나폴리 남쪽에 있는 도시입니다. 파르메니데스와 제논이 살던 시절에는 그리스의 식민도시였습니다. 지금은 그리스가 발칸반도의 남쪽, 에게해와 지중해의 섬들로만 이루어져 있지만, 고대 그리스 사람들은 튀르키예 서쪽 해안과 이탈리아반도 남쪽과 시칠리아섬까지 진출해서 많은 식민도시를 세우고 그곳에 터를 잡고 살았습니다. 그리스 본토와 식민도시 모두를 포함해서 '마그나 그라이키아', 즉 '커다란 그리스'라고 부릅니다. 앞서 소개한 퓌타고라스는 지금의 튀르키예 서부 해안의 사모스섬 출신이고, 탈레스도 튀르키예 서부 해안 도시인 밀레토스 출신이니까, 그들은 그리스 본토가 아니라, 마그나 그라이키아에서 활동했습니다. 뒤에서 살펴볼 데모크리토스도 그리스 본토의 북쪽 트라키아 출신이었습니다. 고대 그리스는 우리 시대의 그리스보다 훨씬 넓었습니다. 소크라테스 이전에 활동했던 유명한 철학자들은 대체로 그리스 본토가 아니라 변방 출신이라는 공통점이 있습니다.

파르메니데스의 스승이었던 크세노파네스도 원래 태어난 곳은 이오니아 지방인 튀르키예 땅 콜로폰입니다. 퓌타고라스의 고향 사모스섬, 탈레스가 살았던 밀레토스와도 가까운 곳이었죠. 크세노파네스는 퓌타고라스와 거의 동시대에 살았습니다. 그런데 그 당시 세력을 키우던 페르시아제국이 강성해지면서 서쪽 해안의 그리스 식민도시를 침략하고 점령했습니다. 그러자 크세노파네스는 조국을 떠나 망명길에 올랐고 에게해를 건너 지중해를 타고 이탈리아반도 남부에 도착했다고 합니다. 그즈음에 건설된 도시가 엘레아였습니다. 크세노파네스가 그곳에 머물 때, 엘레아에 살던 파르메니데스와 만나게 됩니다.

크세노파네스는 그리스 사람들이 믿던 신과 종교를 비웃었습니다. 제우스, 포세이돈, 아폴론 등 수많은 신들을 믿고, 더군다나 신들이 인간하고 똑같다고 상상하는 건 어리석은 일이라고 말했습니다. 크세노파네스는 당시로서는 아주 파격적인 주장을 펼친 셈입니다. 그가 종교에 대해 비판적이라는 면에서 파르메니데스와 제논에게 사상적인 영향을 끼쳤을 것이라 짐작할 수 있습니다. 그는 호메로스나 헤시오도스 같은 그리스 시인들이 수많은 신들을 노래하며 신이 모두 인간을 닮았다고 시를 지은 데 대해 다음과 같이 비판했습니다.

소들과 말들, 그리고 사자들이 손을 갖는다면, 또한 손으로 그림을 그리고 사람이 만드는 것과 같은 작품을 만들어 낼 수 있다면, 말은 말과 비슷하고, 소는 소와 비슷한 신의 모습을 그릴 것이다. 그들은 각기 자신과 같은 형체를 만들 것이다. 하지만 신은 그런 식으로 존재하지 않는다.

크세노파네스는 이렇게도 말합니다. "신들과 인간들 가운데 가장 위대한 신은 형체도 생각도 죽을 수밖에 없는 존재들과 조금도 비슷하지 않다." "신은 언제나 같은 곳에 있으며, 전혀 움직이지 않은 채로 그대로 머물러 있다. 이때는 여기, 저 때는 저기로 옮겨 다니는 것은 신에게 어울리지 않는다." "오히려 신은 애쓰지 않고도 마음의 생각으로 모든 것을 흔든다." "전체로서 보고, 전체로서 생각하고, 또 전체로서 듣는다." 그러니까 한마디로 신은 하나고, 움직이지 않으며 변하지도 않고 영원히 그 모습 그대로라는 것입니다.

파르메니데스는 크세노파네스의 파격적인 가르침에 깊은 감명과 영감을 받았던 것 같습니다. 파르메니데스는 스승의 가르침을 밀고 나가서, 신뿐만 아니라, 존재하는 모든 것이 여럿으로 보이지만 사실은 하나이며, 변화하고 움직이는 것처럼 보이지만 변하거나 움직이지 않고 영원히 한 모습으로, 생성 소멸의 굴레에서 벗어나 있다고 생각했던 겁니다. 파르메니데스의 생각을 추종한 제논은 스승의 주장을 논증하려고 '아킬레우스와 거북이의 경주'라는 논변을 만들어 낸 것이라 볼 수 있습니다.

파르메니데스의 주장은 우리의 상식과 감각에 부합하지 않습니다. 하지만 후대의 철학자들은 파르메니데스를 높이 평가합니다. 그 이유는 그로부터 서양의 형이상학이 나왔다고 여기기 때문입니다. 감각적인 자연(퓌시스, phusis)을 넘어서(메타, meta) 존재 자체를 탐구하고 논의하는 것이 바로 메타퓌지카(Metaphusica; Metaphysica) 즉 형이상학인데 파르메니데스에게서 그것이 시작되었다고 보는 겁니다.

서양철학은 크게 두 갈래로 볼 수 있습니다. 하나는 헤라클레이토스에 뿌리를 둔, 움직이지 않는 것이 없고 모든 것이 변한다는 '변화의 철학(philosophy of change)'이고, 또 하나는 파르메니데스에 뿌리를 둔, 어떤 것도 변하지 않으며 존재와 본질은 영원하다는 '본질의 철학(philosophy of essence)'입니다. 그 후 그리스 사람들은 이 두 주장을 어떻게 조화시킬지를 고민하면서 철학을 발전시켜 나갑니다.

우선 만물의
네 가지 뿌리들에 대해
들어 보라

엠페도클레스

엠페도클레스(Empedoklēs, B.C. 490?~B.C. 430?)는 시칠리아섬 남서부 아크라가스의 저명한 집안 출신입니다. 이름이 같은 그의 할아버지 엠페도클레스는 올림픽 경기 기마경주 우승자였습니다. 아버지 메톤(또는 엑사이네토스)은 참주 정치에 반대한 사람이라고 전해 오지만 사실 여부는 알수 없습니다만, 자식의 교육에는 열정적이었다고 합니다. 그런 교육 덕택이었는지 엠페도클레스는 철학자, 의사, 정치가, 문학가 등으로 활동하며 다양한 재능을 펼쳤다고 전해집니다. 파르메니데스의 제자라고도 알려진 엠페도클레스는 파르메니데스의 주장을 절반만 받아들이고, 절반은 받아들이지 않았습니다. 그는 파르메니데스가 말한 "존재하는 것은 생성 소멸하는 것이 아니다"라는 주장에는 전적으로 동의합니다. 아무것도 없는 데에서 무언가가 생겨나 존재한다는 건 있을 수 없다고 보았고, 멀쩡하게 있던 것이 감쪽같이 없어진다는 것도 말이 안 된다고 생각했던 겁니다. 그 점에서는 분명히 파르메니데스와 생각이 같습니다. 엠페도클레스는 이런 말을 남겼습니다.

아무것도 존재하지 않는 데서 뭔가 생겨난다는 것은 가당치 않다. 또 있는 것이 완전히 파멸한다는 것도 이루어질 수 없는 일이요, 들을 수도 없는 일이다. 누군가가 끊임없이 어디에 놓더라도 그것은 늘 거기에 있을 테니까.

4원소론

이 주장은 파르메니데스나 제논과 다를 바가 없어 보입니다. 그러나 엠페도클레스는 운동하고 변하고 생성 소멸하는 것처럼 보이는 현상을 현상 그대로 인정하려고 했습니다. 파르메니데스가 그것은 다 허상이고 말도 안 되는 것이라고 부정했지만, 엠페도클레스는 파르메니데스의 그 주장에는 동의하지 않았던 겁니다. 눈에 뻔히 보이는 것을 부정할 수가 없었던 거죠. 그래서 그는 다음과 같이 결론을 내립니다. "세상 만물은 변화하고 운동하고 생성 소멸하는 것처럼 보인다. 그것은 그것대로 진실이다. 하지만 보이는 그대로만은 아니다. 이런 모든 변화무쌍한 현상들을 일으키는 네 가지 근본 원소가 있는데, 그것들은 결코 생성 소멸하지 않고 변하지도 않는다. 변하지 않는 것들이 서로 결합하고, 흩어지면서 마치 만물이 생성 소멸하고 변하는 것처럼 보이는 것이다. 운동도 그런 현상으로 나타난다." 그는 변화하지 않고 생성소멸하지 않는 네 원소의 구분과 그것들의 운동을 인정함으로써 감각적인 현상과 상식을 구제하려고 했던 겁니다. 그가 네 가지 근본 원소를 주장했기 때문에 그의 철학을 흔히 '4원소론'이라고 부릅니다.

엠페도클레스의 4원소론을 설명하다 보니 프랑스 감독 뤽 베송이 만든 〈제5원소〉라는 영화가 떠오릅니다. 실제로 〈제5원소〉는 엠페도클레스의 철학을 바탕으로 만들어졌다고 할 수 있습니다. 그런데 엠페도클레스는 철학자라는 말이 무색할 정도로 신화적인 언어를 시적으로 사용해서 네 가지 원소를 설명합니다.

우선 만물의 네 가지 뿌리들에 대해 들어 보라.

빛나는 제우스와 생명을 가져다주는 헤라, 그리고 하데스.

또한 눈물로 죽을 수밖에 없는 샘들을 적시는 네스티스.•

이렇게 네 명의 신을 언급했는데, 네 신은 각각 가장 근본적 원소인 자연물을 상징합니다. 먼저 제우스가 번개를 가지고 다니는 점을 들어 '불'을, '눈물'을 언급한 네스티스는 '물', 그다음 헤라와 하데스는 '땅'과 '공기'를 가리킵니다 (네스티스는 페르세포네로 알려진 지하세계의 왕비로서 제우스와 데메테르의 딸이며, 하데스의 부인입니다).

엠페도클레스는 이처럼 물, 불, 공기, 흙, 이 네 가지 근본 원소가 서로 섞이면서 세상의 모든 것이 만들어진다고 주장합니다. 그는 또 말합니다. "나는 그대에게 다른 이야기도 해 주겠다. 가사적인 모든 것들 가운데 어느 것에도 출생은 없으며, 파멸적인 죽음이라는 종말도 없다. 혼합과 혼합된 것들의 분리만이 있으며, 출생이란 이것들에 대해 사람들이 갖다 붙인 이름일 뿐이다."

엠페도클레스에 따르면, 무언가가 태어나는 것은 네 가지 원소가 일정한 비율로 섞여서 나타나는 것이고, 그것이 죽거나 사라진다는 것은 결합이 해체되면서 원래의 원소로 돌아간다는 것을 의미합니다.

4원소는 변하지도 않고 생겨나거나 없어지지도 않지만, 그것들이 서로 결합하고 분해되면서 만물의 변화와 생성 소멸이 나타난다는 겁니다.

• 김인곤 · 김재홍 외 옮김, 『소크라테스 이전 철학자들의 단편 선집』, 아카넷, 2005. 위에 인용한 엠페도클레스의 시구들은 모두 김인곤, 김재홍 외 여덟 분이 번역한 책에서 가져왔다. 이분들의 번역 덕택에 우리는 정확하고 쉽게 옛 그리스 철학자들의 글을 읽을 수 있다.

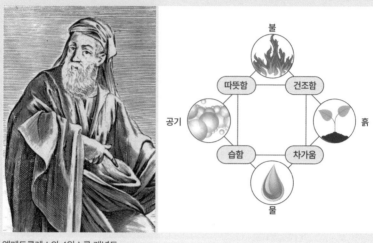

엠페도클레스와 4원소론 개념도

그런데 원소들의 결합과 해체(분해)에도 원리가 있습니다. 그 원리를 엠페도클레스는 '사랑과 불화' '사랑과 증오'라고 규정했습니다. 그의 유명한 구절 하나를 소개하겠습니다.

네 가지 뿌리들은 어느 때는 자라나 여럿에서 단지 하나가 되고, 다른 때에는 다시 분리되어 하나에서 여럿으로 된다. 가사적인 것들에게는 생겨남도 이중이요, 떠나감도 이중이로되, 모든 것의 결합이 한 쪽을 낳고 없애지만, 또다시 분리되면 다른 쪽이 길러지고 사라지기 때문이다. 또한 이것들은 끊임없이 자리바꿈하기를 결코 멈추지 않거늘, 어느 때에는 사랑에 의해 그것들 전부가 하나로 합쳐지지만, 다른 때에는 다시 불화와 미움에 의해 제각각 따로 떨어지기 때문이다.

엠페도클레스에 따르면 물, 불, 공기, 흙이 서로 사랑해 결합하면 나무도 되고, 동물도 되고, 사람도 되지만 불화가 생기면 서로 흩어지게 됩니다. 인간만 봐도, 우리 안에 네 가지 원소, '물, 불, 공기, 흙'이 서로 사랑하면서 조화롭게 결합되어 있으면 몸도 마음도 건강하고 행복하게 잘 살아갈 수가 있습니다. 반면에 우리 안에서 그 원소들이 서로 증오하고 불화를 일으키면, 몸에 병이 생기고 힘도 없어지고 정신적으로 우울해지고 그러다가 병들어 죽게 됩니다. 죽으면 썩어서 다시 흙으로 돌아가는데, 그때 공기와 물과 불도 다 빠져나가게 됩니다.

위의 주장은 마치 의학적으로 우리 몸을 설명하는 것 같습니다. 실제로 엠페도클레스는 의사였고 의술에 관한 이론서인 『의론』을 남겼습니다. 그래서 저런 설명이 가능했던 것 같습니다.

엠페도클레스는 그리스의 유명한 의사인 히포크라테스와는 달리 이탈리아에서 학파를 세워 활동했는데, 의사로서도 유명한 일화를 남겼습니다. 판티아라는 부인이 갑자기 쓰러져 맥박도 뛰지 않고 숨도 제대로 쉬지 못한 채, 몸에 간신히 온기만 유지되는 상태로 일주일을 보냈습니다. 이름난 의사들도 그녀를 전혀 손쓸 수가 없었습니다. 그때 엠페도클레스가 그녀를 기적적으로 살려 냈습니다. 그러자 사람들은 그의 의술을 의술로 보지 않고 신비한 '마술'이나 마법으로 여겼다고 합니다.

분화구 속으로 뛰어들다

죽어가는 사람을 살려 낸 후, 기세가 등등해진 엠페토클레스는 자기 철학을 배우면 병을 고치고 건강하게 오래 살 수 있을 뿐만 아니라, 날씨도 마음대로 조정할 수 있다고 호언장담합니다.

그대는 질병과 노령을 막을 수 있는 모든 치유책을 알게 될 것이다. 그대만을 위해서 나는 이 모든 일을 이루어 낼 터이니, 그대는 대지에 휘몰아치며 돌풍으로 들판을 휩쓸어 버리는 모진 바람의 기운을 잠재울 것이다. 게다가 이번에는, 그대가 원한다면 그 보상으로 미풍을 불러올 수 있을 것이다. 어둑한 장대비를 변화시켜 인간을 위해 적절한 때에 가뭄이 들게 하고, 게다가 가뭄을 변화시켜 하늘에서 떨어져 내리는, 수목을 기르는 물줄기를 만들어 낼 수도 있을 것이다. 그리고 그대는 하데스로부터 죽은 자의 기운을 불러낼 수도 있을 것이다.

엠페도클레스가 도술을 부리는 것처럼 말하고 저승 세계에서 죽은 자도 살려 낸다고 하니 지나친 감이 없잖아 있습니다. 하지만 그가 그렇게 말하는 데는 다 나름의 철학적 근거가 있습니다. 그는 파르메니데스의 제자이지만, 또 퓌타고라스학파에서 공부를 많이 했다는 이야기도 있습니다. 퓌타고라스는 수학자이자 철학자이고, 또 종교의 창시자로서 교주이기도 합니다. 퓌타고라스학파의 교리에서 가장 중요한 것이 바로 '윤회'입니다. 그들은 사람이 죽어도 완전히 죽은 게 아니라, 다시 새롭게 태어난다고 주장합니다. 퓌타고라스학파의 윤회사상을 받아들인 그는 다음과 같은 시를 남겼습니다.

아버지는 모습을 바꾼 자신의 아들을 집어 올려서 몹시 어리석게도

기도를 올리며 죽이려고 하네. 아, 제물을 바치는 자들은 애원하는 그를 끌고 오네. 이제 아버지는 자식이 절규하는 소리에 귀 기울이지 않고서 그를 죽여 앞마당에 사악한 잔칫상을 마련한다네. 아, 이번에는 아들과 자식이 아비와 어미를 끌고 와서는 생명을 빼앗고 자기 부모의 살들을 한 점 먹어 치우네.

엠페도클레스는 사람들이 제사를 지내면서 소나 염소, 돼지를 제물로 바치고 먹는 장면을 이렇게 묘사했습니다. 그는 인간이 윤회하게 되면 환생해서 부모가 짐승으로 태어날 수도 있다는 생각에 이런 시를 쓴 것 같습니다. 그는 자기 전생도 기억했다고 합니다. 그래서 이런 말도 남겼습니다. "나는 이미 한때 소년이었고, 한때는 소녀였지. 덤불이었던 적도 있고, 새였던 적도 있고, 바다에서 뛰어오르는 말을 하지 못하는 물고기였던 적도 있으니." 그리고 그는 다른 사람들이 어떤 모습으로 환생하게 될지도 예언했다고 합니다. 이런 글도 남아 있습니다. "저들은 짐승 가운데서 언덕에 은신하고 땅에서 자는 사자로 태어나고, 또 저들은 잎사귀 아름다운 나무들 가운데서는 월계수로 태어나리라." 그는 윤회에도 단계가 있다고 주장했습니다. 그가 남긴 글을 보면 그 사실을 알 수 있습니다. "최후로 그들은 예언자들이 되고, 찬가를 만드는 자들이 되고, 의사들이 되며, 지상의 인간 중에서 우두머리가 되고, 거기서부터 최고의 명예가 있는 신들로 태어나노라."

윤회의 최고 단계는 신이 되는 것입니다. 실제로 그는 자신이 신이 된다고 믿었던 것 같습니다. 그리고 그 믿음을 실천하기 위해 믿을 수 없는 행동을 몇 가지 합니다. 시칠리아섬에는 지금도 활동하는 에트나라는 활화산이 있습니다. 엠페도클레스의 시대에도 분화가 계속되고 있었지요. 그런데 그는 에트나산의 꼭대기로 올라가 스스로 분화구 속으로 뛰어들었습니다. 그의 나이 예순 살 때였습니다. 그가 치료했던 판티아 부인의 회복을 축하하면서 신들에게 제물을 바치는 잔치를 벌인 직후에 일어난 일이었습니다. 사람들은 그가 사라지자 그를 찾으러 다녔습니다. 하지만 결국 찾지 못했습니다. 그때 그의 제자들이 이렇게 말합니다. "더는 스승님을 찾지 마십시오. 그렇게 고생할 필요가 없습니다. 왜냐하면 그분은 이제 신이 되셨거든요. 그러니 그분을 찾는 대신 제물을 드려야 합니다."

그를 찾던 사람들은 에트나산의 분화구 근처에서 그가 평소에 신고 다니던 청동으로 만든 샌들을 한 짝을 발견했습니다. 그래서 그가 신이 된 것이 아니라 분화구에 뛰어들어 자살했거나 실족사했을 것이라고 결론을 내렸습니다. 그래서인지 그는 사람들 사이에서 신으로 인정받거나 교주가 되진 못했던 것 같습니다. 그러나 그는 고대 그리스 철학사에서는 아주 중요한 자리를 차지하고 있습니다. 존재와 본질의 영원성을 강조했던 파르메니데스의 철학과 운동과 변화를 주장했던 헤라클레이토스의 철학을 결합해 그 자체로는 변하지 않고 생성도 소멸도 하지 않는 네 개의 근본 원소를 내세우는 한편, 그것을 가지고서 변화로 충만한 세상을 결합과 해체의 원리로 설명했기 때문입니다.

엠페도클레스는 자기보다 앞선 시대 철학자들의 영향을 받았습니다. 만물의 근원이 물이라고 주장했던 탈레스, 불이라고 보았던 헤라클레이토스뿐만 아니라, 만물의 근원을 공기라고 했던 아낙시메네스의 철학도 받아들였습니다. 거기에 엠페도클레스는 흙을 하나 추가해서 4원소를 만들었던 겁니다. 그런데 사실 흙은 그리스 신화에서 가장 원초적인 요소입니다. 신들의 계보를 노래한 시인 헤시오도스가 쓴 『신통기(神統記)』에는 태초에 가장 먼저 카오스가 있었고, 그 카오스의 공간을 처음으로 채운 신이 바로 가이아, 즉 대지의 신이라고 했습니다. 흙이 가장 원초적인 셈입니다. 그런 점에서 보면 엠페도클레스의 철학은 기존의 신화와 철학을 총망라해서 결합한 종합적인 성격을 보여 줍니다. 쉽게 말해서, 여러 가지 재료를 잘 결합해서 맛있게 만들어 낸 '짬뽕' 같은 철학이지요.

선배 철학자들의 사상을 집대성한 엠페도클레스는 이후의 철학자들에게는 어떤 영향을 미쳤을까요. 엠페도클레스 이전의 철학자들은 세상을 물이나 불, 공기 등 하나의 원소로만 설명하려고 했습니다. 파르메니데스는 아예 "존재하는 모든 것이 단 하나다"라고 극단적인 주장을 펼칩니다. 그들을 모두 묶어서 '단일론자'라고 합니다. 그에 반해 4원소론을 주장한 엠페도클레스를 '다원론자'라고 부릅니다. 엠페도클레스이후의 철학자들은 대부분 다원론적인 특징을 보여 줍니다. 세상은 수많은 씨앗으로 구성되었다고 주장한 아낙사고라스, 수많은 원자와 공간으로 구성되었다고 주장한 원자론자 데모크리토스 같은 철학자들이모두 엠페도클레스의 원리를 비판적으로 따른 철학자들입니다. 근본 요소, 원천적인 원소는 변하지도 생성 소멸하지도 않지만, 그것들의 결합과 해체를 통해 만물의 생성과 소멸, 운동과 변화를 설명한 것입니다. 그 이후의 철학자들 가운데 소크라테스, 플라톤, 그리고 특히 아리스토텔레스는 엠페도클레스의 4원소론에 기반을 두고 세상의 물질적인 측면을 설명했습니다.

태양은
그저 불타는
돌덩어리일 뿐,
신성한 존재가
아니다

아낙사고라스

그리스의 자연철학자 가운데 한 사람인 아낙사고라스(Anaxagoras, B.C. 500? ~B.C. 428?)는 정신적인 존재를 우주의 가장 중요한 근원으로 보았습니다. 그는 만물을 이루는 원소(원리)들이 무한히 많다고 주장하며 그 원소들 가운데 '누스'라는 정신이 세상을 움직이는 원동력이라고 했습니다. 이는 앞선 철학자들이 우주와 존재의 근원을 물, 불, 공기, 흙과 같이 물질적인 것으로 보았던 것과는 확실히 다릅니다.

'클라조메나이의 아낙사고라스'라고 불리는 데서 알 수 있듯이 아낙사고라스의 고향은 클라조메나이입니다. 튀르키예 서쪽 중부 해안에 있던 도시인데, 지금의 이즈미르입니다. 아낙사고라스는 클라조메나이에서 유력 가문의 아들로 태어나 유복한 환경에서 자랐습니다. 당시 소아시아 서쪽 해변에는 그리스인들이 세운 식민도시가 많았는데 페르시아가 서쪽으로 세력을 넓히면서 그곳 식민도시 대부분이 페르시아의 손에 넘어갔습니다. 소아시아의 패권을 차지한 페르시아제국은 그 여세를 몰아 그리스 본토 침략을 꾀합니다. 이때 그리스 식민도시의 시민들이 강제로 페르시아 군대에 차출되었고, 아낙사고라스도 페르시아군으로 그리스 본토, 아테네로 오게 되었습니다. 아낙사고라스가 스무 살 이후에 주로 아테네에서 활동하게 된 이유입니다.

아낙사고라스가 페르시아 군인으로 그리스를 공격하기 위해 아테네로 왔다는 점이 무척 흥미롭습니다. 당시 페르시아제국은 크세르크세스가 통치하고 있었습니다. 2007년 우리나라에서 개봉했던 영화

〈300〉에서 "나는 관대하다"라는 대사로 유명한 바로 그 인물입니다. 그가 대규모 군사를 이끌고 직접 그리스를 쳤을 때, 아낙사고라스도 참전했던 겁니다. 페르시아군은 테르모필라이 전투에서 레오니다스가 이끌던 스파르타 전사 300명이 중심이 되어 구축한 방어망을 뚫고 아테네로 진격했습니다. 하지만, 크세르크세스 군대는 그리스 정복의 꿈을 이루지 못합니다. 살라미스해전에서 테미스토클레스가 이끄는 아테네 해군에 치명적인 타격을 입었고, 이후 스파르타의 파우사니아스에게 육지에서도 패하면서 버틸 수가 없었기 때문입니다.

전쟁의 혼란 속에서 용케 살아난 아낙사고라스는 부와 지위가 보장된 고향으로 돌아가지 않고 아테네에 머뭅니다. 그 이유가 무엇일까요? 먼저 아낙사고라스의 이름을 통해 그의 출신 배경을 살펴보겠습니다. 그리스어로 '아낙스'는 '지배자, 왕, 통치자'라는 뜻입니다. 거기에 '모임, 시장, 광장'을 뜻하는 '아고라'가 붙은 '아낙사고라스'는 광장의 지배자'라는 뜻을 담고 있습니다. 그의 가문이 대대로 지역에서 중요한 역할을 맡았을 것이라 짐작할 수 있는 대목입니다. 보통 사람 같으면 전쟁터에 끌려갔다가 타지에서 빈털터리로 사는 것보다는 당연히 집으로 돌아가서 부를 만끽하며 살았겠지요. 하지만 아낙사고라스는 아테네의 지적이고 예술적인 분위기에 매료되었던 것 같습니다. 그래서 아테네에 머문 것이지요.

그의 친척들은 아낙사고라스의 그런 태도를 이해하기 어려웠습니다. 부모에게 물려받은 재산에는 신경도 쓰지 않고 뜬구름 잡는 소리만 하는 것 같아 불만을 품었겠지요. 사람들이 비난하자, 아낙사고라스는 이렇게 말합니다. "저는 재산에 관심이 없습니다. 그게 불만이라면 여러분이 그것을 돌보십시오." 아낙사고라스는 유산으로 물려받은 막대한 재산을 친척들에게 양보했습니다.

태양은 그저 불타는 돌덩이

그의 태도를 이상하게 생각한 사람들이 묻습니다. "그럼 당신은 무엇 때문에 태어난 겁니까?" 한마디로 왜, 무엇 때문에 사느냐는 의미입니다. 그러자 아낙사고라스는 "나는 태양이나 달, 하늘을 관찰하기 위해 태어났소"라고 대답합니다. 땅의 일은 관심도 두지 않고 망상에 빠진 사람처럼 하늘만 보고 있으니 친척들도 답답한 노릇이었을 겁니다. "당신이 재산에 무관심한 건 그렇다 칩시다. 지금 우리가 페르시아에 시달리고 전쟁을 하게 될지도 모르는데, 걱정도 되지 않소? 당신은 이 도시를 위해 대체 무엇을 합니까?"라고 추궁하자, 아낙사고라스는 버럭 화를 내며 이렇게 대답합니다. "뭐라고요? 나는 내 조국, 내 도시가 걱정되어서 밤에도 잠을 이루지 못할 지경이오."

하늘만 쳐다보는 사람이 도시와 조국을 걱정한다니, 그게 도대체 무슨 의미일까요? 그리스의 국가는 폴리스라는 도시를 단위로 성립되어 흔히 도시국가라고 부릅니다. 그런데 아낙사고라스는 폴리스로 나뉜 정치적 공동체를 자신의 국가나 조국이라 생각하지 않고 이 우주 자체가 내가 사는 도시이고, 내 조국이라고 여긴 것입니다. 사람들이 땅 위에 금을 긋고서 이건 내 나라, 내 도시, 내 조국, 그건 너희 나라, 도시, 너희 조국이라며 싸우지만, 아낙사고라스는 모든 사람이 우주에 태어났고 우주

아낙사고라스

안에서 함께 살아가기 때문에 하나의 도시, 하나의 국가에서 사는 것이라고 생각했습니다. 사람들이 '폴리탄', 즉 하나의 도시국가에서 시민으로 살아가고 있었다면, 아낙사고라스는 그리스어로 '코스모스'라고 하는 우주를 하나의 국가로 생각하며 살았던 '코스모폴리탄'이었습니다.

아낙사고라스는 하늘을 관찰한 탐구활동으로 사람들에게 실질적인 도움도 주었습니다. 그는 해와 달과 별의 움직임을 관찰하면서 사람들의 의식을 바꾸려고 노력했습니다. 당시 사람들은 신화와 종교라는 틀로 세상을 바라보았습니다. 하늘은 거대하고 난폭한 우라노스 신, 땅은 온화하지만 성깔 있는 가이아 여신, 태양은 아폴론, 달은 아르테미스 여신이라 여기고, 신성하게 보았습니다. 그래서 자연재해가 닥쳤을 때, 그 원인을 신들의 분노라고 생각했기에 두려움에 떨고, 신들에게 성대한 제사를 지내면 해결이 된다고 믿었습니다.

하지만 아낙사고라스는 태양은 그저 불타는 돌덩이일 뿐, 신성한 존재나 신이 아니라고 주장합니다. 그는 월식이나 일식도 태양과 달과 땅덩어리인 지구가 서로를 가리면서 나타나는 현상에 불과하며, 그 어떤 불길한 징조도 아니라고 주장합니다. 그의 말을 귀에 담아 들었던 사람이 바로 아테네 불세출의 정치가 페리클레스였습니다. 그는 아테네에 정착한 아낙사고라스의 학식과 재능, 통찰의 깊이를 알아보고 그를 곁에 두고 조언자이자 스승으로 삼았습니다. 그는 스승 아낙사고라스의 가르침을 활용해 병사들을 안심시키고 전장에서 승리를 거두기도 했지요.

페리클레스는 훌륭한 정치가였을 뿐만 아니라 카리스마와 탁월한 지도력을 갖춘 군인이기도 했습니다. 그가 군사를 이끌고 전쟁터에 나갔는데, 갑자기 일식이 일어나면서 세상이 어두워졌습니다. 휘하의 장군들과 병사들 사이에 동요가 일어났습니다. 신들이 노한 것이라며 불길하다고 두려움에 사로잡혀 우왕좌왕한 겁니다. 그때 페리클레스는 아낙사고라스에게서 배운 내용을 떠올리며, 자기 겉옷을 벗어 한 병사의 얼굴을 가렸습니다. 그러고서는 병사에게 물었습니다. "무엇이 보이는가?" 병사는 대답했습니다. "옷으로 가리시니 아무것도 보이지 않습니다." "그렇지. 자네의 눈을 가린 것은 어떤 신이 아니라, 내 겉옷이지. 지금 태양이 가려진 것도 마찬가지 이치야. 신이 우리에게 노해서 태양을 감춘 것이 아니라, 달에 가려진 것일 뿐이지. 달이 계속 움직일 테니, 곧 태양은 다시 모습을 나타낼 것이다. 내가 겉옷을 치우면 자네가 다시 볼 수 있는 것처럼. 내 겉옷과 달은 크기에서만 차이가 있을 뿐, 지금 태양이 가려지고 세상이 어두워진 것은 같은 이치야." 잠시 후, 그의 말대로 세상이 다시 환해지자, 병사들은 안도하며 환호했고, 페리클레스를 더욱더 신뢰하게 되었습니다.

우리가 그리스 문명을 서구 문명의 뿌리라고 말하는 것도 상당 부분은 페리클레스 덕분입니다. 그는 정치적으로나 군사적으로 아테네를 패권국가로 발전시켰을 뿐만 아니라, 수많은 지성인과 예술가들을 중용하며 아테네를 문화적으로 융성하게 했습니다. 그 대표적인 예가 바로 아낙사고라스와의 만남입니다. 아낙사고라스가 멀리 클라조메나이에서, 페르시아 군인으로 그리스에 왔고, 전쟁이 끝난 후에 아테네에 잔류했을 때, 그의 능력을 알아보고 곁에 두었던 사람이 페리클레스였습니다. 그 덕분에 아테네는 철학적으로 큰 자산을 얻게 된 거지요.

아낙사고라스 덕분에 아테네가 철학적 자산을 얻게 되었다니 무슨 의미일까요? 사실 소크라테스 이전의 자연철학자들 가운데 아테네 출신은 한 사람도 없습니다. 탈레스, 퓌타고라스, 헤라클레이토스는 소아시아의 이오니아 출신이었고 파르메니데스와 엠페도클레스는 이탈리아 남부와 시칠리아섬을 근거로 활동했습니다. 철학사가들은 아낙사고라스에 의해 이오니아의 자연철학이 본격적으로 아테네에 유입되었다고 평가합니다. 실제로 소크라테스도 젊은 시절에 아낙사고라스의 이론을 접하고 기대감을 가지고 공부했다고 하지요. 소크라테스에게 큰 영향을 주었다는 아르켈라오스는 아낙사고라스의 제자였습니다. 아낙사고라스가 신화적인 사고방식에서 벗어난 이성적 판단을 내려야 한다고 촉구했을 때, 아테네인들은 계몽의 외침을 들었던 겁니다.

아테네인들을 향해 신화적 세계관을 벗어나라고 외친 아낙사고라스가 아테네에서 어떤 활동을 했는지 흥미로운 일화가 전해집니다. 페리클레스의 영지에 뿔이 하나뿐인 수소가 들어온 일이 있었습니다. 유니콘처럼 생긴 그 소를 놓고 사람들은 그것이 신성한 신의 계시라고 생각하며 술렁였습니다. 때마침 람폰이라는 예언자가 나타나 이 소가 페리클레스의 영지에 나타난 것은 아테네의 권력이 페리클레스에게 넘어가고 그의 정치적 경쟁자였던 투키디데스(역사가로 유명한 투키디데스와는 다른 사람)를 제칠 것이라고 해석했습니다. 이 말을 들은 아낙사고라스는 코웃음을 치며, 이 수소는 생물학적인 변종일 뿐, 아무런 신의 계시도 없다고 말하며, 소머리를 갈라 자신의 주장을 입증했습니다. 안도한 사람들은 아낙사고라스의 지식에 감탄하며 환호했습니다.

하지만 이 사건에는 묘한 반전이 있었습니다. 얼마 후, 페리클레스가 아테네의 실세를 장악해 최고 실력자로 급부상하고 투키디데스는 시민들의 신망과 정치적인 힘을 잃게 됩니다. 아낙사고라스에게 환호하던 사람들은 그에게 등을 돌리고 예언자 람폰을 칭찬했고 그의 능력을 경탄하며 신의 계시를 존중해야 한다고 입을 모았습니다. 반대로 신의 계시를 전달해 준 외뿔 수소를 죽인 아낙사고라스는 합리적인 과학자요 철학자의 이미지를 잃고 불경스러운 존재로 몰리게 되었습니다.

후에 아낙사고라스는 합리적이고 과학적인 태도 때문에 법정에 서기도 합니다. 당시 영향력이 있던 정치 선동가인 클레온이 아낙사고라스를 신성모독으로 고발했던 겁니다. 아낙사고라스가 태양을 신으로 보지 않고, "불타오르는 돌덩이에 불과하다"라고 했던 말을 직접적으로 문제 삼았습니다. 그런데 클레온은 페리클레스의 정적이었습니다. 그래서 정치적인 의도를 가지고 아낙사고라스를 고발했던 것입니다. 아낙사고라스를 고발해서, 아낙사고라스를 비호하는 페리클레스에게 정치적 타격을 입힐 수 있다고 생각한 겁니다. 권력에서 밀려났던 투키디데스도 아낙사고라스의 출신을 문제 삼아 페르시아가 아테네에 심어 놓은 첩자라고 고발했지요.

결국 아낙사고라스에게는 엄청난 벌금과 함께 추방령이 내려졌습니다. 그가 사형을 언도받았다는 기록도 있습니다. 그렇지만, 아낙사고라스는 결코 의연한 태도를 잃지 않았습니다. 페리클레스도 시민들 앞에 나서서 아낙사고라스를 변호했습니다. "아테네 시민 여러분, 제가 여러분께 해를 끼친 적이 있습니까? 없지요. 저는 아낙사고라스의 제자입니다. 저들의 말을 믿고 이분에게 벌을 내리지 마시고, 제 말을 믿고 이분을 방면해 주십시오." 결국 페리클레스의 말에 설득된 아테네 시민들은 아낙사고라스를 사면해 주었습니다. 그때 아낙사고라스는 심각한 병에 시달리고 있었습니다. 그것이 시민들의 연민을 불러일으켜 아낙사고라스의 사면에 영향을 주었던 것 같습니다.

사면 후 아낙사고라스는 자존심이 상해 자살했다는 이야기도 전해지고, 또 다른 기록에는 다시 소아시아 지역 람푸사코스로 가서 그곳에서 생을 마감했다고 합니다. 그곳에서도 아낙사고라스는 시민들의 존경을 받았습니다. 그는 죽기 전에 그곳 지도자에게 "내가 죽은 달의 하루만이라도 어린이들이 아무 걱정 없이 즐겁게 놀 수 있게 해주시오"라는 유언을 남겼습니다. 아낙사고라스가 죽은 뒤, 그 도시에서는 일 년에 하루, 우리나라의 어린이날 같은 날을 정해 아낙사고라스를 기렸다고 전해 옵니다.

삶은 한편의
연극이다.
그대는 와서,
보고, 떠난다

데모크리토스

데모크리토스(Democritos, B.C. 460?~B.C. 370?)는 그리스 북동부 트라키아의 압데라 출신입니다. 그는 만물의 근본을 순수한 물질인 원자라고 규정한 유물론 철학자입니다. 철학보다는 과학의 영역에서 더 많이 알려진 인물로, '근대 과학의 아버지'라고도 불리곤 합니다. 만물의 근본 요소를 물질로 보았다는 점에서 아낙사고라스와는 정반대 입장입니다. 아낙사고라스가 만물을 이루는 원소 가운데 '누스'라는 정신이 세상을 움직이는 가장 중요한 원동력이라고 주장한 데 반해 데모크리토스는 그처럼 순수하게 정신적인 존재라는 건 없다고 부정했고, 모든 것을 물질로 보았습니다. 영혼이니, 정신이니 하는 것도 사실은 모두 '원자'라는 물질에 불과하다고 해석했지요.

레우키포스가 데모크리토스의 스승이었다는 기록이 있지만, 레우키포스에 관해 알려진 내용이 거의 없습니다. 그래서 데모크리토스를 원자론의 대표자로 꼽습니다. 제가 어렸을 때, TV에서 즐겨 보던 만화 영화가 〈우주 소년 아톰〉이었습니다. 주인공 이름 '아톰'은 '원자'를 가리키는 그리스어입니다. 정확하게는 '아토모스'인데, '토모스'가 쪼갠다는 뜻이고, 접두사 '아'가 '아니다'라는 뜻이니, '아토모스'는 '더 이상 쪼개지지 않는 것'이라는 의미입니다. 데모크리토스는 더 이상 쪼개지지 않는 순수하고 단일한 존재를 원자로 보고 '아톰'으로 세계를 설명하고 있습니다.

데모크리토스는 만물의 구성 원소가 특정한 물질이라는 점을 의심하고 비판했습니다. 예를 들면, 탈레스처럼 물이 만물의 근원이라는 주장에 대해, 도대체 물에서 어떻게 불이 나오고, 쇠가 나올까를 의심하고 비판한 것입니다. 데모크리토스는 아나시만드로스의 공기, 헤라클레이토스의 불, 그것의 집대성인 엠페도클레스의 4원소론을 모두 비판했던 겁니다. 데모크리토스는 만물의 근원인 원소를 색이나 냄새, 맛도 없는 무색, 무취, 무미한 것으로 규정하고 물, 불, 공기, 흙과 같은 특정 사물이어서는 안 된다고 생각했습니다. 그렇다고 퓌타고라스의 수(數)나, 아낙사고라스의 씨앗, 누스 같은 추상적이고 관념적인 것이 아니라, 크기와 위치를 가진 단단하고 순수한 물질이어야 한다고 생각한 거지요. 그것이 데모크라테스가 생각한 원자입니다.

데모크리토스는 이십 대 중반의 나이에 예순 살 중반이었던 아나사고라스를 만난 적이 있다고 합니다. 그렇게 따지면 그는 대략 기원전 470년쯤에 태어났다고 볼 수 있습니다. 하지만 다른 기록에는 데모크리토스가 80회 올림피아 제전이 벌어졌을 때 태어났다고 하는데, 그에 따라 기원전 460년쯤을 데모크리토스의 출생 연도로 잡기도 합니다.

데모크리토스는 아낙사고라스에게 영향을 받은 것 같습니다. 아낙사고라스가 말했던 "만물의 근원은 수많은 씨앗들이다"라는 주장에서 '씨앗' 대신 '원자'를 넣은 것 같고, 그 씨앗들 가운데 정신적 존재인 누스가 있다고 한 아낙사고라스의 이론에서, '정신을 쏙 빼고' 모든 것을 물질로만 설명한 것이라고 보면, 그가 아낙사고라스에게서 많은 것을 배웠으면서도 동시에 자신만의 독창적인 생각을 내세웠던 것이 분명해 보입니다. 그들과 관련해 흥미로운 기록이 남아 있습니다. 데모크리토스는 아낙사고라스의 제자가 되고 싶어 했습니다. 그런데 거부당하자, 아낙사고라스의 주장을 폄하하고 조롱하고 반박했다고 합니다. 정신을 거부하고 물질로 모두 설명하려 한 것도 그런 측면에서 이해할 수도 있을 것 같습니다.

죽음이란 나를 이루던 원자들이 흩어져서

압데라에서 태어난 데모크리토스도 그리스 본토 출신은 아니었습니다. 압데라는 옛 트라키아 지역으로 지금의 그리스 동북부에 위치한 도시였습니다. 이 도시를 세운 사람들은 원래 소아시아 서해안(지금의 튀르키예 서해안)에 있던 테오스 시의 주민들이었습니다. 테오스 시가 페르시아제국에 예속되면서 주민들이 자유를 찾아 대거 이동해서 세운 도시가 압데라입니다. '데모크리토스'라는 이름은 '민중'을 뜻하는 '데모'와 '선택'을 의미하는 '크리토스'가 합해진 것으로 '민중 가운데 선택된 자'라는 뜻입니다. 민주주의를 뜻하는 '데모크라티아'와 발음이 비슷합니다.

데모크리토스는 요즘 표현으로 하면 '금수저'를 물고 태어났습니다. 그의 아버지가 막대한 재산을 남겨 주었기 때문입니다. 페르시아의 왕 크세르크세스가 그리스를 침공하러 가는 길에 압데라를 통과했는데, 그때 데모크리토스의 아버지가 크세르크세스를 영접하였다고 합니다. 이런 사실로 미루어 보면 그는 압데라 최고위층 출신이었음이 분명합니다. 데모크리토스는 아버지에게 물려받은 엄청난 재산을 지적 욕구를 채우는 데에 거의 다 썼습니다. 그런 모습이 사람들의 눈에는 유산을 헛되이 탕진하는 것처럼 보였을 겁니다.

데모크리토스 흉상

데모크리토스는 지적 욕구를 채우기 위해 압데라에서 호의호식하며 사는 길을 버리고 고향을 떠나 세상 여러 곳을 돌아다녔습니다. 압데라에서 동쪽으로 소아시아와 페르시아제국은 물론, 바빌로니아를 지나 인도까지 갔고, 아프리카의 에티오피아, 이집트까지 두루 돌아다녔는데, 이집트에서는 약 5년간 머물렀다고 합니다. 그는 세상을 여행하면서 최고의 지식인과 현자를 만났고, 좋은 책과 자료를 모으는 데에 큰돈을 썼습니다. 그는 박학다식함으로 그리스 전역에 명성이 높았습니다. 로마의 키케로는 "데모크리토스만큼 재능이 뛰어나고 사고력의 범위가 큰 사람이 세상에 또 있을까?"라고 했을 정도입니다. 그런 평가는 막대한 유산을 지적 호기심을 채우는 데에 탕진했던 소중한 결과였습니다.

데모크리토스는 이런 말을 남겼습니다. "나는 페르시아왕국을 통째로 갖는 것보다 하나의 현상에 대한 원인을 설명할 수 있는 지혜를 갖길 원한다." 지혜를 권력이나 명예, 재산보다 더 소중하게 여길 줄 알던 진정한 철학자라 할 수 있습니다. 또 이런 말도 전해집니다. "사람들을 행복하게 하는 것은 몸이나 재물이 아니다. 올바름과 폭넓은 분별력이다." 그래서 그는 권력과 재산, 명예 등을 중시하는 사람들의 세속적인 가치관을 비웃고, 자기 삶의 방식에 만족하고 평생 웃음을 잃지 않았다고 합니다. 그래서 그는 '웃음의 철학자'라는 별명도 얻었습니다.

데모크리토스는 애초부터 사치스러운 생활에는 관심이 없었으므로 돈을 다 써 버린 후에 찾아온 가난을 크게 불편해하지 않았습니다. 돈이 있을 때나 없을 때나 생활 자체는 소박하고 검소했지요. 그는 애초부터 교육과 연구, 집필을 가장 중요한 삶의 방식으로 선택했고, 그 이외의 다른 활동에는 큰 관심을 보이지 않았습니다. 그래서 돈이 없다고 해서 큰 문제가 되지 않았던 것입니다. 그는 인간의 욕망에 초연했고, 세상을 차분하게 바라보며 학문적 열정을 채워 나가는 데에 만족하고 살았습니다. 그런 그에게 압데라의 독특한 법률에서 비롯된 문제가 하나 있었습니다.

압데라에는 상속받은 재산을 탕진한 사람의 뼈를 도시 안에 매장할 수 없다는 법이 있었다고 합니다. 데모크리토스는 이 법률 때문에 자기가 죽은 후, 타지에 묻히게 된다는 사실이 두렵고 수치스러워서 돈을 벌 방법을 고민했습니다. 그는 자기가 쓴 책을 사람들에게 읽어 주고 돈을 받았습니다. 지금 말로 표현하면 '철학적 버스킹'이라고 할 수 있을 겁니다. 그가 읽어 준 책이 『대우주』였는데, 반응이 폭발적이었다고 합니다. 그는 사람들에게 책을 읽어 주기 위해 몇 년간 여행을 다녔는데 그 과정에서 책을 사는 데에 썼던 만큼이나 많은 돈을 모았다고 합니다. 그 덕분에 압데라의 법률에 따른 불명예를 피할 수 있었을 뿐만 아니라, 풍족한 환경에서 아무 걱정 없이 철학에 몰두할 수 있었습니다.

그는 사람이 살아 있는 동안 잘 사는 것이 중요하다고 생각했습니다. 그의 원자론에 따르면, 내가 태어나 살아간다는 것은 수많은 원자들이 지금 내 모습으로 결합하고 들어오고 나가면서 조금씩 변해 가는 것입니다. 그것이 성장과 노쇠인데, 그 과정에서 언젠가 나라는 존재는 반드시 죽게 됩니다. 그 죽음이란 것은 나를 이루던 원자들이 흩어져서 우주로 다시 돌아가는 것이지요. 따라서 데모크리토스는 내가 살아 있는 동안을 중요하게 생각했는데, 좋은 삶을 위해서는 내가 속한 국가가 어떤 국가인가도 아주 중요하다고 보았습니다.

그래서 그는 이런 말을 남겼습니다. "국가가 잘 운영되도록 나랏일을 다른 어떤 일보다도 가장 중요하게 여겨야 한다. 정도 이상의 다툼을 일삼지도 말고, 공공의 이익에 거슬러 자신의 힘을 사용해서도 안 된다. 잘 운영되는 나라는 가장 크게 번영하는 나라이다. 그 안에 모든 것이 들어 있는데, 나라가 안전하면 모든 것이 안전하고, 나라가 망하면 모든 것이 망한다." 국가(도시)와 시민이 모두 안전하고 행복하기 위해선 법이 중요합니다. 그래서 그는 "법과 통치자에게, 그리고 자기보다 더 지혜로운 사람에게 복종하는 것이 가장 절도 있는 행동이다"라고 했습니다.

하지만 데모크리토스는 정치적으로는 민주주의자였습니다. "자유가 예속보다 더 좋다. 따라서 민주정에서의 가난이 전제군주들 곁에서 유복한 것보다 더 좋다"라고 말했습니다. 그가 법을 지켜야 한다고 강조했던 것도 "법을 사람들에게 도움을 주고자 하는 것"이라고 믿었기 때문입니다. 또한 "국가의 중요한 일과 전쟁은 시민의 의견이 일치해야 수행될 수 있다. 만약 그렇지 않으면 모든 것이 불가능하다"라고 주장함으로써 국민의 합의가 법과 국가 행정에 가장 중요하다는 점을 강조했습니다.

압데라 시민들은 그를 학문적으로 존경했을 뿐만 아니라, 그가 보인 삶의 태도에도 경의를 표했습니다. 그가 죽자 크게 아쉬워하면서 국장을 치렀습니다. 그는 죽음의 순간에도 두려움이나 아쉬움 없이 의연하게 죽음을 받아들였습니다. 그는 다음과 같은 말도 남겼습니다. "세계는 무대이며, 삶은 한 편의 연극이다. 그대는 와서, 보고, 떠난다." 사후 세계를 믿지 않았던 원자론 철학자다운 의연한 태도였습니다.

그는 철학의 중심지라고 할 수 있는 아테네에서는 크게 환영받지 못했습니다. 당시 아테네에서는 소크라테스를 비롯한 철학자들뿐만 아니라 페리클레스와 같은 정치가들도 아낙사고라스에게 관심을 쏟고 있었기 때문입니다. 그래서 아낙사고라스에게 반기를 들었던 데모크리토스는 아테네에서는 찬밥 신세였다고 합니다. "내가 아테네에 왔을 때, 아무도 나를 알지 못했다." 전해지는 말에 따르면, 나중에 플라톤은 모든 것을 물질로만 설명하려고 했던 데모크리토스의 철학을 저급한 것으로 여겨 그의 책을 모두 모아 불태우려고 했답니다. 물질적인 현상 세계를 떠나 저 높은 곳에 있는 이데아 세계를 지향하던 플라톤에게 데모크리토스의 철학은 반쪽의 철학이었기 때문입니다.

하지만 플라톤의 제자였던 아리스토텔레스는 데모크리토스의 원자론에 깊은 관심을 표했고, 자신의 저술에서도 진지하게 다루었습니다. 데모크리토스의 철학은 헬레니즘 시대에 쾌락주의자 에피쿠로스에게 직접적인 영향을 주었습니다. 기독교가 중심이었던 서양 중세 시대에는 배척당했지만, 근대에 이르러 합리주의와 과학의 발달에도 큰 힘을 실어 주었습니다. 유물론에 바탕을 두고 공산주의 사상을 창안한 칼 마르크스는 데모크리토스와 에피쿠로스의 원자론을 비교하는 논문으로 박사학위를 받았습니다. 이처럼 데모크리토스는 서양철학사에서 끊임없이 연구되고 영향을 주었던 중요한 철학자였습니다.

제2부

정의는
강자의 이익

인간의
감각으로
확인할 수 없는
진리는
진리가 아니다

프로타고라스

'인간은 만물의 척도다'라는 말로 널리 알려진 프로타고라스(Protagoras, B.C. 485?~B.C. 410?)는 진리의 절대성을 부정하고 인간 중심의 상대주의를 천명한 최초의 소피스트로 유명합니다. 한 기록에 따르면, 프로타고라스는 데모크리토스의 제자였다고 합니다. 프로타고라스는 원래 짐꾼이었는데 어느 날 길을 가던 데모크리토스가 길거리에서 나뭇단을 지게에 차곡차곡 쌓아 올리는 그를 보고 자기의 제자가 되길 권했습니다. 데모크리토스는 프로타고라스가 엄청난 집중력을 발휘하며 자기 일을 수행하는 것도 인상적이었지만, 마치 온 세상을 정리하는 듯한 솜씨에 눈길을 빼앗겼다지요. 데모크리토스는 젊은이에게 "자네는 그 나뭇단을 버리고, 대신 글을 읽고 쓰는 일을 배워 이 세상을 탐구하는 것이 어떻겠는가?"라고 권했고 프로타고라스는 아무 미련 없이 나뭇단을 길거리에 내팽개치고 데모크리토스를 따랐다고 합니다.

데모크리토스와 공부를 시작한 프로타고라스는 얼마 후, 나뭇단을 버리고 데모크리토스의 제자가 되었던 것처럼, 데모크리토스와 그의 가르침을 버리고 자신만의 길을 걸어갔습니다. 그런데 사실 이 일화는 허구로 보입니다. 왜냐하면 프로타고라스는 기원전 485년경에 태어났는데, 데모크리토스는 그보다 약 15년 뒤인 기원전 470년쯤에 태어난 것으로 추정되기 때문입니다. 게다가 데모크리토스가 기원전 460년에 태어났다는 기록도 있는데, 그에 따르면 프로타고라스는 데모크리토스보다 스물다섯 살이나 나이가 많은 거죠. 그래서 프로타고라스가 데모크리토스의 제자라는 주장은 적절치 않습니다. 게다가 앞의 일화에선 데모크리토스가 노인이고 프로타고라스가 청년으로 나오기 때문입니다.

그런데 왜 그런 이야기가 전해 올까요? 이 예화는 역사적 사실로 보기는 힘들지만, 데모크리토스와 프로타고라스의 관계에 대해 의미 있는 이야기를 들려줍니다. 서양철학사에서는 그리스 철학의 시기를 구분할 때 소크라테스를 기점으로 전과 후를 나눕니다. 소크라테스 이전 철학자(pre-socratic philosophers)의 마지막 인물로 데모크리토스를 꼽고, 프로타고라스는 소크라테스보다 나이가 많지만 소크라테스 이후 철학자들에 포함합니다. 나이로만 보면, 데모크리토스는 소크라테스와 동갑이거나, 많게는 열 살 정도 적습니다. 하지만 철학적 내용을 기준으로, 데모크리토스는 소크라테스 이전 철학자로 분류됩니다.

여기에서 잠깐 서양철학사의 큰 그림을 살펴보겠습니다. 흔히 서양철학사는 그리스와 로마의 철학자들을 묶어 '고대철학'이라고 하고, 그리스·로마 철학을 바탕으로 기독교의 교리를 체계화시키는 시기를 '중세철학'이라고 부릅니다. 르네상스, 종교개혁과 맞물려 철학이 기독교에서 벗어나 새로운 합리주의 전통을 찾아 새로운 길을 모색하던 시기를 '근대철학'이라고 하지요. 그리고 19세기에서 20세기로 넘어가는 전환기에서 지금까지, 새로운 철학적 모색을 '현대철학'이라고 합니다.

다시 고대철학으로 돌아오면, 소크라테스를 기준으로 그 전과 후를 나눌 때, 데모크리토스는 소크라테스 이전 철학자들 가운데 마지막 인물로 꼽힙니다. 그러면 그리스 철학을 소크라테스를 이전과 이후로 나누는 기준은 무엇일까요? 로마의 철학자 키케로는 "소크라테스는 처음으로 철학을 하늘로부터 불러 내렸고, 도시에다 가져다 놓았으며, 집 안으로까지 들여놓았다. 그는 삶과 관습, 좋은 것과 나쁜 것, 즉 선과 악에 관하여 탐구하게 만들었다"라는 말을 남겼습니다. 키케로는 소크라테스가 그리스 철학에서 큰 전환점을 이루었다고 보았지요. 다시 말해 철학자들의 관심을 자연에서 인간으로 돌려놓았던 겁니다. 실제로 소크라테스 이전 철학자들은 모두 '이 세상은 어떻게, 무엇으로 구성되어 있는가?'라는 질문을 던지고 그 답을 찾았던 사람들입니다. 그래서 소크라테스 이전 철학자들을 '자연철학자'라고 부르지요.

철학사에서 최초의 철학자라 불리는 탈레스가 만물의 근본 요소를 물, 엠페도클레스가 물, 불, 공기, 흙이라고 주장하고, 또 데모크리토스가 원자라고 했던 것은 세상을 구성하는 근본 요소에 관한 탐구의 결과였습니다. 현대를 살아가는 우리도 '세상은 어떻게 생겨났을까?'라는 질문을 한 번쯤은 던져 보았을 것입니다. 마찬가지로 옛 그리스 사람들도 진지하게 이 질문에 대한 답을 찾았습니다.

그리스신화도 이 질문에 대한 답을 찾는 과정에서 형성된 것입니다. 헤시오도스는 바로 이 질문에 대한 답을 시에 담아 노래했습니다. 태초에 카오스가 있었고, 첫 번째로 땅의 신 가이아가 태어났고, 가이아는 하늘을 낳았고, 강과 호수, 바다와 같은 수많은 물의 신들을 낳았다고 노래했죠. 또 하늘의 신 우라노스와 땅의 신 가이아 사이에서 수많은 자연과 현상들이 신으로서 태어났다고 했는데, 사람들은 그 신화를 믿으며 살아갔습니다. 그런데 이런 신화와 종교에 만족하지 않는 사람들이 나타났습니다. 바로 철학자입니다. 철학자들은 자연과 인간 세계의 다양한 현상에 관해 과학적이고 합리적으로 생각하려고 노력했습니다. 신화에서 철학으로 발전했다고 볼 수 있지요.

나뭇단을 정리하는 프로타고라스(오른쪽)와 데모크리토스(가운데), 살바토르 로사의 17세기 그림

독일의 고전학자 네슬레는 그 발전, 또는 변화를 '뮈토스에서 로고스로'라고 표현했습니다. '뮈토스'는 신과 영웅들이 등장하는 신화인데, 문학적 상상력으로 표현되었습니다. 반면, '로고스'는 논리적이고 합리적인 사고에 바탕을 둔 과학과 철학이라고 할 수 있습니다. 영국의 철학자 콘퍼드(Francis Macdonald Cornford, 1874-1943)는 『종교에서 철학으로』라는 책에서 그 변화와 발전을 설명했습니다. 그런데 두 사람의 입장은 아주 다릅니다. 네슬레는 그 발전과 변화가 단절이라고 했던 반면, 콘퍼드는 단절이 아니라 연속이라고 보았습니다. 일반적으로 볼 때, 종교에서 철학으로 변한 건 네슬레의 말처럼 단절이라고 볼 여지가 있습니다. 그런데 왜 콘퍼드는 그것을 연속이라 보았을까요.

세상만사, 모든 것이 무엇으로 구성되어 있을까? 이 질문에 대해 지금까지 소개해 드린 철학자들의 주장은 모두 신화에 근거를 두고 있습니다. 예를 들어 탈레스의 만물은 물로 이루어졌다는 주장, 아낙시만드로스의 공기, 헤라클레이토스의 불, 엠페도클레스가 거기에 흙을 덧붙여 물, 불, 공기, 흙이라는 4원소를 주장한 것은, 이를테면 땅의 신 가이아, 하늘의 신 우라노스, 태양과 달의 신, 별들의 신, 바다의 신, 강의 신에서 만물이 창조되었다는 헤시오도스의 신화를 살짝 바꾼 데 불과하다고 본 것입니다. 그런 점에서 종교에서 철학으로의 전환은 단절이 아니라, 연속이라고 볼 수 있는 것이죠. 자연철학자들은 신화적 언어에서 신적인 요소들을 빼고 물질만 남긴 셈이니까요. 그런 점에서, '만물은 무엇으로 구성되어 있는가? 세상은 어떻게 생겨난 걸까?'라는 질문에 대해 원소론으로 답한 데모크리토스의 철학적·과학적 접근이 고대철학의 정점이라고 할 수 있습니다.

앞의 논의로 돌아와서 그리스 철학이 소크라테스를 기준으로 나뉜다는 주장에 관해 좀 더 자세하게 살펴보겠습니다. 키케로의 말대로 소크라테스는 사람들의 관심, 적어도 철학자들의 관심을 완전히 다른 곳으로 돌려놓았습니다. 그 이전의 철학자들이 만물의 구성에 관해, 자연과 우주의 탄생과 변화, 존재를 설명하려고 했던 데 반해, 소크라테스는 철학자들의 관심을 인간과 사회로 돌렸습니다. '사람이란 무엇인가?' '행복하게 살려면 무엇을, 어떻게 해야 하나?' '무엇이 옳고, 무엇이 그른가?' 소크라테스는 선과 악의 문제 등 인간의 삶과 행동을 탐구했기 때문에 그 이전의 철학자들과는 큰 차이가 있습니다.

물론 자연철학자들도 인간의 삶에 무관심했던 것은 아닙니다. 자연에 대한 탐구도 결국 내가 이 자연과 세계 속에서 어떻게 살 것인가에 대한 고민에서 나온 거니까요. 하지만 소크라테스 이전 철학자들은 탐구의 초점이 자연에 맞춰졌고, 자연에서 시작해 인간으로 갔다면, 소크라테스의 초점은 인간에게 맞춰져 있었습니다. 프로타고라스도 마찬가지입니다. 그런데 프로타고라스는 '철학자'라기보다는 '소피스트'로 불립니다. 특히 최초의 소피스트로 꼽힙니다.

'지혜로운 것을 아는 자'인가 '지식의 날품팔이'인가?

우리는 흔히 '소피스트'라고 하면, 말장난을 일삼는 말재주꾼을 떠올립니다. '궤변론자'라는 번역이 특히 그렇습니다. 하지만 저는 그런 편견 때문에 소피스트에 대한 객관적이고 정당한 평가가 이루어지지 않는다고 생각합니다. 원래 그리스어로 소피스트는 '지혜로운 것을 아는 자'라는 뜻이기 때문입니다. 비슷한 말들을 소개하자면, '소피아'는 '지혜'이고요, '소포스'는 '지혜로운 사람'입니다. 그래서 '필로소포스'는 '지혜를 사랑하는 사람'이고, '필로소피아'는 '지혜를 사랑하기'라는 뜻입니다. 이런 맥락에서 보면 소피스트는 원래 좋은 의미였습니다. 그런데 소피스트들이 철학자들과는 달리, 강연이나 교육을 통해 수업료를 받으면서 사람들에겐 '지식 장사꾼'이라는 편견이 생겼습니다. 실제로 프로타고라스도 많은 돈을 벌었는데, 아테네 아크로폴리스에 있는 파르테논 신전을 설계하고 건축했던 조각가 페이디아스보다 더 많은 돈을 벌었다고 합니다.

현대의 관점에서 보면 '강연과 교육을 하고 돈을 받는 게 무엇이 문제인가?'라는 의문을 가질 수 있습니다. 저도 교수직을 수행하면서 먹고사니까요. 직업인으로서 교사나 교수가 월급을 받는다고 비난받을 이유는 없습니다. 하지만 당시에는 사정이 달랐습니다. 소피스트 이전의 철학자들 가운데 그 누구도 자신의 철학적 탐구 내용을 다른 사람들에게 교육하고 그 대가로 돈을 받은 적이 없습니다.

많은 제자를 거느리고 철학적 담론을 나누었던 소크라테스는 단 한 차례도 돈을 받지 않았습니다. 당시 사람들은 지식을 '교육'이라는 이름으로 상품처럼 팔고 돈을 버는 수단이 아니라고 생각했습니다. 그런 상식을 깨고 소피스트는 '지식 날품팔이'처럼 행세했기 때문에 비난을 받았던 겁니다. 그리고 그들이 가르쳤던 내용이나 태도도 크게 문제가 되었습니다.

소피스트들이 도대체 무엇을 어떻게 가르쳤기에 비난받았을까요?

그 이유를 살펴보겠습니다. 소피스트들이 활동한 시기는 대체로 기원전 460년에서 기원전 380년 사이입니다. 활동 무대는 그리스 전역으로 다양했지만, 가장 활발한 곳이 아테네였습니다. 아테네는 민주정이 가장 발달한 도시였는데, 직접 민주정치가 이루어지고 있었지요. 아테네의 모든 시민은 재판에서 직접 자신을 변호하거나 상대를 고소할 수 있었습니다. 배심원들 앞에 나가 연설을 통해 그들을 설득하기도 하고 의회에서도 직접 연단에 올라 정책과 입법에 관한 자신의 주장을 펼칠 수 있었습니다. 그래서 연설을 통해 대중을 설득하는 기술이 아주 중요했지요. 그 기술이 바로 레토릭, 즉 수사학입니다.

소피스트가 수사학, 즉 연설의 기술, 설득의 기술을 가르치고 수업료를 받는 것이 문제가 될 건 없어 보입니다. 하지만 소피스트들이 수사학을 가르치면서, '나에게 오면 논쟁에서 이기는 방법을 가르쳐 주겠다'라고 선전했는데 그것이 문제였습니다. 심지어 죄를 짓고도 법정에서 말을 잘해서, 배심원들을 설득해 무죄가 될 수 있게 하는 기술을 가르치겠다고 했으니까요. 의회에서도 마찬가지였습니다. '나에게 수사학을 배우면, 그대의 이권을 챙길 수 있는 법률이나 정책을 관철할 수 있다'며 선전했던 것입니다. 그래서 논쟁에서 이기기 위해서는 교묘한 궤변을 능숙하게 구사해도 상관이 없다고 생각했지요. 바로 그런 태도로 수사학을 가르치겠다고 하니, 사람들의 눈에 곱게 보였을 리가 없습니다.

수사학을 가르친 프로타고라스를 비롯한 소피스트를 비판했던 철학자가 바로 소크라테스였습니다. 그는 엄연한 진리와 정의가 있는데, 자기 이권을 챙기기 위해 진리와 정의를 부정하고 말재주를 피워 거짓과 부정의가 위세를 떨치게 하는 건 국가와 사회를 어지럽히는 나쁜 행동이며, 나쁜 교육이라고 비판했지요. 소크라테스의 제자, 플라톤도 마찬가지였습니다. 그런데 프로타고라스가 과연 소크라테스의 말대로 수사학을 가르친 사람인지는 좀 더 신중하게 검토할 필요가 있습니다. 사실 우리가 소피스트에 관해 알 수 있는 것은 대개 플라톤의 작품을 통해서입니다. 그런데 플라톤은 소피스트에 대해 아주 부정적인 인식이 있었기 때문에 그의 기록에만 의존해서는 소피스트를 객관적으로 평가하긴 어렵습니다.

20세기 말에 많은 학자들이 소피스트에 대한 재평가 작업에 손을 댔는데, 상당히 설득력 있는 주장도 있습니다. 저는 앞으로 여러 소피스트를 소개하면서 그들을 어떻게 재평가할 수 있는지 살펴보겠습니다. 그 첫 번째 주인공이 프로타고라스입니다. 그는 '인간은 만물의 척도다'라는 유명한 말을 남겼는데, 바로 그 말에서 그가 단순한 소피스트가 아니라 깊이 있는 철학자로 평가될 수 있는 단초를 발견할 수 있습니다. 저는 특히 그들과 소크라테스가 만나는 장면을 그린 플라톤의 작품을 중심으로 둘 사이의 팽팽한 대결을 다시 그려 보도록 하겠습니다.

그리스 페르시아전쟁 터지다

프로타고라스도 아테네 북동쪽 트라키아 지방의 압데라에서 태어났습니다. 데모크리토스와 출생지가 같습니다. 압데라가 세워진 시기가 기원전 7세기 중반쯤이니 그로부터 약 150여 년 후인 기원전 5세기 초에 프로타고라스가 태어났습니다. 그의 출생 연도는 의견이 나뉘지만 대략 기원전 485년쯤으로 봅니다.

　프로타고라스가 태어난 기원전 485년 무렵은 그리스 문명사에서 가장 중요한 시기입니다. 바로 '그리스 고전기(Greek Classical Age)'가 시작되기 때문이지요. 그리스를 서양문명의 뿌리라고 하면, 뿌리 중에서도 가장 중요한 뿌리가 바로 '고전기(Classical Age)'입니다. 그야말로 서양문명의 '클래스'를 보여 준 거지요. 프로타고라스가 태어날 즈음에 그리스 역사상 가장 중요한 사건인 그리스 페르시아전쟁이 터졌습니다.

　그리스 문명이 활짝 피어난 시기가 전쟁의 시점과 맞물린다는 점이 역설적이지만 거대한 전쟁이 새로운 문명을 꽃피운 셈입니다. 전쟁은 페르시아의 다레이오스왕이 수십만의 병사를 아테네로 보내면서 시작되었습니다. 다레이오스는 단숨에 그리스 본토를 집어삼킬 수 있다는 자신감으로 가득 차 있었습니다. 위기에 몰린 아테네는 스파르타에 도움을 요청했지만, 스파르타는 선뜻 나서지 않았습니다. 아테네는 페르시아 대군의 약 10분의 1도 채 안 되는 전력으로 싸워야 했지요.

　하지만 수적 열세를 극복하고 아테네가 기적적으로 페르시아를 이겼습니다. 마라톤전투에서 아테네가 승리를 결정지었지요. 마라톤전투 승리의 감격스러운 소식을 전하기 위해 한 병사가 쉬지 않고 아테네로 달려가 승전보를 알리고 숨을 거뒀다는 이야기가 전해 옵니다. 근대올림픽에서 42.195킬로미터를 뛰는 달리기 시합은 그 전투의 이름을 따서 마라톤 경주라고 부릅니다. 마라톤전투에서 아테네가 승리를 거둔 것은 신의 도움 덕분이라는 전설도 있습니다. 바로 '판'이라는 신이 주인공입니다. 판은 상체는 사람인데 머리에 뿔이 있고, 하체가 염소 모습을 한 숲속의 신, 목축의 신입니다. 판은 매우 짓궂어서, 숲속에 숨어 있다가 사람이 지나가면 소리를 꽥 질러서 깜짝 놀라게 했습니다. 이처럼 놀라서 공포에 빠진 상태를 '패닉(panic)' 상태라고 하는데, 패닉이라는 말은 '판(Pan)' 신의 짓궂은 장난에서 비롯되었습니다.

마라톤전투에서도, 판 신의 활약으로 페르시아인들이 패닉에 빠져 아테네가 이겼다는 전설이 전해집니다. 그것은 아마 도저히 불가능해 보였던 마라톤전투에서 아테네가 승리를 거둔 것이 그리스인들에게는 무척이나 신기한 일로 여겨졌기에 이런 전설 같은 이야기가 생겨나지 않았을까 생각합니다. 마라톤전투에서 패하고 물러난 다레이오스왕은 분을 이기지 못해 병이 들었고, 그로부터 4년 뒤에 세상을 떠났습니다. 왕위를 이은 아들 크세르크세스는 아버지의 원수를 갚겠다고 복수의 칼을 갈고 있었습니다.

마라톤전투가 일어난 지 10년 뒤에 크세르크세스가 다시 대군을 몰고 그리스로 진격합니다. 다레이오스왕은 함대를 이용해 에게해를 건너 그리스를 침략했지만, 크세르크세스는 육로를 택했습니다. 에게해와 흑해를 잇는 헬레스폰토스 해협에 거대한 가교를 놓고 대군을 이끌고 건너와 아테네를 향해 남침했지요. 이때 크세르크세스 군대가 프로타고라스의 고향 압데라를 지나갑니다. 압데라 사람들은 페르시아 군대에 저항할 엄두를 내지 못했고, 해를 입지 않도록 길을 내주었습니다.

그때 프로타고라스는 열 살 어린아이였습니다. 그는 페르시아 군대의 이국적인 모습과 어마어마한 규모를 보고 깜짝 놀랐을 겁니다. 그 광경을 평생 잊지 못했겠죠. 어쩌면 '페르시아의 대군이 아테네와 스파르타를 무찌르고 그리스를 점령하겠구나'라고 생각했을지도 모릅니다. 하지만 스파르타의 군인 300명이 페르시아 군대에 큰 타격을 입혔고,

아테네의 테미스토클레스 장군이 페르시아군을 살라미스해전에서 거의 전멸시켰다는 뜻밖의 소식이 전해졌지요. 승전의 결과, 아테네의 정치적·외교적·군사적 위상은 크게 높아졌고, 에게해, 나아가 지중해의 패권국가로 급부상합니다.

크세르크세스가 패배하고 물러나긴 했지만, 그 후로도 호시탐탐 그리스를 노리고 있었기 때문에, 아테네는 페르시아의 위협에 대비해 전열을 정비했습니다. 기원전 478년 아테네는 주변의 도시국가들을 모아 군사동맹을 맺습니다. 아테네는 페르시아가 언제 다시 쳐들어올지 모르니 대비해야 한다고 주장하며 동맹국으로부터 방위비 분담금을 거둬들여 델로스섬에 동맹의 금고를 만들었습니다. 금고가 위치한 지명을 따 델로스동맹이라 부릅니다. 아테네는 델로스동맹의 지도국이 되었습니다. 기원전 454년에는 테미스토클레스의 정치적 후계자인 페리클레스가 델로스동맹의 금고를 델로스에서 아테네의 아크로폴리스로 옮깁니다.

기원전 460년경, 페리클레스가 정치적 실권을 장악할 즈음, 약 서른 살이 된 프로타고라스도 활동을 시작합니다. '소피스트'였던 그는 압데라뿐만 아니라, 배울 만한 스승이 있으면 어디든 찾아다녔습니다. 그 과정에서 서서히 존재감을 드러낸 그를 페리클레스가 아테네로 초청합니다.

도대체 어떤 매력을 가졌기에

프로타고라스의 정치적 식견이 그리스 전역에 소문이 났기 때문에 페리클레스의 관심을 끌었던 것 같습니다. 페리클레스는 정치적 수완이 뛰어난 사람이었고, 일찍이 문화의 중요성에도 눈을 뜬 것으로 알려졌습니다. 유네스코 세계문화유산 제1호인 아테네의 아크로폴리스에 있는 파르테논 신전을 세운 사람이 페리클레스입니다. 페리클레스는 기원전 447년에 조각가 페이디아스를 비롯해 수많은 장인을 모아 아테네의 위대함을 나타내고자 신전을 세웠습니다. 그는 또한 철학자들과 토론하는 것을 즐겼지요. 아낙사고라스나 제논도 페리클레스의 초청으로 아테네에 머물렀습니다. 기원전 444년에 이탈리아 남부에 투리오이 시를 건설한 페리클레스는 그곳에 맞는 법을 제정할 임무를 프로타고라스에게 맡겼습니다.

프로타고라스는 소피스트로 알려져 있었고 소피스트는 궤변론자라는 좋지 않은 이미지가 있었는데, 그런 프로타고라스에게 페리클레스가 한 도시의 입법 책임을 맡겼다니, 뜻밖의 일입니다. 하지만 그것은 소피스트에 대한 오해로 생긴 편견입니다. 그 편견에서 벗어나려면 프로타고라스가 어떤 사람인지 자세하게 살펴볼 필요가 있지요. 플라톤이 쓴 『프로타고라스』라는 대화편에 도움이 될 만한 내용이 있습니다.

플라톤이 남긴 30여 작품은 대부분이 대화편으로 쓰였습니다. 그리고 그 대화를 이끌어 가는 주인공은 그의 스승 소크라테스입니다. 『프로타고라스』라는 작품에서도 소크라테스가 프로타고라스를 만나는 장면이 나옵니다. 프로타고라스는 아마도 페리클레스의 초청으로 아테네에 왔다가 소크라테스를 만난 것 같습니다. 작품의 첫 장면이 아주 인상적입니다. 소크라테스가 나타나자, 그를 기다리던 친구가 소크라테스에게 묻습니다. "어디에서 오는 건가? 또 젊은 알키비아데스를 쫓아다니다 오는 거지? 하긴 엊그제 보니까, 알키비아데스의 미모가 여전하던데!"

소크라테스가 알키비아데스라는 젊은 남자를 쫓아다니고 알키비아
데스의 미모가 여전하다니 조금 이상합니다. 기록에 따르면 알키비아
데스는 아테네 최고의 명문가 청년이었습니다. 이 작품에서 열여섯 살
가량으로 묘사되는데 당시 소크라테스는 약 서른다섯이었습니다. 그런
데 분위기 좀 묘합니다. 이해를 돕기 위해 고대 그리스의 문화를 살펴
보겠습니다. 고대 그리스에서는 원숙한 장년의 남자가 미소년을 애인
으로 삼는 동성애가 관행처럼 용인되었습니다. 알키비아데스는 소크라
테스의 지성에 반해 쫓아다니고, 소크라테스는 알키비아데스의 젊음과
미모, 재기발랄한 성격에 반해 둘은 애인 관계였다고 합니다.

『프로타고라스』에서 친구가 소크라테스에게 "자네 알키비아데스 쫓
아다니다 오는 거지?"라고 물으니까, 소크라테스가 이렇게 대답합니
다. "물론 알키비아데스와 함께 있긴 했지. 그런데 말이야 정말 이상해.
그 녀석이 옆에 있는데도 전혀 신경 쓰이지 않고, 그 녀석이 있다는 것
조차도 잊곤 했지. 왜 그런지 아나? 그 녀석보다 훨씬 더 아름다운 사람
을 만났거든!" 친구는 깜짝 놀랍니다. "아니 세상에, 아테네에서 알키비
아데스보다 더 잘생긴(아름다운) 사람이 있나?" 소크라테스가 답합니다.
"아테네 출신이 아니야. 압데라 사람이래. 바로 프로타고라스!" 이때 프
로타고라스는 쉰여섯 살이었습니다. 소크라테스가 스무 살이나 어린
알키비아데스는 안중에도 없이, 스무 살 연상인 프로타고라스에 매료
된 것만 같은 말입니다. 그런데 소크라테스는 이런 말올 덧붙입니다.
"가장 지혜로운 것이 어떻게 더 아름답게 보이지 않겠는가? 프로타고
라스 님이야말로 요즘 사람들 가운데 가장 지혜로운 사람이지." 조금

전에 프로타고라스를 만나고 온 소크라테스는 흥분과 감동을 감추지 못합니다. 프로타고라스와 대화를 나누고 그의 지성미에 홀딱 빠진 모양입니다.

프로타고라스가 도대체 어떤 매력을 가졌기에, 소크라테스가 이렇게 푹 빠진 것일까요? 더군다나 프로타고라스는 소피스트인데 말입니다. 그 자세한 내용이 궁금하다면 플라톤의 『프로타고라스』를 읽어 보시길 권합니다. 여기서는 소피스트가 무엇을 하는 사람인지, 정의를 소개하겠습니다. 소피스트는 '지혜로운 것을 아는 사람'이라고 할 수 있습니다. 하지만 소크라테스는 그 정의에 만족하지 않고 좀 더 정확한 정의가 필요하다고 주장합니다. 화가가 그림 그리는 것과 관련해서 지혜로운 것을 아는 사람이니까, 그러면 화가도 소피스트냐, 이런 식으로 묻는 겁니다. 소크라테스는 소피스트가 무엇에 대해 지혜로운 것을 아는 사람인지를 명확하게 해야 한다고 묻습니다.

인간은 만물의 척도다

그 질문에 프로타고라스가 이렇게 대답합니다. "나에게서 배울 수 있는 건, 잘 숙고하는 것입니다. 집안일이라면 어떻게 자기 집안을 가장 잘 꾸려 나갈 것인지, 또 나랏일과 관련해서 어떻게 나랏일을 가장 능력 있게 행하고 논할 것인지를 말입니다." 프로타고라스는 한마디로 집안 살림을 잘 돌보고 사회에도 공헌하는 사람, 즉 좋은 시민을 만드는 기술, 시민적 기술을 가르친다고 말합니다. '시민적 기술'은 그리스어로 '폴리티케'인데, 폴리스에서 시민으로 잘 사는 기술이라는 뜻이고, 영어에서 '정치적인'을 뜻하는 '폴리틱(politic)'의 어원이 되는 말입니다. 프로타고라스의 말에 따른다면 그는 정치적인 지혜를 가르치는 소피스트라고 할 수 있겠습니다. 그래서 그리스 세계의 패권을 쥐고 있던 아테네의 탁월한 정치가 페리클레스가 프로타고라스를 아테네로 초청해서 곁에 두고 자문을 구했던 것이겠죠.

플라톤은 『프로타고라스』에서 프로타고라스와 소크라테스의 만남을 그리고 있지만 실제로 두 사람이 만나서 이야기를 나누었다고 순진하게 믿을 수만은 없습니다. 하지만 그들이 만났다면 그 만남은 대략 기원전 434년쯤이라고 추측해 볼 수 있습니다. 어쨌든 프로타고라스가 아테네로 와서 당대 최고 권력자 페리클레스의 신임을 얻은 지식인이라 말하는 데 이의는 없을 것 같습니다. 그가 어떤 사상을 펼쳤기에 페리클레스의 초청을 받았을까요?

프로타고라스의 가장 유명한 말은 "인간은 만물의 척도다"입니다. 그런데 '인간'이라고 번역한 그리스어 '안트로포스(anthropos)'는 '한 사람, 개인'이라는 뜻도 있고, '인간'이라는 뜻도 됩니다. 어떻게 해석하느냐에 따라 프로타고라스의 '안트로포스'라는 개념은 두 가지로 해석이 가능합니다.

'인간'은 전체를 가리키고, '개인'은 부분이니, 차이가 분명한데, 프로타고라스의 '안트로포스'는 어떻게 해석해야 할까요? '코끼리는 크다'라는 명제를 생각해 봅시다. 코끼리는 땅에 사는 동물 중에 덩치가 가장 크다고 볼 수 있지요. 그런데 '코끼리는 크다'라는 말은 인간을 기준으로, 그리고 '현재 존재하는 동물들'이라는 범위 안에서 큰 것입니다. 다른 것과 비교하면 코끼리는 작다고 할 수 있습니다. 가령 지금은 존재하지 않지만 공룡 중에 가장 컸다고 알려진 아르젠티노사우루스랑 비교하면 어떨까요? 남아 있는 화석으로 추정하면 아르젠티노사우루스는 대략 크기가 35미터였고, 무게가 70톤가량이었다고 합니다. 아시아코끼리가 대략 길이 6.4미터에 5.4톤, 아프리카코끼리가 7.5미터에 6.3톤 정도니까, 아르젠티노사우루스가 볼 때는 코끼리는 작고 아담할 겁니다. 간단히 63빌딩과 비교해도 코끼리는 아주 작습니다.

'코끼리는 크다'라는 말은 인간을 기준 삼아 내린 판단입니다. 그렇게 사람들이 세상만사를 판단하고 말하는 것은 모두 인간을 기준으로 한 것이지, 객관적 진리나 지식은 아니라는 것이 프로타고라스의 생각입니다. 이런 생각을 발전시키면, 우리가 알고 있는 모든 지식은 인간을 기준으로 해서 내린 주관적인 판단에 불과하고, 절대적이고 보편적으로 타당한 객관적인 진리, 지식 같은 것은 없다는 생각에 이르게 됩니다. 또 다른 질문을 던져 보면 그의 생각이 좀 더 명확해집니다. '코끼리는 유익한 동물인가?' 어떤 대답이 가능할까요?

코끼리를 서커스 공연에 이용해서 돈을 벌거나, 관광객을 태워서 수입을 얻는 사람들, 짐을 옮기거나 농사에 이용하는 사람들은 코끼리가 유익한 동물이라고 말할 것입니다. 하지만 코끼리 떼가 지나가는 바람에 일 년 농사를 망친 사람은 코끼리가 원수처럼 느껴지겠지요. 코끼리가 유익한가, 그렇지 않은가를 누가 판단하느냐에 따라 대답이 달라집니다. 이런 점에서 보면, 프로타고라스의 말은 '개인이 만물의 척도다'라고 해석될 수 있습니다. 그래서 그는 상대주의 철학자로 평가되곤 합니다. 어떤 주제나 사건도 누가, 어떻게 보느냐에 따라 판단이 달라질 수 있고, 어떤 주장에도 찬성과 반대가 존재한다는 상대주의를 인정한 셈입니다. 그런데 그는 그 같은 태도로 인해 곤욕을 치르기도 했습니다.

프로타고라스에게 에우아틀로스라는 제자가 있었습니다. 그는 프로타고라스에게 수사학을 배워서 법정에서 논쟁하고 연설하는 능력을 갖추고 싶어 했습니다. 그런데 그가 프로타고라스에게 배우고도 그런 능력을 갖지 못하면 어떻게 하느냐며 머뭇거립니다. 프로타고라스는 자신 있게 말했습니다. "일단 내 밑에 들어와 배우게. 나중에 첫 번째 소송에서 승소하게 되면, 그때 수업료를 내도 좋으니." 안심한 에우아틀로스는 열심히 배웠습니다. 그런데 모든 과정이 끝났는데도 에우아틀로스는 도무지 법정 소송에 참여할 생각을 하지 않는 겁니다. 프로타고라스는 그런 제자를 괘씸하게 여겨 고발했습니다. 법정에서 프로타고라스는 이렇게 주장했습니다.

이 재판에서 제가 이기든 지든 에우아틀로스는 저에게 돈을 지불해야 합니다. 제가 이기면 에우아틀로스가 진 것이니, 패소의 대가로 돈을 지불해야겠죠. 설령 제가 지더라도 저는 돈을 받아야 합니다. 우리 둘 사이에는 '에우아틀로스가 첫 소송에서 이기면 제게 수업료를 내기로' 약속이 되어 있었거든요. 제가 지면 그가 승소한 것이니, 그 약속대로 저는 돈을 받아야 합니다.

프로타고라스의 주장대로라면 에우아틀로스가 꼼짝없이 돈을 내야 할 것처럼 보입니다. 그런데, 그 스승에 그 제자라고 에우아틀로스는 스승의 주장을 그대로 이용해서 반박합니다.

이 재판에서 이기든 지든 저는 수업료를 내지 않아도 됩니다. 제가 이기면 프로타고라스 선생님이 진 것이니, 패소의 대가로 저는 돈을 지불하지 않아도 됩니다. 설령 제가 지더라도 저는 돈을 지불할 필요가 없습니다. 우리 둘은 '제가 첫 소송에서 이기면 수업료를 내기로' 약속했는데, 이번이 제 첫 번째 소송이고 이 소송에서 지면 저는 그 약속에 따라 돈을 낼 필요가 없게 됩니다.

프로타고라스는 참으로 난감했겠지요. 하지만 더욱 곤란한 건, 두 사람의 이야기를 듣고 판결해야 할 배심원들이었을 겁니다. 이 이야기는 접어 두고, 프로타고라스의 사상으로 돌아가 보겠습니다.

사실 '인간은(또는 개인은) 만물의 척도다'라고 소개했지만, 그 '만물'은 그리스어로는 '크레마타'로 표현되어 있습니다. '크레마타'는 '사람들이 사용하는 물건, 사물, 기회, 환경, 조건' 등을 가리킵니다. 그러니까, 미터나 킬로그램으로 표시한 코끼리의 무게나, 크기 등은 어쩌면 프로타고라스의 상대주의에 해당하지 않을 수도 있습니다. 인간이 마련한 기준이지만, 그건 누가 봐도 객관적인 지표이기 때문입니다. 예를 들어 지구의 공전 속도가 그렇습니다. 지구는 태양 주위를 1초에 29.7859킬로미터 속도로 도는데, 이건 인간의 주관적인 판단이 아닙니다. 코끼리가 봐도 그럴 겁니다. 그래서 프로타고라스는 천체의 움직임이나, 동물, 식물들의 성장과 같이 객관적인 지표가 분명한 과학적 대상에 관해서는 언급을 자제하는 편이었습니다. 그가 '인간(개인)은 만물의 척도'라는 말로 문제 삼는 건 주로 인간의 행동, 생각, 취향, 사회 같은 것들이었습니다.

나는 신들이 존재하는지, 존재하지 않는지, 알 수 있는 방도가 없습니다

그렇다면 프로타고라스도 객관적인 사실, 진리, 지식을 일정 부분 인정한 것일까요? 일부 인정했다고 볼 수도 있지만, 꼭 그렇지도 않습니다. 프로타고라스는 일반적으로 통용되는 기하학 명제를 받아들이지 않았습니다. 예를 들면, '직선과 원의 접점은 단 하나다'라는 명제는 기하학에서 명백한 진리로 통하는데, 프로타고라스는 이를 반박합니다.

프로타고라스는 인간의 감각으로 확인되지 않으면 진리로 받아들일 수 없다는 원칙을 고수했습니다. '직선과 원의 접점은 단 하나다.' 이 말이 성립하려면 완벽한 직선과 완벽한 원이 있어야 하는데, 직선이라는 말은 있지만 완벽한 직선을 도무지 본 적이 없고, 원이라고 말은 하지만 완벽한 원을 이 세상에서 본 적이 없으므로, 그런 것들이 존재하지 않고, 따라서 그 명제도 성립하지 않는다고 주장합니다. 아무리 정확하게 직선으로 자를 만들고, 아무리 정교하게 둥근 고리를 만든다고 해도, 그 고리를 그 직선 자에 댔을 때, 딱 한 점에서 만나는 게 아니니까, 그런 주장을 할 수 없다는 것입니다. 프로타고라스는 그처럼 감각으로 확인될 수 없는 명제는 아무짝에도 쓸모없는 추상적인 주장이고, 우리가 확인할 수 없는 걸 마치 진리처럼 말하는 건 거짓말이나 마찬가지라고 거부했습니다. 그런 점에서 현대철학자들은 프로타고라스를 '현상론자'라고 부릅니다. 인간의 감각으로 포착할 수 있는 것, 사람의 감각에 드러나는 현상만 '있다'고 말할 수 있고, 감각할 수 없는 뭔가가 있다는 주장을 할 수 없다고 말하기 때문입니다. 감각으로 확인할 수 없는 것, 감각으로 검증받지 못한 건 그 무엇도 참되다, 존재한다고 말할 수 없다는 견해를 철학 용어로 '현상론적 인식론'이라고 합니다, 프로타고라스가 바로 그런 입장이었습니다. 그런 사상 때문에 프로타고라스는 죽을 위험에 처하기도 합니다. 사람들이 프로타고라스에게 "프로타고라스 선생님, 그러면 신들에 관해서는 어떻게 생각하시나요? 신들에 관해 알고 계신 걸 말씀해 주세요"라고 청했습니다. 프로타고라스가 이 질문에 뭐라고 대답했을까요?

당시 사람들은 신들이 존재하고, 인간과 자연 세계에 간섭하고, 그것들을 움직인다고 철석같이 믿고 있었으니 프로타고라스도 대답하기 참으로 난감했을 것입니다. 페리클레스와 친했던 아낙사고라스도 '태양은 아폴론 신과 같은 것'이라고 믿었던 아테네 사람들에게 "그렇지 않습니다. 태양은 그저 불타는 돌덩어리에 불과합니다"라고 말했다가 사형을 선고받았다는 이야기가 전해지거든요. 그런 상황을 고려했는지, 프로타고라스는 이렇게 답합니다. "신들에 관해서, 나는 신들이 존재하는지, 존재하지 않는지, 알 수 있는 방도가 없습니다. 그들이 어떤 존재인지도 모르겠습니다. 신이라는 주제는 어둠에 감추어져 있고, 인생은 신들을 알기에는 너무 짧거든요." 이런 태도를 철학적으로는 '불가지론'이라고 합니다.

프로타고라스가 "알 수 없다"라고 말한 건 결국 "감각할 수 없고, 따라서 존재하지 않는다"라는 말과 같아서, 결국 그는 아테네 시민들에게 추방당했습니다. 그의 책도 모두 압수되어 아고라에서 불태워졌다는 기록도 전해집니다. 사람들이 좀 더 격해졌다면 그를 죽이려고 했을 겁니다. 일부 기록에 따르면 프로타고라스는 고향으로 가는 배를 타고 항해했는데, 도중에 폭풍을 만나서 죽었다고 합니다.

당신들이
찾아 헤매는 것,
그런 건 없습니다

고르기아스

프로타고라스는 어떤 것이 아름답고 추한가, 좋고 나쁜가, 옳고 그른가를 판단하는 기준은 개인마다 다르다는 의미에서 "인간(또는 개인)은 만물의 척도다"라고 했습니다. 그런 점에서 상대주의의 철학적 토대를 마련했다고 할 수 있습니다. 고르기아스는 프로타고라스보다 한발 더 나아가서 회의주의에 가깝게 다가갔습니다. 프로타고라스와 함께 최고의 소피스트로 꼽히는 고르기아스가 주장한 회의주의는 무엇일까요.

서양철학사에서 최초의 회의주의자는, 퓔론입니다. '회의'란 말은 '마음에 의심을 품다'는 뜻인데, 말 그대로 회의주의는, 어떤 주장에 대해서도 곧바로 참된 지식이나 진리라고 믿지 않고, 철저하게 의심하고, 그것이 진짜인지 거짓인지, 판단을 유보하는 태도를 말합니다. 영어로 스켑티시즘(Skepticism)이라고 하는데, 이 말은 스켑시스(skepsis)라는 그리스어에서 왔습니다.

스켑시스는 '관찰하다, 꼼꼼하게 살펴보다'라는 뜻인데, 여기에서 '무엇이든지 곧바로, 섣불리 판단하거나 단정 짓지 않고, 요리조리 따지고 잰다'는 뜻이 나옵니다. 그리고 머뭇거리고 주저한다는 뜻, 판단을 유보한다는 뜻도 생겨납니다. 그래서 그 어떤 말도 곧이곧대로 믿고 받아들이지 않고 의심하는 태도를 스켑시스라고 하고, 그런 사람을 스켑시스트, 즉 회의주의자라고 부릅니다.

있는 것은 없다. 있다고 해도 알 수 없다. 안다 해도 말할 수 없다

고르기아스(Gorgias, B.C. 483~B.C. 376)는 "있는 것은 없다. 있다고 해도 알 수 없다. 안다 해도 말할 수 없다"라는 유명한 말을 남겼습니다. 바로 이 문장이 고르기아스의 회의주의 철학을 집약적으로 보여 줍니다.

고르기아스의 말을 이해하기 위해서는 지금까지 살펴보았던 철학자들의 생각을 정리할 필요가 있습니다. 특히 소크라테스 이전 자연철학자들의 주장을 되새겨 봐야 합니다. '지혜(소피아)를 사랑하는 일'로서의 필로소피아는 과거엔 아주 넓은 의미로 쓰였습니다. 삶의 지혜를 찾으면서, 어떻게 사는 것이 좋은 삶인가, 폴리스라는 도시 공동체 안에서 모두가 함께 잘 사는 방법은 무엇일까, 이런 일을 고민하는 것은 물론, 모든 것에 대해서 의문을 제기하고 깊이 따져 묻고 답을 찾아가는 탐구가 모두 필로소피아, 즉 철학입니다. 그런데 이런 철학의 고민 가운데 하나는 우리가 사는 세상을 설명하는 일이었습니다. 특히 '만물은 무엇으로 이루어졌는가'라는 물음에 답하는 것이었죠.

자연철학자들은 '세상은 쉴 새 없이 변하고, 만물이 생성 소멸하는데, 이 모든 변화 가운데서도 변하지 않는 어떤 근본 요소가 있을까?'를 고민했습니다. 저는 이 문제도 결국 인간의 삶과 죽음의 문제와 깊은 관련이 있다고 생각합니다. 사람은 언젠가는 죽습니다. 그런데 인간을 포함한 모든 존재는 한번 존재하면 소멸하지 않으려 노력하고, 그 존재를 지속시키려는 관성을 가지고 있습니다. 떨어지는 빗물에 돌들도 꿋꿋이 저항하고, 물도 흩어지지 않으려고 단단하게 표면장력을 유지하는데, 하물며 인간은 어떻겠습니까? 인간은 생명을 가지고 태어나면,

계속 생존을 유지하려고 합니다. 죽음이 두려운 겁니다. 그래서 죽음을 피하려고 온갖 노력을 다하고, 죽음의 공포를 이겨 내기 위해 몸부림칩니다.

　인간에게 죽음만큼 중대하고 심각한 변화는 없을 겁니다. 병들고 늙고 쇠약해지는 것, 그 자체로 고통스럽기도 하지만, 무엇보다도 그것이 죽음의 징조, 죽음을 향한 첫걸음이라는 생각에 걱정되고 두려운 것입니다. 그래서 인간들은 그런 심각하고 치명적인 변화를 넘어서는 영원불변을 추구합니다. 그런데 그것이 불가능하다고 생각되면, 죽음의 공포를 이겨 내기 힘들겠지요. 그래서 신을 찾고 종교를 믿는 것입니다. 자연철학자들의 탐구도, 순수하게는 세상에 대한 과학적 호기심에서 시작되기도 했지만, 결국 죽음의 공포를 이겨 내려는 실존적인 의지에서 비롯되었다고 볼 수 있을 겁니다. 예컨대, 탈레스가 "모든 변화하는 것들의 저변에는 변하지 않고, 생성 소멸하지 않는 물질이 있다, 그것이 바로 물이다"라고 주장했는데 그것이 죽음에 대한 공포를 이겨 내고 세상을 좀 더 의연하고 의젓하게 바라볼 수 있게 해줍니다.

　탈레스에 따르면 인간도 물로 이루어졌다고 볼 수 있는데 그걸로 어떻게 죽음에 대한 공포를 이겨 낼 수 있었는지 궁금합니다. 탈레스는 "우리가 지금 모습으로 살아 있는 것은 물방울들이 결합되어 뭉쳐진 결과야. 죽음이란, 그저 물방울들이 흩어져 원래의 모습으로 돌아가는 거지. 그러니까, 우리를 이루고 있는 그 어떤 것도 사라지지 않아. 만물을 이루는 물방울들은 영원불멸하고, 세상은 그것들이 결합했다가 해체되는 이합집산의 결과일 뿐이야. 그러니까, 모든 것이 사라질 것처럼 죽음을 두려워하지 마"라고 이야기하지 않았을까요? 그리스인들은 지혜로운 탈레스의 이야기를 들으면서 죽음의 공포에서 벗어나 위안을 얻지 않았을까 생각합니다.

그 반대로 인간이 죽음을 두려워하는 건, 결국 인간이 물방울이든 뭐든, 흩어져서 '지금 내가 없어지는 것'에 대한 공포일 수도 있습니다. 데모크리토스의 원자론을 이어받아서 발전시킨 에피쿠로스는 죽음에 대해 이렇게 말했습니다. "죽을 것이라고 예상하고 고통스러워하는 것은 헛된 일이다. 죽음은 사실 아무것도 아니다. 우리가 살아 있다면 죽음은 우리에게 있지 않은 것이며, 죽음이 우리를 무너뜨리면, 그때는 이미 죽음을 느끼고 생각할 내가 있지 않기 때문이다." 인간이 죽은 뒤, 완전히 없어지는 것이 아니라, 영혼이나 혼백이 남아서 불타는 지옥에 가거나, 암울하고 우중충한 구천을 떠돈다면 모를까, 죽어서 완전히 흩어지는 거라면, 죽음을 걱정하고 고민할 필요가 없습니다. 그건 어리석은 일입니다. 살아 있을 때, 죽음의 공포에 시달리기보다는 살아 있음에 충실하고 그것을 즐기는 것이 가장 중요하고 지혜로운 일일 테니까요.

자연철학자들은 세상이 생성 소멸하고 변화무쌍한 것 같아도 그 모든 변화의 저변에는 변하지 않는 어떤 원초적인 원소, 절대적인 존재가 있다고 주장합니다. 그것이 탈레스가 말한 물방울, 헤라클레이토스가 말한 불꽃, 아낙시만드로스가 말한 공기, 퓌타고라스가 말한 숫자, 그 무엇이든 간에 만물을 이루는 근본 요소는 영원히 존재하고 변하지 않으며 언제나 그대로라는 의미입니다. 이를 한마디로 정리한 말이 있습니다. 바로 파르메니데스의 "있는 것은 있고, 없는 것은 없다"입니다. 이 한 문장이 모든 자연철학자의 노력을 갈무리합니다. '진짜로 있는 것'은 있다가 없어지고, 없다가 생기는 것이 아니라, 한 번 있으면 그냥 언제나 그것 그대로 계속 있을 뿐 그것이 없어지거나, 다른 것이 될 수 없다는 뜻입니다. 고르기아스는 그 말에 정면으로 반박합니다.

자연철학자들은 바로 그 '있는 것', 있다가 없어지고 없다가 생겨나는 것이 아니라, 언제나 그 자체 그대로 '있는 것'이 무엇인지를 찾아내려고 했습니다. 그리고 그것으로, 세상의 모든 변화와 생성, 소멸, 운동, 그리고 인간의 삶과 죽음까지도 설명하려고 했습니다. 그들이 진지하게 찾으려고 했던 바로 그 '있는 것'이 객관적이고 절대적인 진리이며, 참된 존재라고 제시된 겁니다. 그런데 절대적이고 객관적인 존재와 진리를 찾으려고 했던 철학자들의 의견이 하나로 모이지 않고 분분했던 것이 문제였습니다. 그래서 프로타고라스는 "있는 것에 대해서든, 없는 것에 대해서든, 인간(또는 개인)은 만물의 척도"라고 한 겁니다. "자연철학자들이 아무리 객관적인 진리와 존재를 찾는다고 해도, 그건 그저 사람이 봤을 때 그런 거고, 다른 동물이나 식물도 그렇게 볼까요? 자연철학자 가운데 어떤 이는 그 '있는 것'이 불이라고 하고, 어떤 이는 물이라고 하는 걸 보니, 그건 개인이 어떻게 생각하고 믿느냐의 문제가 아닌가요?" 이렇게 반박할 겁니다.

더 나아가 고르기아스는 자연철학자를 모두 정면으로 반박합니다.

당신들이 그렇게 열심히 찾는 그 '있는 것', 변하지도 않고, 생겨나거나 없어지지도 않는 것, 언제나 그것 그대로 있는 그 '있는 것'이 도대체 이 세상 어디에 있을까요? 헛수고하지 마세요. 당신들이 찾아 헤매는 것, 찾았다고 주장하는 그 '있는 것', 그런 건 없습니다. 설령 그런 것, 즉 당신들이 말하는 그 '있는 것'이 있다고 해도, 우리 인간이 그것을 어떻게 알겠습니까? 설령 누군가가 그것을 안다고 해도, 그것을 어떻게 말로 옮길 수가 있겠습니까?

고르기아스는 자신의 주장이 옳음을 증명이라도 하듯이, 인간의 언어가 얼마나 많은 한계가 있는지를 열심히 탐구했습니다.

고르기아스가 "객관적이고 절대적인 존재나 진리, 인식은 있을 수 없다"고 주장했다면 그에게는 존재하는 것은 무엇일까요? 혹시 아무것도 없는 건 아닌지 궁금합니다. 그의 주장을 예로 들어 설명해 보겠습니다. 우리가 편의점에 가서 감자로 만든 스낵을 찾는데, 적당한 물건이 없으면, "여긴 어떻게 '있는 게 없지?'"라고 말하는 경우가 있습니다. 그런데 이 말은 아무것도 없다는 뜻이 아니라, 내가 찾는 게 없다는 뜻이죠. 고르기아스도 마찬가지였습니다. 이 세상에는 아무것도 없다는 뜻이 아니라, '자연철학자들이 찾는 그런 건 없다'는 뜻입니다. 즉 변화하는 모든 것들의 저변에 변하지 않고 버티는, 영원불변하며 언제나 그것 그대로 '있는 것', 그런 건 없다는 의미죠. 그러면 남는 것은 결국 언제나 변하고 생겨났다가 소멸하는 것, 이리저리 움직이는 것, 그런 것만 있다는 겁니다. 적어도 인간이 보고 듣고 느끼고 알 수 있는 건 그런 것이라는 뜻입니다.

지금까지 고르기아스가 자연철학자들과는 다른 점을 살펴보았다면 이제는 프로타고라스와 차이를 알아보겠습니다. 프로타고라스는 고르기아스보다는 좀 더 신중했던 것 같습니다. "있는 건 없다"고 단정적으로 말하는 대신, "있는 것에 대해서든, 없는 것에 대해서든, 인간은 만물의 척도다"라고 했습니다. 그의 말을 잘 따져 보면, '있는 것' 그것을 부정하고 싶지는 않고, 어쨌든 있는 것 같긴 한데, 그에 대한 평가는 인간,

또는 개인이 척도가 되어 내리는 것이다, 그런 의미일 겁니다. 프로타고라스가 앞서 신에 대해 했던 말도 그런 태도를 보여 줍니다. "신들에 관해서, 나는 신들이 있는지 없는지, 알 수 있는 방법이 없다. … 인생은 신들을 알기에는 너무 짧기 때문이다." 이 말에서도 느낄 수 있듯이, 프로타고라스는 고르기아스보다는 좀 더 신중했던 것 같습니다.

"있는 건 없다, 있다고 해도 알 수 없다, 안다 해도 말할 수 없다"라는 주장을 통해 고르기아스는 단순히 자연철학자들의 주장을 거부했을 뿐만 아니라, 그때까지 그리스 사회를 지배하던 통념, 신화와 종교, 기득권의 가치관과 이데올로기에 대해서도 강한 의혹을 던졌습니다. 기존의 가치관을 과감하게 넘어서, 새로운 가치관을 모색할 것을 주장한 셈입니다. 그런 점에서 고르기아스를 아주 혁신적인 철학자라고 할 수 있습니다.

그리스인들이여, 우리끼리 왜 싸우는가

고르기아스는 이탈리아반도 남쪽 시칠리아섬의 레온티노이에서 태어났습니다. 그는 4원소론을 주장했던 시칠리아 출신 철학자 엠페도클레스의 제자였습니다. 두 사람은 열한 살 차이가 났지만, 고르기아스는 그를 기꺼이 선생님으로 모시고 열심히 공부했습니다. 하지만 그는 스승과는 전혀 다른 길을 걸었습니다. 그는 세상 만물을 이루는 근본적인 실체를 찾는 과학적이고 형이상학적인 탐구를 멀리했으며, 그런 문제에 몰두하는 일에 회의적인 태도를 보였습니다. 그 대신 그는 사람들의 삶과 직접적으로 관련된 문제들에 집중했습니다.

고르기아스

고르기아스는 정치적인 문제에 관심이 컸습니다. 그는 자기 조국인 도시국가 레온티노이의 이익을 대변하면서 외교적인 문제를 해결하려고 노력했던 외교관으로서도 명성이 높았습니다. 그는 어려운 정치적·외교적 문제를 말로 풀어내는 솜씨가 탁월했습니다. 그래서 많은 사람들이 그에게 협상과 중재, 외교적인 말솜씨를 배우려고 했는데, 그 말솜씨가 바로 수사학, 즉 레토리케(레토릭)였습니다. 고르기아스도 프로타고라스나 다른 소피스트와 마찬가지로 사람들에게 돈을 받고 수사학을 가르쳤습니다. 그 일로 비판받기도 하지만, 고르기아스가 직업적인 수사학 교사였다고 보긴 어렵습니다. 그의 가장 주된 활동이 정치·외교였으니까요. 최근 고르기아스를 연구하는 사람들은 바로 그 사실에 주목합니다. 그가 공개 석상에서 연설하면, 그의 말솜씨에 관심을 가진 사람들이 그를 강사로 초청해서 강의를 듣고, 그 대가로 돈을 낸 것은 사실이지만, 그것이 그의 직업이었다고 말하긴 힘들다는 것입니다.

그는 자기 나라를 위해 일했고, 외교적인 업무를 수행하려고 여러 도시국가를 돌아다녔는데, 그 명성이 널리 퍼지면서 초청을 많이 받은 겁니다. 올림피아나 델포이에서 운동경기가 열리면 그리스 전역의 도시국가에서 사람들이 모여드는데, 바로 그런 자리에 고르기아스가 초청되어 연설했던 거죠. 고르기아스가 멋진 연설을 펼치면 그에 감탄한 도시의 지도자들은 앞을 다투어 그를 자기 도시로 초청했습니다. 그래서 그가 어느 도시에 나타났다는 소문이 돌면 그 도시는 물론 주변의 여러 도시에서 수많은 사람이 그를 찾아오거나 초대해서 배우려고 했던 것입니다. 그러다 보니 자연스럽게 그를 추종하는 사람들도 많아졌습니다. 그들은 고르기아스의 제자라고 불렸습니다. 사람들은 그 명성 덕분에 고르기아스가 막대한 재산을 모았으리라고 추측합니다. 심지어 고르기아스가 자신의 조각상을 금으로 만들었다는 말이 전해질 정도였습니다. 그래서 그의 직업을 '수사학 교사'라고 해도 손색이 없다는 겁니다. 하지만 그의 주된 활동은 어디까지나 교육보다는 정치적인 것이라고 봐야 합니다.

고르기아스의 활약을 이해하려면 그가 살던 당시의 그리스 상황을 이해할 필요가 있습니다. 당시 그리스는 스파르타와 아테네를 중심으로 둘로 나뉘어 펠로폰네소스전쟁을 치렀고, 그 뒤에도 갈등은 지속되어 크고 작은 전쟁이 끊이지 않았습니다. 그런데 에게해 건너 페르시아는 그리스의 내부 갈등을 부추기면서 침략의 기회를 호시탐탐 노리고 있었습니다. 안팎으로 위기의 시대였지요. 그래도 다행인 건, 그리스 사람들이 수많은 도시국가로 나뉘어 살면서도 같은 말을 쓰고 같은 신들을 섬기며 같은 문화를 공유하는 '헬라스 사람들'이라는 공동체 의식을 가지고 있었다는 점입니다. 그래서 4년마다 올림픽 경기를 개최하면서 공동체 의식을 확인하고, 적어도 그 기간만은 싸움을 멈추고 평화롭게 운동경기를 즐겼던 거지요. 고르기아스의 생애를 기록으로 남긴 필로스트라토스는 그가 올림피아 제전에서 했던 연설을 전해 줍니다.

> 그리스인들이여, 우리끼리 왜 싸우는가? 이런 싸움은 저 바다 건너 페르시아인들에게 침략의 기회를 줄 뿐이다. 우리 이제 갈등과 싸움을 멈추고 하나가 되자. 그리고 그 힘을 모아 페르시아에 대항하자.

그는 당시의 시대적 문제점을 정확히 지적하면서, 시원스럽고 용기 있게 돌파구를 제시했는데, 아마도 수많은 관중이 박수를 아끼지 않았을 겁니다. 이 연설은 이후 그리스가 한마음 한뜻이 되어야 한다는 '범그리스주의'의 싹이 됩니다.

궤변으로부터

이런 활동들을 고려하면 고르기아스를 단순히 궤변론자, 소피스트라고만 말하는 것은 적절하지 않아 보입니다. 그의 사상을 좀 더 구체적으로 알 수 있는 두 편의 연설문이 비교적 온전하게 전해지고 있습니다. 『팔라메데스 변론』과 『헬레네 찬가』입니다. 이 가운데 『헬레네 찬가』를 간단하게 살펴보겠습니다. 호메로스의 『일리아스』에 따르면 헬레네는 스파르타의 왕, 메넬라오스의 부인으로 트로이아의 왕자 파리스와 사랑에 빠져 트로이아로 갔습니다. 파리스의 왕비 납치사건에 화가 난 메넬라오스는 모욕을 되갚고 헬레네를 찾아오겠다고 그리스의 전사들을 모아 트로이아로 떠납니다. 그 바람에 그리스 연합군과 트로이아 사이에 10년 전쟁이 일어납니다. 그 전쟁으로 인해 수많은 남자가 죽고 수많은 여인이 과부가 되고 수많은 아이들은 고아가 되었습니다.

고르기아스는 결코 찬양의 대상이 될 수 없는 여인을 찬양함으로써 사람들의 감탄을 자아냅니다. 고르기아스의 연설은 다음과 같습니다. "수많은 사람이 헬레네를 비난합니다. 그러나 헬레네는 비난받기보다 찬사의 대상이 되어야 합니다. 왜냐고요? 사람들은 질서(kosmos)를 가진 것을 찬양하고, 질서가 없는 것을 비난하기 때문이지요. 그런데 무엇이 질서인가요? 도시에는 훌륭한 용기가, 신체에는 아름다움이, 영혼에는 지혜가, 사물에는 탁월함이, 말에는 진실이 있을 때, 그것이 바로 질서입니다" 고르기아스의 연설은 헬레네를 비난하는 것은 부당하다는 주장으로 이어지며, 결국 헬레네를 변호하는 쪽으로 흐릅니다. 그가 헬레네를 성공적으로 변호한다면, 그녀를 마음 놓고 찬양할 수 있는 길을 열 수 있었을 겁니다.

전해 오는 이야기에 따르면 트로이아전쟁이 일어난 이유는 헬레네가 파리스를 따라갔기 때문인데, 고르기아스는 그것이 헬레네의 잘못이 아니라고 말합니다. 첫째, 헬레네가 파리스를 따라간 것은 아프로디테 여신이 개입했기 때문이며, 인간인 헬레네가 아프로디테 여신을 이길 수는 없으므로 헬레네에게는 책임이 없다고 주장합니다. 자기보다 힘이 센 신이 개입해서 그녀가 강제로 끌려간 것이니, 잘못이 있다면 아프로디테 여신에게 있지, 헬레네에게는 잘못이 없다는 것이지요.

둘째, 고르기아스는 헬레네가 트로이아로 간 것은 파리스의 완력에 저항할 수 없어서 끌려간 것이라고 주장합니다. 이것이 사실이라면, 헬레네는 전쟁의 책임을 지지 않아도 됩니다. 모든 책임은 전적으로 헬레네를 끌고 간 파리스에게 있으니까요.

이 두 가지만으로는 헬레네를 잘 변호한 것 같습니다. 그런데 고르기아스는 문제의 세 번째 변론을 내놓습니다. "사람이 어떤 행동을 하는 것은, 마음속에 그 행동을 좋게 보는 견해를 가지고 있기 때문입니다. 그런데 마음은 '말'에 의해 속기도 쉽고 설득되기도 쉽습니다. '말'은 사람을 설득해서 속이거나 어떤 의견을 갖게 하는 신적인 힘을 가지고 있고, 인간은 그것을 감당할 수 없습니다. 마치 몸에 어떤 약물을 투입하면 몸을 가누지 못하는 것처럼, '말'은 강력한 약물처럼 마음에 작용합니다. 인간인 헬레네가 신적인 힘을 가진 '말'에 설득되어 파리스를 따라 트로이아로 갔다면, 잘못은 '말'에 있으며 헬레네에게는 잘못이 없습니다"라고 주장한 것입니다. 세 번째 고르기아스의 변론에는 무리가 있습니다. 누군가가 '말'에 설득되어 행동했다면, 책임은 그 '말'에 설득된 사람이 지는 것이 순리이기 때문입니다.

네 번째 변론도 비슷합니다. "헬레네는 잘생긴 파리스를 보는 순간, 마음속에서 사랑을 느꼈습니다. 사랑은 사람의 마음을 약하게 만드는 강력한 힘이며, 신적인 것입니다. 신적인 사랑에 의해 인간인 헬레네가 트로이아로 끌려간 것이므로, 헬레네에겐 잘못이 없고 잘못이 있다면 사랑에 있습니다"라고 고르기아스는 주장했습니다.

이것도 무리한 변론 같습니다. 사랑에 빠져서 행동했다면, 사랑에 빠진 사람이 책임져야 하는 게 상식에 부합하기 때문입니다. 남자인 파리스의 완력이나 신인 아프로디테의 개입으로 행동했다면 그 책임은 헬레네가 지지 않아도 되겠지만, 말에 설득되었거나 사랑이라는 감정에 빠져 한 행동은 헬레네가 책임져야 합니다. 그렇다면, 고르기아스는 자신에게 불리한 변론을 편 셈입니다. 그는 왜 이런 바보 같은 짓을 했을까요? 어쩌면 고르기아스는 이 연설문을 통해서 헬레네를 변론하려고 한 게 아니라, 다른 의도가 있었던 것 같습니다. 그 의도를 정확하게 이해하는 게 고르기아스는 물론, 다른 소피스트들을 이해하는 핵심이 될 겁니다.

사람들은 흔히 '다른 사람의 말에 설득되어 어떤 의견을 갖게 되고, 그에 따라 행동했다면 그 행동의 책임은 설득된 자신에게 있다'고 생각합니다. 아주 일반적인 상식이고 통념이지요. 그런데 고르기아스는 그 당연하다고 생각하는 통념을 뒤집는 논변을 펼친 겁니다. 고르기아스는 사람들에게 어떤 생각을 갖도록 하는 한 사람, 그가 종교 지도자일 수도 있고, 학교 선생님일 수도 있고, 정치 지도자일 수도 있고, 철학자나 사상가일 수도 있는 그 한 사람에 주목합니다. 흔히 '오피니언 메이커' '오피니언 리더'라는 사람들입니다. 많은 사람들이 그들의 생각에 동조하여 행동했다면, 그 책임은 누구에게 있을까? 어쩌면 고르기아스는 현실을 반영한 그런 질문을 던진 것일지도 모릅니다.

고르기아스는 이른바 '궤변'을 통해 상식과 통념을 뒤집도록 사고의 전환, 시각의 변화를 추구했다고 볼 수 있습니다. 네 번째 변론도 결국은 잘생긴 파리스를 보고 사랑에 빠져 그를 따라 트로이아로 간 헬레네가 전쟁에 관해서, 수많은 사람의 죽음에 관해서 모든 책임을 홀로 져야 하는 것인가라는 질문을 던진 셈입니다. 변론이 성공했느냐 실패했느냐를 떠나서 고르기아스가 했던 변론의 의미를 따져 보면, 다양한 생각이 가능한 민주 정치체제 안에서 상식과 통념이 통하고, 집단적 가치를 우선하며 민주주의라는 이름으로 개인의 생각을 억압하는 데 반기를 들었다고 해석할 수 있습니다. 당연하게 생각하는 것을 한 번쯤은 뒤집어 보려고 하는 태도, 새롭고 창의적으로 사고하는 습관을 촉구하려는 것이 고르기아스의 진정한 의도였다면, 우리는 그로부터, 그의 궤변으로부터 얻어 낼 것이 적지 않을 것입니다.

라리사

고르기아스는 기원전 427년 쉰여섯의 나이에 아테네를 방문합니다. 시칠리아에서 가장 강한 도시국가 시라쿠사가 레온티노이를 침략하려고 하자 도움을 요청하려고 아테네로 파견된 거지요. 당시 아테네는 스파르타와 전쟁을 치르고 있었는데, 레온티노이는 아테네와 동맹을 다지고 있었습니다. 그리고 아테네와 대립하며 스파르타 편에 섰던 시라쿠사의 위협을 막으려고 했습니다.

고르기아스가 아테네를 방문한 것은 정치적이고 외교적 목적이었던 셈인데 그 목적을 제대로 달성했는지는 좀 더 연구가 필요합니다. 여기서 주목할 점은 고르기아스가 아테네를 방문한 후, 곧바로 고향으로 돌아가지 않고, 다른 도시국가들을 방문하고 외교관으로서는 물론, 수사학 교사로 활동했다는 사실입니다. 특히 아테네 북쪽, 테살리아 지방의 라리사라는 도시에서 활동했는데, 생을 마감한 곳도 그곳이었습니다. 그가 왜 고향으로 돌아가지 않았는지, 명확하게 알려지지 않았습니다. 라리사가 민주정 체제였고, 펠로폰네소스전쟁에서 아테네의 동맹국이었다는 점으로 미루어 고르기아스가 활동하기에 적합했던 곳으로 보입니다. 고르기아스는 외국에 머물면서 조국을 위해 일하고 좀 더 넓게는 그리스 전체의 평화와 단합을 위해 노력했던 것 같습니다.

민주정치에 대한 신념을 가졌던 고르기아스가 아테네를 방문했을 때, 소크라테스를 만났다는 이야기가 플라톤이 쓴 『고르기아스』에 나옵니다. 플라톤은 기원전 386년 전후에 쓴 『고르기아스』에서 두 사람의 만남을 다룹니다. 아테네를 방문한 고르기아스는 칼리클레스라는 사람 집에 머물고 있었는데, 그와 대화를 나누고 싶어 안달이 난 소크라테스가 카이레폰과 함께 칼리클레스의 집으로 찾아가 고르기아스를 만났다는 내용입니다. 그런데 플라톤이 과연 두 사람이 만났던 역사적 사실을 기록한 것인지, 아니면 상상력을 동원해서 두 사람이 만났던 것처럼 꾸며 낸 것인지, 알 수는 없습니다.

플라톤이 남긴 대화편 『프로타고라스』, 『고르기아스』에는 주인공 소크라테스가 당대 유명한 소피스트와 만나는 장면들이 있습니다. 그 만남이 어쩌면 플라톤의 상상력이 만들어 낸 허구일 수도 있습니다. 특히 대화의 내용은 플라톤의 창작일 가능성이 큽니다. 하지만, 학자들은 대체로 고르기아스와 소크라테스의 만남 자체는 사실에 근거했을 것이라고 봅니다. 다른 소피스트들과의 만남도 개연성이 아주 높다고 평가합니다.

앞에서 고르기아스가 아테네를 방문한 기원전 427년에 소크라테스를 만났을 것이라고 했습니다. 그런데 플라톤이 『고르기아스』를 쓴 것은 기원전 386년 전후이니 두 사람이 만나고 40년이 지난 후에야 그들의 만남을 작품에 담았다고 볼 수 있습니다. 게다가 기원전 399년에 소크라테스가 죽었는데 그의 사후 거의 13년 뒤에 두 사람의 만남을 그려 낸 겁니다. 고르기아스가 아테네에 왔을 때, 플라톤은 돌쟁이 갓난아기였으니 그 만남을 직접 보았을 리는 만무합니다. 나중에 소크라테스로부터 고르기아스와 만난 이야기를 들었다고 해도 13년이라는 세월 동안 소크라테스의 기억이 상당 부분 희미해졌으리라고 짐작할 수 있습니다. 그렇다면, 두 사람의 대화가 실제 그대로 작품에 기록되었다고 보기는 어렵습니다. 상당 부분 플라톤이 창작했거나, 대부분 플라톤에 의해 각색된 것이라고 볼 근거가 되지요.

따라서 플라톤의 저작에 드러난 소피스트의 사상은 실제 소피스트의 생각과는 크게 다를 수 있습니다. 플라톤은 소피스트에 대해 감정이 좋지 않았기 때문에 소피스트에 관해 집필하면서 왜곡해서, 부정적으로 그려 냈을 가능성이 큽니다. 바로 그런 점이 오늘날 학자들이 소피스트를 연구하는 데 큰 문제로 대두됩니다. 소피스트들의 작품이나, 그들에 대한 객관적인 기록은 매우 적고, 남아 있는 기록 대부분이 플라톤의 작품이거나 그의 작품에서 영향을 받은 것들이기 때문입니다. 그래서 소피스트를 연구하거나 이해할 때, 플라톤의 작품을 곧이곧대로 믿으면 부정적이고 왜곡된 편견을 갖기 쉬워 객관적인 입장을 견지하기가 어렵습니다.

나는 좋은 레토르(연설가)

하지만 플라톤의 『고르기아스』를 통해 두 사람의 만남을 살펴보는 일은 필요합니다. 작품에서 고르기아스를 만난 소크라테스는 단도직입적으로 묻습니다. "당신을 무얼 하는 사람이라고 불러야 하나요? 어떤 기술에 정통한 사람이라고 불러야 하죠?" 그러자 고르기아스가 아주 짤막하게 대답합니다. "'레토리케'요, 소크라테스." 소크라테스가 다시 묻습니다. "그러면 당신을 '레토르'라고 불러야 하나요?" 고르기아스가 또 짧게 대답합니다. "그것도 '좋은'요, 소크라테스." 고르기아스는 자신을 그냥 레토르가 아니라, '좋은 레토르'라고 답합니다. 여기서 레토르는 '연설가'를 뜻하고, 레토리케는 대중 앞에서 연설하는 '연설가의 기술'을 가리키는데 흔히 '수사학'이라고 부릅니다. 그리고 고르기아스는 수사학을 이렇게 정의합니다. 수사학이란 "말로 설득할 수 있는 능력입니다. 법정에서는 재판관들을, 평의회장에서는 평의회 의원들을, 민회에서는 민회 의원들을, 그리고 정치 집회에 해당하는 그 밖의 모든 집회에서 말로 사람들을 설득할 수 있는 능력이지요."

고르기아스는 짧은 대답 속에서 수사학에 대해 명료하게 정의하고 있습니다. 고르기아스는 수사학을 '말로 사람들을 설득하는 것'이라고 규정합니다. 그리고 그의 주장대로 설득된 사람들이 한마음 한뜻이 되어 국가와 정치와 관련된 일을 해 나간다면 아무 문제가 없을 것입니다. 그런데 사실 여기에 큰 문제가 숨어 있습니다. 소크라테스는 고르기아스가 의미하는 설득이 대중의 정확한 지식에 근거한 것이 아니라, 연설가의 말에 현혹된 대중이 실제로는 정확하게 모르면서, 연설가에게 휘둘려 무작정 확신을 갖게 되는, 바로 그것이 문제라는 결론을 끌어냅니다.

청중이 설득되는 경우는 일단 연설가의 말을 사실이라고 믿고, 그가 제안하는 쪽으로 마음을 두고 그대로 가겠다고 결심할 때입니다. 그런데 연설가가 정확한 사실을 알고, 그것을 숨김없이 말하면 큰 문제는 없을 겁니다. 게다가 그것을 바탕으로 건전하고 올바른 길로 사람들을 인도하고 청중들이 유익한 결과를 얻게 된다면 무척 바람직한 일이 되겠지요. 권력이나 돈으로 사람들을 매수하는 것보다 훨씬 더 건전하고, 지극히 민주적인 절차라고 할 수 있죠. 그런데 문제는 연설가가 사실을 알고도 속이거나, 연설가 자신도 사실을 정확하게 모를 때입니다.

소크라테스는 그런 위험을 두려워했기에 대중 연설가들을 경계했고, 그런 연설가들의 기술인 레토리케, 즉 수사학을 가르치는 고르기아스와 다른 소피스트들을 의심하고 경계했습니다. 소크라테스와 질문과 대답을 주고받던 고르기아스는 소크라테스의 의심을 지우려는 듯, 수사학이 얼마나 위력적인지, 말의 힘이 얼마나 큰지, 그래서 자기가 가르치는 기술이 얼마나 가치가 있는지를 말하려고 노력합니다.

소크라테스, 제 동생이 의사입니다. 그런데 어떤 환자들은 동생이 처방한 약이 쓰다고 안 먹고, 수술이 무섭다고 거부하더군요. 제 동생은 의술은 뛰어난데, 환자를 설득하지 못해 난처한 상황이었습니다. 그때 제가 나서서 환자들을 설득했고, 환자는 결국 내 말을 듣고 동생의 처방을 따랐습니다. 그러면, 누가 그 환자들을 구한 걸까요?

내용을 보면 의사가 환자를 구했지만, 고르기아스의 설득이 없었다면 환자가 치료받지 않았을 테니 고르기아스가 구했다고 말할 여지도 있습니다. 결국 두 사람 모두 환자를 구하는 데 기여했다고 볼 수 있습니다. 의사의 의술만으로는 말을 안 듣는 환자를 치료할 수 없으니, 환자를 설득할 수 있는 능력, 수사학적 능력을 갖춘다면 더 좋겠지요.

　그런데 고르기아스는 자신의 수사학을 뽐내다가 아주 극단적인 주장까지 펴게 됩니다. "소크라테스, 한 국가에서 '국가 의사'를 뽑는다고 가정해 봅시다. 민회나 다른 집회에서 진짜 의사와 수사학(레토리케)에 능수능란한 사람이 말로써 경쟁한다면 누가 이길까요? 누가 '국가 의사'로 뽑힐까요? 아마 수사학에 능한 사람이 진짜 의사를 제치고 뽑힐 겁니다. 장군을 뽑는다고 해도, 재무관을 뽑는다고 해도, 그 어떤 장인을 뽑는다고 해도 마찬가지죠. 그러니 이 말이라는 게 얼마나 위대합니까? 말을 잘한다는 것은 모든 것을 지배할 힘을 갖게 해줍니다. 저는 바로 그런 능력, 세상을 지배할 수 있는 비법인 수사학을 가르치고 있습니다."

　말은 그럴듯한데, 고르기아스가 실제로 그런 말을 했다면 의술을 모르는 사람이 수사학만을 잘 익히면 국가 의사로 뽑힐 수도 있으니 위험천만한 일이 될 것입니다. 게다가 둘 사이에 그런 대화가 오갔다면, 천하의 고르기아스가 소크라테스에게 완전히 말린 것처럼 보입니다. 고르기아스는 수사학이 결국 사기고, 자신의 교육은 사기를 잘 치는 법을 가르친다는 것을 시인한 꼴이 되니까요. 천하의 협상가요, 뛰어난 말솜씨로 유명했고 시민들의 신임을 한 몸에 받았던 고르기아스가 설마 그런 식으로 말해 자충수를 뒀을지 의심스러운 대목입니다. 플라톤이 소크라테스를 내세워서 고르기아스를 궁지로 몰고 간 느낌이 듭니다. 물론 소크라테스의 대화법이 강력한 건 사실이지만 실제로 논쟁이 벌어졌다면 고르기아스가 그런 식으로 궁지에 몰리지는 않았을 겁니다. 지금까지 제가 지금 전해드린 것은 플라톤 작품의 일부분이고, 또 내용도 원전 그대로가 아니라 쉽게 풀어 설명했습니다.

황금 조각상

이미 살펴본 대로 고르기아스는 아테네로 온 이후, 주로 그리스 본토에서 활동했는데, 그 시기는 아테네를 중심으로 한 델로스동맹과 스파르타를 중심으로 한 펠로폰네소스동맹 세력이 벌인 펠로폰네소스전쟁이 한창이던 때였습니다. 전쟁이 스파르타의 승리로 끝난 후에도 그리스는 사분오열되어 갈등과 전쟁을 계속했습니다. 이를 보며 안타까워하던 고르기아스는 '범그리스 축제'인 올림피아 제전과 퓌티아 제전에서 그리스인들의 단합을 주장하며 큰 호응을 얻었습니다. 그를 기리는 황금 조각상이 델피에 있는 아폴론 신전에 세워질 정도였습니다. 고르기아스는 결혼하지 않았고 백여덟 살까지 천수를 누리다가 라리사에서 세상을 떠났습니다. 현대의학이 발달한 지금은 '백세시대'라는 말이 익숙하지만 1950년대 우리나라의 평균수명이 쉰 살에 불과했다는 사실을 생각하면 백여덟 살까지 수명을 누린 고르기아스가 참 대단하다는 생각이 듭니다. 고르기아스가 명성을 누리고 장수한 비결 중 하나는 이곳저곳을 주유하면서, 열정적으로 활동했던 것을 꼽을 수 있습니다. 외교관으로서, 수사학 교사로서 존경받으며 활동했던 것도 영향이 있었던 것 같고요. 그런 활동 덕에 많은 돈을 벌었다는 이야기도 전해지는데, 경제적 여유도 장수의 이유일 것입니다. 그의 제자였던 이소크라테스의 기록에 따르면, 고르기아스가 말년에 가졌던 돈이 지금으로 따지면 약 180만 원 정도였다고 하니까, 소문만큼 돈을 많이 벌지 못했거나, 아니면, 많은 돈을 벌어서 좋은 일을 많이 하면서 사람들의 인심을 사지 않았을까도 생각해 봅니다.

정의는
강자의
이익이다

—
트라쉬마코스

트라쉬마코스(Thrasymachus, B.C. 459~B.C. 400)는 현재 튀르키예 이스탄불 주의 소아시아 쪽에 있는 도시 칼케돈에서 태어나 아테네와 스파르타가 벌인 펠로폰네소스전쟁이 한창이던 20대 후반부터 아테네에서 활동했습니다. 트라쉬마코스의 삶과 활동에 관해서는 자세한 기록이 남아 있지 않습니다. 아테네 출신이 아니었기 때문에 직접 의회나 법정에서 연설할 기회가 없었고, 법정에 서는 사람들에게 연설문을 대필해 주는 일도 하지 않았던 것 같습니다. 대신 수사학 교본을 쓰고, 학생들에게 연설법을 가르치는 일로 유명했습니다. 당대 희극작가 아리스토파네스의 작품에 그의 이름이 언급되는데, 당시로선 '대치동 일타 강사' 같은 대우를 받았던 것 같습니다.

수사학 일타 강사

유명한 수사학 교사였던 그는 아주 음악적이고 잘 구조화된 연설로 유명합니다. 특히 〈아폴론 찬가〉에서 쓰던 파이안 운율을 연설에 응용해서 큰 호응을 얻었습니다. 파이안 운율은 네 음절로 구성되는데, 한 음절은 길고 나머지 세 음절은 짧습니다. 지금도 많이 쓰입니다. 우리에게 익숙한 2002년 월드컵 때 응원 구호로 쓰인 '대~한민국!'이 바로 파이안 운율입니다. 애국가도 파이안 운율을 사용합니다. '동해~물과 백두산이'

'하~느님이 보우하사' '대~한 사람 대한으로' 모두 파이안 운율입니다.

그는 파이안 운율뿐만 아니라, 음악적인 리듬에 맞춰 손짓과 몸짓, 표정, 목소리 톤, 강약 등을 잘 살려 사람들의 감정을 움직였다는 기록이 있습니다. 청중 앞에서 연설하는 그의 모습이 마치 오케스트라의 지휘자 같았을 것이라 상상할 수 있는 대목입니다.

그의 연설은 형식뿐만 아니라 내용에서도 매우 역동적이고 도발적이고 공격적이었습니다. 아리스토텔레스가 쓴 『수사학』에는, 트라쉬마코스가 위트 넘치는 연설가로 소개되는데, 풍자적이고 은유적인 표현을 잘했다고 합니다. 당시 의사이면서 수사학 교사였던 헤로디코스는 "트라쉬마코스, 그대는 언제나 '트라쉬' '마코스'하군!"이라고 했습니다. 그리스어로 '트라쉬'는 '용감한, 과감한, 거친'이라는 뜻이고 '마코스'는 '싸움, 전투'라는 뜻입니다. 그러니까 트라쉬마코스는 '과감하게 싸움을 잘한다'는 뜻으로, 헤로디코스가 그의 이름으로 말장난을 한 것입니다. 실제로 그의 연설은 이름처럼 도발적이고 공격적이었다고 전합니다.

트라쉬마코스에 관한 기록이 많지는 않지만 우리는 플라톤의 작품을 통해서 그의 사상이나 연설의 공격성, 직설적인 통찰력 등을 엿볼 수는 있습니다. 그는 플라톤의 대표작인 『국가』 제1권에 등장합니다. 거기서 트라쉬마코스는 소크라테스와 격렬한 설전을 벌입니다. 이 부분만 따로 떼어 책을 만들고 이름을 붙인다면 『트라쉬마코스』편이라고 불러도 무방할 겁니다.

소크라테스와 트라쉬마코스가 논쟁을 벌인 주제는 '정의란 무엇인가?'였습니다. 소크라테스는 아테네 서쪽 페이라이에우스(현 피레아스) 항구에 살던 케팔로스라는 큰 부자의 집에 초청되어 그곳에 모인 사람들과 밤새 대화를 나눕니다. 사람들 가운데에 트라쉬마코스가 있었지요. 소크라테스가 '정의가 무엇'인지 묻자 사람들은 다양한 대답을 내놓습니다. 하지만, 소크라테스의 반문에 막혀 제대로 된 답이 나오지 않았습니다. 그때 트라쉬마코스가 못 참겠다는 듯이 나서서, 단도직입적으로 아주 도발적인 주장을 던집니다. "제가 한마디로 딱 잘라 정의해 드리지요. 정의는 강자의 이익입니다."

'정의는 강자의 이익이다.' 트라쉬마코스는 어떤 의미로 그런 주장을 한 것일까요?

일반적으로 정의는 법과 뗄 수 없는 관계입니다. 여기서 트라쉬마코스는 그 법을 도대체 누가 만드느냐고 문제 삼았습니다. 사회 구성원 전체가 모여 의견을 내고 일치를 본다면 모두 만족할 만한 법이 나오겠지만, 현실적으로 불가능합니다. 그래서 사람들은 대표자를 뽑아 그들에게 권한을 위임하고 법을 세우라고 맡깁니다. 그렇게 입법의 권한을 위임받은 사람들을 대체로 사회의 강자라고 할 수 있는데, 그들이 과연 누구에게 이익이 되는 법을 만들까요?

사람들은 자기 대표들이 공정한 태도로 최대한 객관적인 입장에서 사회 구성원 전체의 이익을 위한 법을 만들 거라고 기대합니다. 하지만 트라쉬마코스에게는 그런 순진한 믿음이 없었습니다. 예를 들어 조세제도를 만들 때, 법을 만드는 사람들은 공동체 전체의 이익을 생각하기보다는 자기가 세금을 덜 낼 방법을 따져 가면서 제도를 만들 것이라고 트라쉬마코스는 주장합니다. 물론 겉으로는 모두를 위한 제도라고 말하겠지만, 실상을 들여다보면 자신들의 이익을 가장 먼저 꼼꼼히 챙겨 제도를 만들겠지요. 그렇게 만들어진 제도나 법을 지키는 것은 정의로운 일이고, 그 법을 어기면 정의롭지 않게 됩니다. 그리고 사람들이 그 법을 지키면 지킬수록, 정의롭게 살아가면 살아갈수록, 그 법을 만든 사람들에게는 이익이 되겠지요. 왜냐하면 그들에게 유리하게 만들어진 법이니까요. 반대로 그 법을 만들 때 소외되었던 약자들은 어떻게 될까요?

지킬수록 만든 자들의 이익에 일조하는 법(法)

트라쉬마코스의 논리에 따르면, 약자들은 법을 지킬수록 손해를 보고, 그 법을 만든 사람들의 이익은 커집니다. 과거제도를 생각해 봅시다. 과거제란 과거시험에 급제한 사람들이 벼슬을 하는 제도입니다. 과거제는 생업에 종사하지 않아도 되는 조건에서 과거시험 공부에 전념할 수 있는 부자들, 세력가들에게 유리한 제도입니다. 반면 공부를 제대로 할 수 없는 가난한 선비들이나 아예 도전조차 할 수 없는 평민들에게는 아주 불리합니다. 사람들이 이 제도를 인정하면 할수록, 제도는 더욱더 안정되고, 그 제도가 안정될수록, 제도에 유리한 사람들은 기득권을 다져 나갈 수 있습니다. 이런 제도를 만든 사람은 누구일까요? 당연히 이 제도를 통해 이익을 볼 수 있는 사람들입니다. 그들은 과거제를 통해 대를 이어 벼슬을 할 수 있습니다. 그들은 물론 과거시험을 통해 인재를 등용하면 나라가 발전할 거라는 취지로 과거제를 만들었지만, 실제로는 자신들이 계속 벼슬을 하고 기득권을 유지하는 데에 유리한 조건을 만든 겁니다. 따라서 그 법은 그것을 만든 강자의 이익을 확고하게 하는 반면, 약자는 지킬수록 계속 손해를 보게 되는 겁니다.

국가가 시행하는 공식적인 관리선발제도인 과거제는 그나마 공정합니다. 하지만 시험도 보지 않고 벼슬을 할 수 있는 음서제도가 있었습니다. 음서제는 고려시대에는 5품 이상, 조선시대에는 2품 이상 관리의 자제가 과거시험을 거치지 않아도 벼슬을 할 수 있게 보장한 제도입니다. 고위 관리들의 자제에게 특혜를 주는 음서제는 그 혜택을 누릴 수 있는 관리들이 만들었을 테니, 트라쉬마코스의 주장이 그럴듯해 보입니다.

우리 사회의 중요한 연례행사이자 가장 중요한 시험 중 하나인 입시제도의 사례를 봅시다. 소논문을 쓸 수 있고, 국제학술대회나 학술 캠프에서 활동하고 그 내용을 '자기소개서'에 쓸 수 있는 학생들에게 유리한 입시제도를 누가 만들었을까요? 그런 입시제도가 법제화된 상황에서는, 그 제도에 유리한 학생들, 즉 그런 복잡한 정보에 접근성이 뛰어나고, 입시컨설팅 비용에 구애받지 않고, 학계 인맥을 쉽게 이용할 수 있는 사람들의 자식들은 큰 이익을 볼 겁니다. 반면에 가난한 집안에서 태어난 똑똑한 아이는 어떤가요? 특정 캠프나 학술대회에 참가할 방법을 잘 알지도 못할뿐더러 기회도 얻기가 쉽지 않습니다. 그 아이들은 큰 벽을 느끼면서 억울하지만 강자들이 쉽게 누리는 이익과 제도를 정당화시켜 줄 수밖에 없습니다. 그들은 넘을 수 없는 큰 벽 앞에서 열등감, 열패감, 자괴감에 시달리게 됩니다. 그래서 결국 정의는 그 법을 만드는 데에 참여할 수 없는 약자에겐 손해이며, 법을 만든 강자에게는 이익이라는 것이 트라쉬마코스의 주장입니다.

사회적 약자들이 왜 법을 지키고 정의롭게 사는데, 손해를 보게 될까요? 약자가 법을 지키고 정의롭게 살면 손해를 보지 않고 이익을 볼 수 있는 그런 법을 만드는 고결한 강자는 눈을 씻고 찾아봐도 잘 보이지 않

트라쉬마코스

습니다. 모두 입으로는 정의를 외치지만, 알고 보면 그게 다 자기 이익을 위한 것입니다. 약자의 이익을 돌보는 척하지만, 실제로는 법과 제도에 편승해서 부를 축적하고 특권을 누리는 것은 사회적 강자들입니다. 그들은 말합니다. "법적으로 아무 문제가 없다. 법이 그렇지 않냐?" 이는 법이 탄생하게 된 불합리한 구조를 외면하고 법만 강조할 때 나오는 태도입니다. 그런데 그게 어디 강자만의 특징이겠습니까? 인간이면 누구나 자기 이익을 살뜰히 챙기려는 이기적 속성이 있으니, 누구를 강자의 자리에 앉혀도 결과는 마찬가지라는 것이 트라쉬마코스의 주장입니다.

트라쉬마코스의 논리는 그때 거기 아테네와 그리스만의 이야기는 아닐 겁니다. 2500년 전 그리스 땅에서 나눈 대화가 지금 우리의 이야기를 하는 것 같으니까요. 그 같은 트라쉬마코스의 주장에 대해 소크라테스는 어떤 반응을 보였을까요? 물론 가만히 있을 소크라테스가 아닙니다. 소크라테스는 마침내 입을 열고 트라쉬마코스에게 묻지요. "의사가 의사 노릇을 제대로 한다면 누가 이익을 보겠습니까?"

환자란 의술에서 약자들입니다. 반면 의사는 의술에서 강자죠. 강자인 의사가 의사 역할을 제대로 하려면, 의사는 약자인 환자를 돌보느라 고생할 겁니다. 물론 치료에 대한 대가로 돈을 버니까 의사도 이익을 보긴 합니다. 그런데 문제는 의사가 돈만 밝히는 순간부터 시작됩니다. 환자의 치료와 회복보다는 거기서 생기는 돈부터 계산한다면, 그래서 수지가 맞지 않을 때, 환자를 외면한다면, 그는 의사가 아니라 의술을 이용한 돈벌이꾼에 불과합니다. 거기서 그치는 게 아니라, 의사가 환자의 의학적 무지를 이용해서 부당한 시술을 강요하고 협박하듯 진료한다면, 그는 의사일까요? 아니지요. 의사라는 이름은 겉으로 내세운 것이고 그 안에 깃든 그의 정체는 돈벌이꾼이거나 사기꾼, 강도라고까지 할 수 있을 겁니다.

그것이 바로 소크라테스의 반론입니다. 법을 세우고 다루는 사람도 마찬가지입니다. 법 전문가가 자신의 지식과 경험을 살리면 법의 보호가 필요한 시민들이 이익을 볼 겁니다. 반면에 자신의 직무에 충실한 법 전문가는 무척 고단하겠죠. 물론 그에 따른 보수와 명예 등이 주어질 테니 이익이 전혀 없는 것은 아닙니다. 그런데 그가 직무의 고단함을 내세워 적절한 보수 이상의 이익을 챙기려는 순간, 어떻게 될까요? 아니, 입법의 권한 자체를 공동체 전체나 약자의 이익을 위해 사용하는 대신, 오직 자신의 이익만을 챙기려고 한다면, 자신의 이익을 최우선으로 고려한다면, 그는 온전한 입법자가 아니라 법을 이용한 돈벌이꾼이라고 해야합니다. 그러면서 마치 공동체를 위해 법을 세우는 것처럼 행세하고 주장한다면 사기꾼이 되겠지요. 더 나아가 법 위에 군림하면서 약자들을 약탈한다면, 그 역시 강도와 다르지 않게 됩니다. 통치자는 어떤가요? 그가 통치를 제대로 잘하면 누가 이익을 볼까요? 그의 통치를 받는 사회적 약자들이겠죠. 참된 통치자는 권력의 약자를 돌보느라 헌신적으로 일하면서 언제나 고단하기 마련이고요.

그런데 만약 그가 권력을 이용해서 사적 이익을 추구하고 권력의 약자를 수탈한다면, 그는 통치자가 아니라 권력을 이용한 돈벌이꾼이거나 강도와 다를 게 없습니다. 소크라테스는 사회 구성원이 자기 직분, 자기 이름에 걸맞게 최선을 다하되, 자기의 전문 지식과 능력을 이용해 약자들의 이익을 돌보는 공동체를 생각했습니다. 소크라테스는 그런 나라를 '칼리폴리스', 즉 '아름다운 나라'라고 불렀습니다. 트라쉬마코스가 인간 사회의 실상을 적나라하게 고발했다면, 소크라테스는 그런 모순된 현실을 극복하고 우리가 나아가야 할 이상적인 모습을 그려 냈다고 할 수 있습니다.

트라쉬마코스와 소크라테스, 둘 중에 누가 맞나요? 소크라테스의 논리에 마음이 가긴 하지만, 순진한 이상주의자의 공허함이 느껴지시나요? 현실은 역시 트라쉬마코스의 논리대로 흘러가고 있음을 부인할 수 없다고 생각하시나요? 그렇다면 트라쉬마코스의 장점은 현실을 직시하고 적나라하게 고발하는 정직한 통찰력에 있다고 할 수 있습니다. 하지만 그 논리대로 천박하게 살 수 없다는 고결한 결심을 소크라테스는 하게 만듭니다.

제3부

전쟁터로 간
소크라테스

나는 도무지
아무것도 제대로
아는 것이 없는데,
왜 내가 가장
지혜롭다고 했을까

소크라테스

소크라테스(Socrates, B.C. 469~B.C. 399)는 서양철학사에서 가장 유명한 사람이며, 가장 위대한 철학자로 꼽힙니다. 서양철학이 그에게서 시작되었다고 해도 과언이 아니지요. 그래서 소크라테스를 서양철학의 시조라고 부르기도 합니다. 아리스토텔레스는 '만물은 물'이라고 주장했던 탈레스를 최초의 철학자라고 지목했습니다. 아리스토텔레스가 탈레스의 지적인 작업을 철학이라고 말할 수 있게 해준 사람이 바로 소크라테스입니다.

소크라테스는 기원전 469년에 태어났는데, 그의 생일을 요즘 날짜로 계산하면 5월 24일쯤이 됩니다. 그리스신화에 따르면, 달의 신 아르테미스와 태양의 신 아폴론 쌍둥이 남매가 델로스섬에서 태어난 때와 같습니다(일부 기록에는 아르테미스의 생일은 5월 24일이고, 아폴론의 생일은 그 다음 날이라고도 합니다). 먼저 태어난 아르테미스는 진통하는 어머니를 산파처럼 도와 동생 아폴론이 태어날 수 있게 해주었다고 합니다. 아테네 사람들은 이날을 도시 정화의 날로 기념했습니다. 밤과 낮에 해와 달로서 세상을 환하게 비추는 아폴론과 아르테미스의 생일과, 철학으로 인간의 지성 세계를 밝게 비추는 소크라테스의 생일이 같다는 것이 잘 맞아떨어집니다.

소크라테스와 같은 날 태어난 아르테미스는 달의 여신이기도 하지만, 아폴론의 탄생을 도왔듯이, 아이들이 태어나도록 돕는 산파술의 신이기도 합니다. 우연의 일치일까요? 소크라테스의 어머니 직업이 산파였습니다. 아르테미스 여신의 시종이 되는 셈이지요. 어머니 이름이

'파이나레테(Phainaretē)'인데, 의미심장합니다. '파이노(Phainō)'는 '나타나다, 분명해지다'라는 뜻이고, '빛'이라는 뜻도 있습니다. '아레테(Aretē)'는 '덕, 탁월함, 훌륭함'이라는 뜻이고요. 그러니까 파이나레테는 '덕을 드러내다, 탁월함이 빛을 보게 하다'라는 뜻이 됩니다. 소크라테스의 어머니 파이나레테가 태중의 아이들이 밖으로 나와 세상의 밝은 빛을 보게 돕는 산파였다면, 소크라테스는 사람들의 영혼 속에 깃든 덕과 지식을 드러낼 수 있도록 도와주는 '영혼의 산파'로서 평생을 보냈습니다. 실제로 소크라테스의 교육 방법을 '산파술'이라고 부르기도 합니다.

산파인 어머니처럼 영혼의 산파가 되다

소크라테스의 교육 방법을 산파술이라 부르는 이유는 산파가 임산부의 태에 있는 아이가 세상으로 나오도록 도와주듯이 학생들을 가르치는 교사도 마찬가지 역할을 해야 한다고 소크라테스가 생각했기 때문입니다. 우리는 흔히 교육을 선생님이 가진 정보나 가치를 학생들의 머리에 넣어 주는 일이라 생각합니다. 학생들의 머리는 백지이고 선생님은 거기에 글씨를 써넣는 이미지이죠. 그러나 소크라테스의 생각은 달랐습니다. 학생들의 마음, 정신에는 선생님이 가르쳐야 할 모든 것이 이미 다 들어 있다고 믿었습니다. 마치 임산부가 태 속에 온전한 생명체인 아이를 품고 있는 것처럼 말이죠. 따라서 선생님은 학생들에게 정보를 주입하는 것이 아니라, 학생들 안에 이미 무르익어 있는 지식과 정보, 가치를 끌어낼 수 있도록 도와주는 역할을 하는 것입니다. 마치 산파가 임산부를 도와서 태 속의 아이가 나도록 하는 것처럼 말이죠.

소크라테스의 말처럼 우리 안에 우리가 알아야 할 모든 것이 이미 들어 있다면 얼마나 좋을까요? 하지만 현실은 소크라테스의 생각과 다른 점도 있습니다. 최근 들어 비트코인, AI 알고리즘 같은 복잡하고 이해하기 힘든 과학기술 정보들이 마구 쏟아져 나오는데, 그 정보들이 모두 우리 안에 이미 들어 있다고 생각하기가 쉽지 않습니다.

그럼에도 불구하고 소크라테스의 산파술은 여전히 유효합니다. 새롭게 쏟아져 나오는 모든 정보가 학생들의 머릿속에 선험적으로 이미 존재한다고 할 수 없지만, 그것들을 이해할 수 있는 잠재력이 학생들 안에 충분히 있다고 생각한다면 말이지요. 따라서 교육은 학생들에게 무언가를 쑤셔 넣듯이 집어넣는 것이 아니라, 학생들 안에 있는 잠재력을 자연스럽게 끌어내고 학생 스스로 새롭게 창조해 낼 수 있도록 산파처럼 도와주어야 합니다. 그런 점에서 산파술의 교육적 가치는 지금도 여전히 인정되어야겠지요.

석공/조각가인 아버지처럼 영혼의 조각가 되다

소크라테스의 아버지는 석공이자 조각가였습니다. 몸을 써서 고된 일을 하는 사람이었죠. 묵묵히 자기 일에 충실한 그의 이름은 '소프로니코스(Sōphronikos)'였습니다. 그리스어에서 '소프로노(Sōphronō)'는 '절제하다, 지혜롭게 행동하다'라는 뜻이고 '소프로니코스'는 '절제력이 뛰어난 사람'이라는 의미입니다. 아버지의 이름도 아들 소크라테스의 삶에 그대로 투영된 것 같습니다. 기원전 432년에 소크라테스와 함께 포티다이아 전투에 참가했던 알키비아데스는 그가 그 어떤 고생스러운 상황에서도 다른 사람들보다 참을성이 뛰어났다고 전해 줍니다. 실제로 소크라테스는 사람이 사람답게 행동할 때 갖추어야 할 여러 가지 덕 중에 절제의 미덕, 즉 '소프로쉬네(Sōphrosunē)'를 빼놓지 않고 강조했습니다. 이렇듯, 소크라테스는 아버지나 어머니의 이름에 담긴 장점을 모두 다 유전자를 물려받듯이 갖추고 갈고 닦아 적절한 시점에 유감없이 발휘하며 살았던 사람입니다.

소크라테스는 젊은 시절에 아버지처럼 석공이었다는 이야기도 전해집니다. 그래서 그랬는지, 철학의 중요성을 석공 일에 빗대어 말한 적이 있습니다. "조각가는 대리석 덩어리를 다듬어 사람과 비슷하게 만들려고 애를 쓰면서도, 자기 자신은 돌덩어리처럼 굳지 않고 참된 인간의 모습을 갖추려는 노력을 조금도 하지 않는다. 정말 이상한 일이 아닌가?" 역설적으로 소크라테스는 조각가나 화가에 대해 비판적인 태도를 보이곤 했습니다.

플라톤이 쓴 『국가』를 보면 화가는 침대가 뭔지도 제대로 모르고, 사람들이 쓸 수 있는 침대를 만들지도 못하면서 침대의 겉모습만 모방해서 그럴듯하게 그려서 사람들을 현혹한다고 비판했습니다. 같은 맥락에서 조각도 비판의 대상이 됩니다. 실제로는 아무런 쓸모도 없는 것을 겉만 모방해서 가짜를 만들어 내는 것이니까요. 그래서 그런지, 그는 아버지의 직업을 이어받아 석공이나 조각가로 평생을 살아가는 대신, 사람들의 정신을 일깨우고 사람다운 사람으로 거듭나도록 돕는 정신의 산파로서, 정신의 조각가로서 철학자의 길을 새롭게 걸어갔습니다. 그는 아테네에서 사람들이 가장 많이 모이는 아고라에 나가 사람들과 대화를 나누면서, 잘못된 지식과 정보, 관념을 버리고 함께 진리를 탐구해 나갈 것을 권유합니다.

용맹스러운 군인

그러면 소크라테스(Sōkratēs)의 이름에는 어떤 뜻이 담겨 있을까요? 위대한 철학자이니 거창한 의미를 담고 있을 거라는 기대와는 달리 정작 그의 이름은 아주 질박합니다. '소(Sō-)'가 '몸 성히 안전한'이라는 뜻이고 '크라테스(kratēs)'는 '튼튼하고 힘이 세다'는 뜻이죠. 일단 신체가 건강해서 돌과 쇠처럼 단단하다는 의미인데, 그야말로 '돌쇠' 같은 느낌입니다. 소크라테스라는 이름에 거창한 의미를 담지 않은 것을 보면 그의 부모는 아들에게 큰 기대를 걸지 않고 그저 '몸 건강히 씩씩하게만 자라다오!'라는 소박한 소망을 가졌던 것 같습니다. 그런데 실제로 소크라테스는 그 이름값을 단단히 했답니다. 술을 즐기지는 않았지만, 한번 술을 마시면 누구보다도 많이 마셨고, 다른 사람들이 취해 널브러져도 그는 끄떡없었다고 합니다.

포티다이아전투에 중무장 보병으로 참가한 소크라테스는 혹한의 겨울 날씨에도 평상복 차림으로 군영 밖으로 나가 활보했다고 합니다. 맨발로 얼음 위를 걸으면서도, 양가죽에 담요로 몸을 감싸고 두꺼운 신발을 신은 다른 사람들보다도 더 빨리 더 오래 걸어 다녔다고 하네요. 대단한 체력이 아닌가요? 철학자라고 하면, 다소 창백한 얼굴에 우울한 표정, 근심과 걱정에 좀먹어 비쩍 마른 체구를 상상하기 쉬운데, 소크라테스는 그런 모습과는 확연히 다른 씩씩하고 튼튼한 모습이었습니다.

포티다이아전투가 기폭제가 되어 벌어진 펠로폰네소스전쟁(B.C. 431~B.C. 404)에도 소크라테스는 적어도 세 번의 전투에 참전했다고 합니다. 이 전쟁은 스파르타를 중심으로 한 펠로폰네소스 동맹국과 아테네를 중심으로 한 델로스 동맹국들 사이에 벌어진 엄청난 규모의 그리스 내전이었지요. 그는 마흔다섯 살인 기원전 424년에 벌어진 델리온전투에도 나갔습니다. 이 전투에서 아테네는 스파르타의 동맹국이었던 보이오티아군과 싸웠지만, 결과적으로 아테네는 큰 손실을 입고 패했습니다.

이 전투에서 소크라테스는 불굴의 정신을 보여 주었다고 합니다. 그의 절친한 제자였던 크세노폰이 말에서 떨어졌을 때, 소크라테스는 자신의 안위를 돌보지 않고 크세노폰을 부축하고 끝까지 구했지요. 전세가 불리해져 아테네군이 퇴각할 때, 소크라테스는 전열을 이탈하지 않고 굳게 자기 자리를 지키면서 적과 싸웠다고 합니다. 그는 동료들이 안전하게 회군할 수 있도록 가장 후방에서 적의 공격을 막아 내는가 하면, 강력하게 저항하며 경계를 철저히 하면서 단단하고 차분하게 퇴각했던 겁니다. 이 같은 소크라테스의 모습을 보고 당시 전투를 이끌었던 라케스 장군은 "전투에서 다른 사람들도 소크라테스처럼 행동했다면 아테네는 결코 패하지 않았을 것이다"라고 회고했습니다.

전쟁터에서 보인 소크라테스의 활약상을 들으면, 소크라테스가 마치 영화 〈300〉에 나오는 스파르타의 왕 레오니다스와 같은 근육질의 전사가 아닐까 상상할 수도 있겠지요. 하지만, 그의 외모는 볼품이 없었습니다. 작은 키에 배불뚝이였고, 대머리에 들창코였지요. 그리스신화에서 디오뉘소스 신을 따르는 술주정뱅이 실레노스의 모습과 비슷했을 거라 짐작됩니다. 그럼에도 그는 거울 보는 것을 좋아했다고 합니다. 백설공주의 계모 왕비가 생각나시나요? 그 못된 왕비가 자신이 세상에서 가장 아름다운 여인임을 확인하는 나르시시즘에 빠진 것과는 달리, 소크라테스는 자신을 성찰하는 기회로 삼기 위해 거울을 보았다고 합니다. "멋지고 아름다운 사람은 거울을 보면서 그 용모에 걸맞은 마음과 행동을 갖추기 위해 노력하고, 외모가 만족스럽지 못한 사람은 배움과 덕행을 통해 그 부족함을 채울 수 있도록 노력할 테니" 열심히 거울을 보라고 했다나요. 그를 생각하면, 이런 표어가 생각납니다. "몸도 튼튼, 마음도 튼튼!" "건강한 몸에 깃든 건강한 영혼(Animus sanus in corpore sano)!"

크산티페

그런데 소크라테스의 탐구에서 가장 중요한 주제 가운데 하나는 '사랑'이었습니다. 그리스어로 사랑은 세 가지로 나뉘는데, '에로스' '필리아' 그리고 '아가페'입니다. 이 가운데 아가페는 자식에 대한 부모의 사랑이나, 기독교의 '인간에 대한 신의 사랑'처럼 무조건적인 사랑으로 통합니다. 소크라테스의 대화에서 많이 논의되는 사랑은 에로스와 필리아입니다. 흔히 에로스는 남녀 간의 사랑, 필리아는 친구나 가족, 공동체 구성원들 사이의 사랑이어서 우정이나 친애로 번역됩니다. 필로소피아라는 말도 소피아(지혜)를 필로(사랑)한다는 뜻이니까, 철학을 한다는 것 역시

소크라테스와 그의 두 아내(크산티페와 뮈토르) 그리고 알키비아데스(그림 맨 왼쪽). 레이어 반 블렌멜달,
1675. 스트라스부르 미술관(두 아내가 합세하여 남편인 소크라테스에게 항아리의 물을 쏟아 붓고 있다)

사랑하는 일입니다. 궁극적으로 사랑이 중요할 수밖에 없습니다.

　사랑에 관한 이야기라면 에로스, 즉 남녀 간의 사랑을 생각하는데, 악처로 유명한 소크라테스의 부인에 관해서도 여러 가지 일화가 전해집니다. 누군가 그에게 "결혼해야 하나요?"라고 묻자, 그는 "결혼해도 후회하고, 하지 않아도 후회할 것이오"라고 대답했답니다. 어떤 선택을 해도 후회할 거라면 일단 하고 후회하는 것이 더 좋았던 걸까요? 소크라테스는 결혼했습니다. 일설에 따르면, 그가 두 여인과 결혼했다고도 합니다만, 그의 아내로 우리에게 널리 알려진 여인은 바로 '크산티페(Xanthippē)'입니다. '황금빛이 나는 암말'이라는 뜻입니다. '크산토스(Xanthos)'가 '황금색, 노란색'을 뜻하고, '히포스(Hippos)'가 말이라는 뜻이지요. 그리스 사회에서는 말을 뜻하는 '히포스'가 사람 이름에 많이 들어 있습니다. 예를 들면, 알렉산드로스대왕의 아버지 이름이 필립포스인데, '필로'가 사랑이라는 뜻이고, '힙포스'가 말이라는 뜻이니까, 필립포스는 '말을 사랑하는 사람'이라는 의미입니다.

　필립포스라는 이름이 나온 김에 더 말씀드리자면, 필립포스에 해당하는 여자 이름이 '필립페'입니다. 단어를 그대로 풀면 '말을 좋아하는 여인'이므로 '애마녀' 또는 '애마부인'쯤으로 해석할 수 있습니다. '의학의 아버지'라고 불리는 '히포크라테스'의 이름에도 '히포(말)'라는 단어가 들어 있습니다. 그 이름의 뜻은 '말을 힘으로 제압하는 자, 말을 길들이는 자'가 되죠. 이름의 뜻만 놓고 본다면, 히포크라테스는 의사보다는 수의사 같은 느낌이 강합니다. 어쨌든, 소크라테스가 아내를 잘 다독이고 다스리면서 유복한 결혼 생활을 했다면 소크라테스 역시 크산티페에 대해서는 '히포크라테스'이며 '필립포스'라고 할 수 있습니다.

소크라테스의 부인 크산티페에게 붙은 '악처'라는 별칭은 지나치게 과장되었다고 볼 수 있습니다. 물론 그런 별칭을 떠올리게 하는 예화가 몇 가지 있긴 합니다. 그녀는 소크라테스에게 잔소리가 매우 심했던 모양입니다. 앞에서 이름의 뜻을 거론했는데, 그것과 관련 있는 이야기입니다. 소크라테스는 "내가 잔소리가 심한 여인하고 사는 건 말이지, 기수가 준마를 좋아하는 것이나 마찬가지야. 기수가 자기 말을 잘 길들이고 나면 그다음은 어려울 게 없거든. 나도 크산티페를 잘 길들이면 다른 사람들하고도 잘 지낼 수 있을 테니까!"라고 말했습니다. 그가 이런 말을 했던 것으로 봐서, 크산티페가 소크라테스에게 어지간히 잔소리가 심했던 것 같습니다. 그리고 자기 아내를 준마에 비유하고 자신을 기수에 비유한 것은 분명히 아내 이름이 크산티페, 즉 '황금빛이 나는 암말'이라는 뜻이기 때문이었을 겁니다.

크산티페가 소크라테스에게 잔소리한 데는 다 이유가 있습니다. 소크라테스는 인류 역사상 이런 백수가 있었을까 싶을 만큼 손에 꼽히는 천하의 백수로 살았던 사람이거든요. 조각하는 일을 그만두고 나서, 그가 돈벌이를 위해 딱히 한 일은 없었던 것 같습니다. 아침에 일어나면 아고라 장터에 나가 사람들과 철학을 한답시고 노닥거리기 일쑤였지요. 남자라면 가장 노릇을 제대로 해야 하고, 돈도 벌어 와야 하는데, 소크라테스는 그런 일과는 거리가 멀었던 겁니다. 하루는 그런 남편이 몹시 못마땅했는지, 크산티페가 사람들을 잔뜩 모아 놓고 대화를 나누는 현장으로 달려가 소크라테스에게 고래고래 소리를 질렀답니다. 소크라테스가 아랑곳하지 않고 사람들과 철학적 대화를 계속 주고받자, 분노가 폭발한 크산티페는 소크라테스를 향해 구정물을 확 끼얹었습니다.

그러자 소크라테스가 이렇게 말을 했답니다. "이것 보시오. 내 말이 맞지요? 천둥 번개가 치고 나면 비가 오는 법, 크산티페가 으르렁거리고 나면 폭우가 쏟아진다고 했잖아요!"

소크라테스는 속된 말로 가장으로서 생활력이 빵점인 사람처럼 보입니다. 소크라테스가 전쟁에 나가서 용감하게 제 몫을 다했고, 아버지를 따라 석공이나 조각가로서 활동했다는 기록은 있습니다. 하지만 그것은 젊었을 때의 이야기고, 나이가 들면서는 특별히 돈벌이로 하는 일이 없었습니다. 당대 소피스트처럼 교육을 통해 돈을 벌겠다고 마음을 먹었다면 많은 돈을 벌었을 텐데, 그런 일은 절대 하려고 하지 않았고, 그걸 자부심으로 여겼습니다. 오히려 교육을 통해 돈을 버는 소피스트나 수사학 교사들을 신랄하게 비판했으니까요. 그의 아내는 "그렇게 고고하게 잘난 척하지 말고 돈이나 좀 벌어 오지"라고 말하고 싶었을 겁니다.

하지만 소크라테스를 존경하던 사람들에게는 크산티페가 지나친 것처럼 보였겠지요. 소크라테스 제자 가운데 가장 유명한 사람은 당대 아테네 최고의 미남이자 귀족 가문의 젊은 장군 알키비아데스였는데, 어느 날 그가 소크라테스에게 불만을 토로했다고 합니다. "선생님, 사모님 잔소리가 너무 심해요. 정말 참을 수가 없습니다." 그러자 소크라테스는 "그래? 난 괜찮은데. 난 완전히 단련됐거든. 우물에서 도르래가 내는 소리를 참는 것과 같아. 자네도 거위가 꽥꽥 울어 댄다고 화를 내지는 않겠지?" 알키비아데스는 대뜸 대꾸했습니다. "하지만 선생님, 거위는 알도 낳고 새끼도 낳잖아요." 그러자 소크라테스가 천연덕스럽게 이렇게 대답했답니다. "내 아내도 거위에 못지않아. 아들을 낳아 주었거든." 약

간 여성 비하적인 느낌이 있지만, 당시 통념으로는 크게 어긋나는 일은 아니었습니다. 나름 아내를 변호하고 아끼는 말이었던 겁니다.

'철학계의 변강쇠(?)'

소크라테스와 크산티페 사이에는 아들이 셋 있었는데, 장남이 람프로클레스, 차남 소프로니코스, 막내가 메넥세노스입니다.[*] 아리스토텔레스는 이들을 모두 주목할 만한 점이 하나도 없는 평범한 사람, 바보 얼간이 같은 사람들이라고 평했습니다. 그리스에서는 보통 장남에게 자기 아버지 이름을 붙이는 것이 관례입니다. 그런 점에서 보면, 장남과 차남의 이름이 관례에 어긋납니다. 소크라테스는 아버지의 이름 소프로니코스를 장남이 아니라 차남에게 붙여 주었습니다. 아마도 장남의 이름 람프로클레스는 외할아버지, 즉 크산티페의 아버지 이름이었을 것입니다.

일반적으로 친할아버지 이름을 장남인 손자에게 붙이는데, 람프로클레스(Lamproklēs)처럼 외할아버지 이름을 장남에게 붙였다면, 그건 크산티페의 집안이 소크라테스 집안보다 훨씬 더 좋았다는 의미입니다. 외할아버지가 친할아버지보다 더 유명하고 잘나갔다는 뜻이니까요. 그래서 많은 학자들은 소크라테스가 평범한 시민의 아들이었던 반면, 크산

• 이와는 달리, 일부 기록에 따르면, 소크라테스는 두 여인과 결혼했는데, 크산티페에게서 람프로클레스를 낳았고, 두 번째 부인인 뮈르토는 나머지 두 아들을 낳았다고 한다.

티페 집안은 귀족이 아니었을까 조심스럽게 추정합니다. 이름도 증거가 될 수 있습니다. '람프로(Lampro-)'는 '램프처럼 빛나고 불타오른다'는 뜻이고, '클레스(Klēs)'는 '영광, 명성'이라는 뜻이거든요. 람프로클레스가 '빛나는 영광을 가진 사람'이라는 뜻이니 그 이름이 귀족답습니다. 소크라테스 부부는 장남에게 더 멋진 이름을 주고 싶었던 것 같습니다. 그래서 '절제력이 뛰어난 사람'이라는 뜻의 소프로니코스는 차남 몫이 되었을 겁니다.

귀족 출신 크산티페와 평범한 시민 소크라테스와의 결혼이라는 추정 외에도 소크라테스와 크산티페 사이에는 아주 특이한 점이 또 있습니다. 두 사람의 나이 차이입니다. 플라톤이 남긴 『소크라테스의 변명』과 『파이돈』을 보면, 소크라테스가 일흔 살에 재판받고 마침내 사형선고를 받아 사망에 이르는 장면에서 크산티페와 그 아이들에 관한 언급이 나옵니다. 소크라테스가 사형선고를 받았을 때 큰아들 람프로클레스는 많아야 10대 초반이었고, 막내인 메넥세네스는 엄마 품에 안겨 있었다고 합니다. 그렇다면 막내 아이는 세 살 안팎일 텐데, 크산티페의 나이가 얼마나 되었을까요? 일부 학자들은 당시 크산티페의 나이를 30대 초반으로 잡습니다. 그렇다면 소크라테스와 크산티페의 나이는 거의 40년 차이가 납니다. 이건 정말 역사적인 연상남/연하녀 커플이라고 할 만합니다. 소크라테스가 아들 셋을 두었는데 모두 늦은 나이에 자식을 본데다가 일흔이 다 된 나이에 막내까지 낳았으니 말입니다.

앞에서 소크라테스가 엄동설한에도 홑겹 옷을 입고 맨발로 전장을 누볐다거나, 술을 아무리 마셔도 취하지 않았다는 식의 전설적인 이야기를 하면서 '철학계의 돌쇠'라는 말을 했습니다. 60대 후반에 본 막내까지 포함해 아들 셋을 볼 정도라면, 가히 '철학계의 변강쇠'라고 할 수 있는 수준입니다.

디오티마의 이야기

'철학계의 변강쇠'라는 말이 좀 우습기는 하지만, 거기에서도 다 철학적인 이유를 찾을 수는 있습니다. 플라톤이 쓴 『향연』이라는 작품에서는 사랑의 신 에로스를 찬양하는 말의 심포지엄, 말솜씨의 대향연이 벌어집니다. 거기에 소크라테스도 등장하는데, 그의 차례가 되자, 소크라테스는 스물아홉 살 때 만났던 만티네이아의 여인 디오티마에게 들었던 이야기를 합니다. 예언자적 능력이 있었던 그녀는 이렇게 말했답니다. "사람들이 에로스 신에 사로잡혀 사랑에 빠지는 것은 불멸에 대한 갈망 때문입니다." 불멸을 갈망하기 때문에 사랑을 한다니, 무슨 뜻일까요?

디오티마의 이야기는 대략 이렇습니다. 사람들은 한 번 태어나면 죽지 않고 건강하게 오래 살고 싶어 합니다. 죽어 없어지거나 음침한 지하의 하데스 세계, 저승 세계에 가고 싶지 않은 겁니다. 그래서 무병장수하면서 오랫동안 삶과 존재를 지속시키고 싶은 갈망이 다른 어떤 것보다 더 강력합니다. 배고파 죽겠으면 미친 듯이 먹고, 졸려 죽겠으면 만사 제쳐두고 자고, 보고 싶어 죽겠으면 태평양을 건너가서라도 무조건 달려가 애인을 만나는 것도 다 죽는 것이 두렵고 싫기 때문입니다. 그런데 아무리 노력해도 결국 인간은 누구나 언젠가는 늙고 병들어 마침내는 죽게 됩니다. 아니, 젊은 나이에 비명횡사할 수도 있지요. 그런 사실을 깨닫자, 사람들은 자신의 존재를 영원히 지속시킬 방법을 궁리했습니다. 그러다가 '아, 아이를 낳으면 되겠구나!'라고 생각하게 된 거랍니다.

인간은 자기 몸을 가지고 영원히 살 수 없지만, 내 일부를 내가 가장 사랑하는 사람의 태에 넣어 아이가 잉태되고 태어나면, 그 아이는 나와 내가 가장 사랑하는 사람의 결합에서 태어난 것이니, 나의 분신이고 또 다른 나라고 할 수 있을 것입니다. 그렇게 해서 나는 죽더라도 내 자식이 건강하게 살고 또 자식을 낳는다면, 내 자손이 번성하고 대를 이어 나가는 한, 영원히 사는 것이나 마찬가지입니다. 그러니까 남자가 여자를 사랑하고, 여자가 남자를 사랑하는 것은 죽고 싶지 않은 인간이 자신의 존재를 이 땅 위에 영원히 지속시키려는 욕망 때문에 생긴 일입니다. 인간이 사랑하고 결혼해서 아이를 낳는 일은 그렇게 영원히 존재하려는 노력이라고 할 수 있을 겁니다.

너 자신을 알라!

이제 본격적으로 소크라테스의 철학적인 행적을 알아볼까요? 그와 관련해서 가장 유명한 말은 아마도 '너 자신을 알라!'일 겁니다. 많은 사람들이 이 말을 소크라테스가 만들어 낸 말로 알고 있지요. 몇 년 전, 가수 나훈아 씨가 〈테스형〉이라는 노래를 발표했는데, 이런 내용이 나옵니다. "아! 테스형, 소크라테스형! 사랑은 또 왜 이래? 너 자신을 알라며 툭 내뱉고 간 말을 내가 어찌 알겠소? 모르겠소, 테스형!" 상식처럼 통하는 내용이 그대로 가사에 담겼지만, 사실은 그렇지 않습니다. '너 자신을 알라'는 말은 소크라테스가 태어나기 전부터 고대 그리스에서 가장 널리 알려진 유명한 격언입니다.

그리스 사람들은 자기의 과거와 미래의 운명에 대해 알고 싶을 때, 델피에 있는 아폴론 신전을 찾았습니다. 태양신 아폴론이 어두운 세상을 환하게 비추듯이, 어둠과도 같은 무지에서 벗어나게 해준다고 믿었던 겁니다. 바로 그 아폴론 신전의 입구에 "그노티 세아우톤(Gnōthi seauton)", 즉 "너 자신을 알라"라는 말이 쓰여 있었던 겁니다. 아폴론 신에게 신탁을 요청하기 전에 자신이 얼마나 보잘것없는 존재인지, 그리고 자신이 지금 어떤 상황이고 무엇을 해야 하는지 먼저 성찰하라는 뜻입니다. 그런데 소크라테스가 그 말을 적극적으로 실천하고 사람들에게도 권유하며 일생을 보냈기 때문에 그 말이 소크라테스가 한 말처럼 전해진 것입니다.

소크라테스의 제자 카이레폰은 아폴론 신전에 가서 "이 세상에 소크라테스보다 더 지혜로운 사람이 있나요?"라고 물었습니다. 그런데 "없다. 소크라테스가 가장 지혜롭다"라는 대답이 돌아왔습니다. 이 말을 전해 들은 소크라테스는 의아했습니다. '나는 도무지 아무것도 제대로 아는 것이 없는데, 왜 내가 가장 지혜롭다고 했을까?' 아무리 생각해도 이해가 되지 않았습니다. 그래서 그는 당시 아테네에서 지혜롭다고 명성이 높았던 소피스트와 정치가, 예술가, 장인들을 찾아다니며 대화를 나누기 시작했지요. 그들이 자기보다 훨씬 지혜롭다고 믿었기 때문입니다. 그런데 지혜롭다고 자부하던 그들에게 질문했을 때, 그 누구도 끝까지 자신의 물음에 제대로 답하지 못하는 것을 알게 되었습니다. 그 순간

소크라테스는 그 신탁의 진의를 깨닫게 되었지요.

소크라테스는 자기가 아무것도 모른다는 사실을 알고 있는데, 다른 사람들은 자신이 아무것도 제대로 알지 못한다는 사실을 알지 못했던 겁니다. 그 어떤 것에 관해서도 제대로 알지 못한다는 점에서는 소크라테스나 다른 사람들이 모두 마찬가지였지만, 소크라테스는 적어도 자신이 아무것도 모른다는 사실만은 알고 있었던 거죠. 반면 다른 사람들은 그 사실조차 몰랐던 겁니다. 바로 그 한 가지 점에서 소크라테스는 다른 사람보다 더 지혜로웠습니다. 그때부터 소크라테스는 사람들에게 자신의 무지를 깨닫고 진리를 추구하는 철학에 동참할 것을 촉구하는 삶을 살았습니다. 그러니 겸손하게 그의 조언을 받아들인 사람들은 제자가 되어 그와 함께 참된 철학의 길을 갔지만, 자신이 뭔가를 안다고 생각하던 각 분야의 전문가들은 소크라테스를 고약한 시비꾼으로 생각했습니다. 사람들 앞에서 자신에게 망신을 준 소크라테스를 못마땅하게 여기고 앙심을 품기도 했지요.

소크라테스가 자신이 아무것도 모른다는 사실을 알고 있었기 때문에 가장 지혜로운 사람으로 평가를 받았다는 점이 아주 흥미롭습니다. 소크라테스는 '너 자신을 알라'라는 아폴론 신전의 격언을 가장 잘 실천한 사람이었으며, 그것이 곧 그의 철학 활동의 모토이자, 전매특허처럼 여겨지게 된 겁니다. 이런 소크라테스를 이해하기 위해서는 독일의 현대 철학자 하이데거가 했던 말을 주목해야 합니다. 하이데거가 "서양의 철학, 필로소피아의 진정한 탄생은 소크라테스에 의해 이루어졌다"라는 취지로 말을 했기 때문입니다. '나는 아무것도 모른다'는 사실, 흔히 '무지의 지'라고 하는 말로부터 '아무것도 모르기 때문에 모든 것을 열어 두고, 그 어떤 편견이나 상식에 얽매이지 않고 진리를 탐구해야 한다'는 정신이 나옵니다. 그것이 철학의 근본정신이라 할 수 있고, 그것을 가장 잘 실천한 사람이 바로 소크라테스였던 겁니다.

천상으로 가려면 정의롭게 살아야 한다

플라톤에 따르면 소크라테스는 우리가 사는 이 세상을 물질세계로서, 생성 소멸하고 변화무쌍한 현상의 세계라고 보았습니다. 그러나 그것이 세상 전부는 아니었지요. 현상의 감각적 세계 너머에는 이데아 세계가 있답니다. 물론 이런 생각을 소크라테스가 실제로 했는지 아닌지는 학자들 사이에서도 논쟁의 대상이 됩니다만 소크라테스의 생각과 연결지어 이데아 세계를 이야기해 보겠습니다. 이데아 세계는 모든 물질적인 요소에서 벗어난 순수한 존재의 세계이고, 그래서 변화도 생성 소멸도 없는 영원불멸의 세계라고 합니다.

인간은 몸을 가지고 살고 있는 한, 이데아 세계에 들어갈 수는 없습니다. 그곳에 가려면 영혼이 육체에서 빠져나와야 합니다. 그것이 바로 죽음입니다. 죽음을 통해 몸에서 벗어난 영혼만이 이데아 세계에 들어갈 수 있지요. 그렇다고 죽은 사람의 영혼이 모두 다 이데아 세계로 들어가는 것은 아닙니다. 육체에 물들지 않은 깨끗한 영혼만이 이데아 세계로 올라갈 수 있지요. 플라톤이 쓴 『국가』, 『파이돈』, 『파이드로스』와 같은 작품에서 그런 생각을 읽어 낼 수가 있습니다.

특히 플라톤의 『국가』에 나오는 '에르 이야기'가 흥미롭습니다. 팜필리아 출신 에르라는 사람이 전쟁에 나갔다가 전사했습니다. 그런데 고향으로 운구된 그는 장례를 치르려고 쌓은 장작더미 위에서 죽은 지 열흘이 지나 놀랍게도 다시 살아났지요. 이를 신기하게 여긴 사람들이 도대체 어떻게 된 거냐고 묻자, 에르는 자기가 사후 세계에 다녀왔다고 말합니다. 에르가 말하길, 그곳에 가니 죽은 사람들의 혼백이 줄을 서서 심판받고 있었다고 합니다. 심판을 받은 사람들은 둘로 나뉘어 한쪽은 천상으로 향하는 계단으로 올라가고, 다른 한쪽은 지하로 가는 계단으로 내려가더라는 겁니다.

소크라테스는 죽어서 천상으로 가려면 정의롭게 살아야 한다고 말합니다. 그는 『국가』에서 "정의롭게 사는 게 정말 좋은 거냐?"라는 질문을 받자, 그렇다고 답하면서 그런 말을 덧붙인 것입니다. 이 작품에서는 주인공 소크라테스가 트라쉬마코스라는 소피스트를 비롯해 플라톤의 형제인 글라우콘과 아데이만토스 등과 함께 '정의란 무엇인가?'라는 주제로 열띤 대화를 벌입니다. 소크라테스는 지혜와 용기, 절제의 미덕을 균형 있게 갖춘 사람이 정의로운 사람이며, 정의로운 사람은 행복하게 살 수 있다고 주장합니다. 하지만 듣는 사람 대부분은 긴가민가합니다. 정의롭게 살면 폼은 좀 나겠지만, 손해를 보기 십상이고 피곤하게 살 수밖에 없지 않느냐는 것이지요. 보세요, 세상에서 떵떵거리며 위세당당하게 사는 사람들 대부분이 불법을 밥 먹듯이 저지르고 돈을 긁어모으고 권력도 잡고 그러는 거 아니냐고 반박했습니다.

소크라테스는 착하고 정의롭게 사는 사람이 결국은 다른 사람들의 인정과 존경을 받게 되고, 설령 살아생전 그렇게 대접받지 못하더라도 사는 동안에는 떳떳하고 맘 편히 살다가 죽은 다음에는 심판대 앞에 서서 인정받게 된다는 거지요. 그런 사람들이 하늘로 향하는 계단으로 올라가 평안하고 즐겁고 행복하게 천년을 살게 된다고 주장합니다. 반면 법을 무시하고 불의를 저지르면서 부와 권력을 누린 사람들은 결국 그 벌을 받게 되고, 비록 살아생전 그 어떤 형벌이나 고통을 당하지 않고 안락하게 산다고 해도 사는 동안 내내 마음이 불편하고 초조하게 살다가, 죽은 후에는 심판받고 지하로 향하는 계단으로 내려가 오물 구덩이에서 질척거리며 각종 벌을 받으며 천년을 지내게 된다고 주장했던 것입니다.

『국가』에 나온 '에르 이야기'에 따르면 천년의 축복과 형벌이 끝나면, 영혼들은 다시 새로운 몸을 입고 환생합니다. 『파이돈』에서는 그와 비슷하지만 다른 점이 발견됩니다. 철학을 통해 영혼을 깨끗하게 돌본 사람들은 육체에서 완전히 벗어나 천상의 이데아로 들어가 영원히 머물 수 있다고 합니다. 반면 육체적인 욕망에 휩싸여 탐욕과 불법에 영혼이 오염되면, 죽어서 육체에서 벗어난다 해도 하늘로 올라가지 못하고, 올라가다가 다시 그 무게 때문에 추락하고 맙니다. 그러면 새로운 육체를 입고 이 세상에서의 삶을 다시 시작하게 되지요. 소크라테스의 말대로 탐욕과 불법에 오염된 영혼이 죽은 후에 다시 사는 환생하게 된다는 주장은, 흡사 불교의 윤회설하고 비슷하게 느껴지기도 합니다.

'소크라테스'를 기록한 플라톤

지금까지의 이야기는 플라톤이 쓴 작품에 등장하는 소크라테스의 주장에 따른 것입니다. 그런데 조심할 것이 있습니다! 플라톤의 기록에만 의존해서 작품에 나오는 소크라테스가 실제 소크라테스라고 그대로 믿으면 안 된다는 점입니다. 학자들은 대부분 플라톤의 작품 속 소크라테스가 플라톤이 만들어 낸 소크라테스, 플라톤의 가면과 같은 존재라는 데에 동의합니다. 플라톤은 소크라테스라는 탈을 쓰고 자신의 이야기를 마치 소크라테스가 한 것처럼 꾸몄다는 겁니다.

사실 소크라테스는 책을 한 권도 남기지 않았습니다. 그래서 소크라테스는 인류 역사상 직접 책을 쓰지 않고도 자기 생각을 따르는 수많은 후계자를 둔 사람으로, 부처, 예수와 함께 거론되곤 하지요. 부처나 예수가 그렇듯, 소크라테스도 기록을 남긴 탁월한 제자들 덕분에 이름이 길이길이 남게 되었는데, 가장 대표적인 제자가 바로 플라톤입니다. 플라톤은 존경해 마지않는 스승 소크라테스를 주인공으로 내세워 그가 사람들과 대화를 나누는 형식으로 글을 썼습니다. 그래서 플라톤의 작품을 '소크라테스의 대화편'이라고 부르기도 하지요.

학자들은 플라톤의 작품을 보통 세 단계로 나눕니다. 초기에는 플라톤이 소크라테스가 실제로 사람들과 나눈 대화를 최대한 충실하게 기록하다가, 시간이 흐를수록 점점 그 대화 속에 자기 생각을 집어넣더니, 나중에는 소크라테스의 이름만 빌리고 본격적으로 자신의 사상을 펼쳤다고 합니다. 그러나 각 작품의 저술 시기를 명확하게 알 수 없고 실제 소크라테스의 모습과 생각에서 플라톤의 생각을 어떻게 갈라낼 수 있는지, 그 구분을 명확하게 할 수는 없습니다. 소크라테스가 이런 식으로 플라톤의 저술을 통해서 우리에게 알려져 있다는 것은 여러 가지 학문적인 문제를 일으킵니다.

그래서 플라톤의 작품에 등장하는 소크라테스는 실제 소크라테스의 모습과 플라톤이 만들어 낸 모습이 섞여 있다고 보는 게 타당합니다. 플라톤이 젊을 때 썼던 작품들에서는 비교적 실제 소크라테스와 가까운 소크라테스가 등장한다고 보는 견해도 있습니다.

사형선고

소크라테스의 삶에서 가장 극적인 장면은 그가 고발당하고 재판정에 서서 사형선고를 받고, 죽음을 맞이하는 최후의 장면일 겁니다. 플라톤은 이 극적인 장면을 『에우튀프론』, 『소크라테스의 변명』, 『크리톤』, 『파이돈』 등 네 편에 담아냈지요.

『에우튀프론』은 소크라테스가 고발당한 후 법정으로 가는 장면을 보여 줍니다. 소크라테스는 아테네가 섬기는 전통적인 신들을 믿지 않고 새로운 신을 만들었고, 묘한 이야기로 아테네의 젊은이들을 타락시킨다는 죄목으로 고발당했습니다. 소크라테스는 자신의 혐의를 인정할 수가 없었습니다. 재판정으로 가던 소크라테스를 만난 에우튀프론은 그 이야기를 듣고 깜짝 놀랐습니다. 그는 "멜레토스, 그 사람은 아테네를 구하려고 선생님을 기소한 것이 아닌 것 같습니다. 오히려 선생님을 해함으로써 이 도시를 근본적으로 잘못되게 하는 짓을 한 겁니다"라고 반박합니다. 두 사람은 도대체 '경건함'이 무엇인지를 두고 대화를 나눕니다. 불경죄가 아니라는 것을 입증하기 위해서는 경건하다는 게 뭔지를 정확하게 알아야 하니까요. 그러나 두 사람은 끝내 결론을 내지 못하고 헤어집니다.

에우튀프론과 헤어진 소크라테스는 법정으로 갑니다. 『소크라테스의 변명』은 법정에 선 소크라테스의 모습을 보여 줍니다. 앞에서도 이야기했던 것처럼 언젠가 그는 델피 신전의 아폴론 사제로부터 "아테네에서 가장 지혜롭다"는 말을 전해 듣고 그 신탁에 의문을 품었습니다. 자신은 아무것도 모른다고 생각했기 때문입니다. 그는 아테네의 똑똑한 사람들을 찾아가 지혜를 구했고 열렬히 토론했습니다. 그 과정에서 소크라테스는 지혜롭다는 사람들이 실제로는 아무것도 모르면서 뭔가를 알고 있다는 착각에 빠져 있음을 알게 되었습니다. 아폴론이 최고로 평가한 소크라테스의 지혜는 결국 '나는 아무것도 알지 못한다는 사실을 아는 것'이었습니다. 그래서 그는 무지의 자각을 촉구하며 함께 지혜를 찾으려는 철학 운동을 시작했던 겁니다. "숙고하지 않는 삶은 살 가치가 없다"는 말은 이런 맥락에서 나온 겁니다. 그러나 무지를 들킨 아테네 사람들은 소크라테스를 괘씸하게 여겨 없애려고 했습니다. 자신들이 자부하던 전문적인 지식을 지키기 위해서였지만, 그것은 자신들의 무지를 방치하는 위험한 일이기도 했습니다. 소크라테스는 법정에서 배심원들을 설득하지 못했고, 결국 유죄판결로 사형선고를 받았습니다.

소크라테스의 사형선고는 역설적인 측면이 있습니다. 아테네에서 가장 지혜롭다는 신탁을 받은 사람이 다른 사람들을 설득하지 못한 결과니까요. 지금이야 소크라테스를 위대한 철학자로 존경하지만, 당시에는 그에 대한 평가가 많이 달랐겠지요.

죽음의 기회

그렇게 재판에서 진 소크라테스는 투옥되어 사형 집행을 기다리고 있었습니다. 그런데 사형 집행이 한 달 가까이 미루어졌습니다. 소크라테스의 재판이 있기 전날, 아테네에서는 테세우스 신화와 관련된 아폴론 신의 은총을 기리기 위해 델로스로 배를 보내는 의식을 거행하고 그 배가 다시 아테네로 돌아오기 전까지는 사형 집행을 금했던 겁니다. 그런데 델로스로 떠났던 배가 날씨가 좋지 않아 거의 한 달 동안이나 아테네로 돌아오지 못했습니다. 이것을 아폴론 신이 소크라테스를 구하라고 주신 기회라고 생각한 친구들과 제자들은 그를 구하기 위해 간수들을 매수하고 탈옥 계획을 짭니다. 그 일에 가장 적극적인 사람이 크리톤이었습니다. 크리톤은 감옥으로 소크라테스를 찾아가 이렇게 억울한 죄목으로 사형을 당하는 것은 도리가 아니라며 탈옥을 권유합니다. 하지만 소크라테스는 탈옥을 거부했지요. 그 내용이 『크리톤』에 담겨 있습니다.

『파이돈』은 소크라테스가 아폴론 신이 시간을 벌어 주었음에도 탈옥을 거부하다가 마침내 기꺼이 사약을 받아 마시고 세상을 떠나는 최후의 순간을 담아내고 있습니다. 책의 제목인 파이돈은 사람 이름입니다. 파이돈은 펠로폰네소스반도의 엘리스라는 도시 출신인데, 전쟁에 참여했다가 패전하여 전쟁 노예로 아테네에 팔려 왔지요. 그런데 그를 눈여겨본 소크라테스가 그를 풀어 주었습니다. 주변에 부자 친구가 많았던 소크라테스는 그들 중에 크리톤에게 부탁해서 파이돈을 자유인이 되게 해주었습니다. 파이돈에게 소크라테스는 생명의 은인이었습니다. 파이돈은 평생 소크라테스를 따라다니며 철학을 공부했지요. 파이돈은 소크라테스의 사형이 집행되기 전날 밤, 친구와 제자 여러 명과 함께 그를 탈옥시키려고 감옥에 들어갔습니다. 그러나 끝내 그를 설득하지 못했지요.

여러분이 소크라테스의 처지였다면 제자들의 제안에 어떻게 반응했을까요? 저 같으면, 그렇게 억울하게 죽을 수는 없다며 탈옥을 진지하게 고민했을 겁니다. 제대로 알지도 못하고 알고 있다고 믿는 사람들의 무지를 깨우치고, 같이 철학적 주제를 논했을 뿐인데, 종교적 불경죄에다 청년들을 타락시킨다는 죄목으로 사형을 당해야 한다니! 도저히 받아들일 수 없는 무모하고 무지한 결정이라고 생각했을 테니까요.

그러나 소크라테스는 제자들에게 설득되지 않았습니다. 오히려 그는 자신이 지금까지 정말 절실하게 죽음을 기다려 왔고, 죽음을 연습해 왔다고 주장합니다. 이제 그가 그렇게 기다리고 기다리던 죽음의 기회가 왔는데, 죽음을 피할 이유가 없으며, 만약 자신이 아테네의 법에 따라 진행된 재판의 결과를 거부하면서 죽음을 피한다면 자기 삶은 모순될 수밖에 없다고 강변했습니다. 그래서인지 우리나라에서는 소크라테스가 "악법도 법이다"라는 말을 했다고 알려졌지만, 사실이 아닙니다. 소크라테스는 법에 따라 난 판결이 마음에 들지 않는다고 제멋대로 거부할 수 없다는 취지의 말을 했던 것입니다. 뭔가 비슷한 것 같지만, 핵심이 다른 이야기지요.

제자들의 설득을 거부한 소크라테스는 마침내 사약을 마시고 의연하게 죽음을 맞이합니다. 파이돈은 이 모든 과정을 지켜보았고, 나중에 에케크라테스라는 사람을 만나서 생명의 은인이요 평생의 스승이었던 소

소크라테스의 죽음. 자크루이 다비드, 1787

크라테스가 이승에서의 마지막 순간을 어떻게 보냈는지를 이야기해 줍니다. 플라톤은 파이돈이 에케크라테스에게 하는 이야기를 곁에서 듣고 받아 적는 것처럼 책을 썼기 때문에 제목이 『파이돈』이 된 것인데, 물론 내용의 많은 부분은 플라톤의 재구성이며 플라톤의 창작도 많이 가미되었음이 분명합니다.

영혼을 돌보는 일

그런데 소크라테스는 왜 탈옥을 거부하면서 자신이 죽기를 기다려 왔고, 또 죽음을 연습했다고 했을까요? 그 말은 도대체 무슨 뜻일까요? 소크라테스는 죽음이란 영혼이 몸에서 빠져나가는 것이라고 믿었습니다. 죽음이 영혼의 해방이었던 것이지요. 소크라테스는 죽음으로 몸을 빠져나간 영혼이 공중에 흩어져 없어지지 않고, 희멀건해서 생기라곤 하나 없는 허깨비처럼 하데스로 내려가는 것도 아니라고 생각했습니다. 영혼은 단단하고 순수하며 온전한 모습으로 남아 자신을 닮은 순수한 존재들만 있는 이데아의 세계로 올라갈 수 있다고 했습니다.

죽어도 완전히 없어지는 게 아니라고 생각했으니, 사람이 죽으면 그 영혼이 천당이나 지옥에 간다고 하는 기독교나, 몸을 벗어난 혼백이 새로운 몸을 입고 윤회한다는 불교와 비슷합니다. 소크라테스는 영혼이 순수한 상태로 몸에서 완전히 벗어나면 천상의 이데아 세계로 올라가지만, 반대로 영혼이 몸의 욕망과 탐욕에 오염되면, 더럽고 무거운 상태로 남아 천상의 이데아 세계로 올라가지 못한다고 생각했습니다. 그렇게 다시 지상으로 떨어진 영혼은 새로운 몸을 입고 환생을 하게 됩니다. 그래서 천상의 이데아 세계로 올라가고 싶다면, 평소에 몸의 욕망에서 영혼을 최대한 분리해야 하는데, 그것은 철학을 통해 가능하다고 했습니다.

영혼을 몸의 욕망에서 떼어 내려는 노력, 영혼의 정화를 위한 실천, 그것이 철학이니, 학문이라기보다는 무슨 종교적인 수행 같다는 생각이 듭니다. 실제로 소크라테스에게 철학은 단순히 책을 읽고, 토론하고 논문을 쓰는 것에 국한되지 않습니다. 철학은 이 세상을 잘 살아가기 위한 방법을 모색하고 실천하는 특별한 삶의 방식과도 같은 것이며, 영혼의 수련이라고도 할 수 있습니다. 그래서 그는 철학을 '영혼을 돌보는 일'이라고 말하기도 했습니다. 철학은 영혼을 몸의 간섭에서 벗어나 순수한 상태를 유지하게 하는 일입니다.

이렇게 되면 철학은 죽음과 상당히 비슷해집니다. 철학이 영혼을 몸의 간섭에서 떼어 내려는 노력이고, 죽음은 영혼이 몸으로부터 완전히 벗어나는 사건이기 때문입니다. 따라서 철학의 절정, 철학의 완성이 바로 죽음입니다. 철학이 완성되는 죽음을 맞기 위해서는 되는 대로, 탐욕과 욕망에 따라 방탕하게 살다 죽으면 안 되고, 철학을 통해서 영혼이 욕망에서 벗어나 순수함을 간직한 채로 죽어야만 순수한 존재와 인식의 세계인 이데아의 세계로 올라갈 수 있습니다. 그래서 철학은 죽음의 연습이고, 영혼을 정화하고 몸에서 해방하는 작업인 겁니다. 그래서 소크라테스가 평생 철학에 전념했으니, 평생 죽음을 기다리고 연습한 셈이 되는 거지요.

소크라테스 입장에서 인간의 영혼은 원래 살고 있던 천상에서 지상으로 떨어져 육체라는 감옥에 수감되어 살고 있는 겁니다. 반면에 죽음은 영혼이 육체에서 분리되는 해방이며 자유이고, 진정한 탈옥이 되는 거지요. 그러니 죽는다는 것, 영혼이 몸이라는 감옥에서 해방된다는 것이 얼마나 기쁜 일이겠습니까! 만약 소크라테스가 이 세상에서 조금 더 목숨을 연장하겠다고 탈옥을 감행한다면, 그것은 탈옥이 아니라 오히려 육체라는 감옥에 갇힌 삶을 좀 더 길게 연장해 나가는 것이나 마찬가지입니다. 그래서 그는 미련 없이 세상을 떠나 이데아의 세계로 향했던 겁니다. 기꺼운 마음으로 사약을 들이켰던 거지요.

그렇게 소크라테스는 이 세상을 떠났습니다. 그의 말대로, 그의 영혼은 썩어 없어질 몸에서 벗어나 천상으로 훨훨 날아올라 순수한 존재와 진리의 세계인 이데아의 세계에 살고 있을까요? 아니면 『국가』에서 말한 에르 신화처럼, 죽음으로 육체에서 벗어난 그의 영혼이 천년의 천상의 아름답고 행복한 여행을 마치고 다시 새로운 몸을 입고 우리 곁으로 돌아왔을까요? 혹시 그의 철학을 지지하고 일생을 철학에 바치는 사람들이 소크라테스의 환생은 아닐까요? 흥미로운 상상을 하게 됩니다.

'웰빙(Well-being)'이라는 말에 이어 '웰다잉(Well-dying)'이라는 말이 유행입니다. 우리가 잘 살기 위해 노력해야 하듯, 잘 죽을 준비와 노력을 해야 한다는 의식이 생긴 것이겠지요. 어차피 영원히 살 수 없고 죽을 수밖에 없다면, 적어도 이 세상에서 살아간다는 것이 곧 죽어 가는 것이라면, 잘 사는 일은 곧 잘 죽는 일과 곧바로 연결됩니다. 그런 점에서 소크라테스의 생각을 다시 새겨볼 필요가 있습니다.

적절하게
쾌락을 조절하고
사려 깊은
쾌락을 추구하라

퀴레네학파

소크라테스의 제자라고 하면 그 누구보다도 플라톤을 꼽습니다. 서양의 현대철학자 화이트헤드는 "서양철학사를 가장 요령 있게 한마디로 말한다면, 그것은 플라톤의 철학에 대한 일련의 각주라고 할 수 있다"라고 했습니다. 그러니까 플라톤의 사상이 서양철학사를 이루는 거대한 본문이라면, 그 이후에 나온 철학자들은 그 본문에 짤막짤막하게 각주를 덧붙인 것에 불과하다는 겁니다. 그만큼 플라톤의 철학을 비중 있게 평가한 말은 없을 것입니다. 플라톤을 비판하면서 그와는 전혀 다른 철학을 하겠다고 나서는 사람들도 결국은 플라톤을 기준으로 삼기 때문에 철학을 하면서 플라톤을 피해 갈 수는 없습니다.

서양문명 전체에서 소크라테스에서 시작되는 철학의 학맥은 타의 추종을 불허합니다. 소크라테스의 제자가 플라톤이고, 플라톤의 제자가 아리스토텔레스입니다. 그리고 아리스토텔레스의 제자가 또 어마어마합니다. 바로 그리스를 통합하고 페르시아 원정에 나서서 인도 서쪽까지 정복한 알렉산드로스대왕이니까요. 이만큼 화려한 학맥은 아마 인류 역사상 유례를 찾을 수 없을 겁니다. 하지만 플라톤이 활발하게 활동하던 기원전 4세기에 아테네를 중심으로 한 그리스 전체 지성사에서 플라톤은 그렇게까지 중요한 인물은 아니었던 것 같습니다.

소(小) 소크라테스들

플라톤이 소크라테스의 제자라고는 하지만, 당시 소크라테스의 제자로 이름을 떨치던 사람들은 정작 다른 사람들이었습니다. 그들은 크게 네 갈래로 나뉘어 학파를 형성했는데, 첫 번째로 꼽히는 사람은 안티스테네스(Antisthenēs, B.C. 445~B.C. 365?)입니다. 그는 처음에는 소피스트인 고르기아스의 제자였는데, 소크라테스를 만난 후, 그의 열성적인 계승자가 되었습니다. 그는 인간이라면 고유의 덕을 잘 닦고 실천하는 삶을 살아야 하는데, 그렇게 살려면 금욕적인 생활을 할 수밖에 없다고 주장했습니다. 그 자신도 그것을 몸소 실천하면서 살았습니다. 안티스테네스학파를 퀴니코스학파라고 부릅니다. '퀴니코스'는 그리스어로는 '개 같은'이라는 뜻입니다.

'퀴니코스학파'라는 이름은 안티스테네스의 제자 디오게네스(Diogenēs, B.C. 400~B.C. 323?) 때문에 나중에 붙은 이름입니다. 디오게네스는 알렉산드로스대왕과의 대화로 우리에게 잘 알려져 있습니다. 알렉산드로스대왕이 그리스 본토를 정복하고 코린토스로 내려왔을 때, 마침 그곳에서 활동하던 디오게네스를 만나고자 했습니다. 알렉산드로스는 디오게네스를 부르는 대신 그를 직접 찾아갔습니다. 알렉산드로스대왕은 통 속에 누워 있던 디오게네스에게 "당신이 원하는 것이면 내가 모두 들어주겠소. 소원이 무엇이오?"라고 물었습니다. 그때 디오게네스가 그 유명한 대답을 내놓지요. "내 앞에서 조금만 비켜 주시겠소? 당신 때문에 햇빛이 가려지니까요."

디오게네스는 알렉산드로스대왕의 대단한 권력 앞에서 조금도 굽실

거리거나 두려워하지 않았고, 따뜻한 햇볕 하나에도 만족하며 세상을 행복하게 살 수 있다고 생각했습니다. 옷도 단벌에 몸을 깃들일 수 있는 통을 집으로 삼았습니다. 그의 소탈한 모습과 금욕주의적 태도를 흠모해 그에게 배우겠다고 곁을 맴도는 제자들이 생겼습니다. 사람들은 길거리를 배회하는 그들을 보고 '개들과 같은' 삶을 산다며 '퀴니코스 무리들'이라고 불렀습니다. 학계에서는 '견유(犬儒)학파'라고 칭하는데, '개와 같은 유생들의 학파'라는 뜻입니다.

디오게네스와 그의 제자들은 사람들이 돈과 재물에 눈이 멀어서 허둥대고, 권력과 명예를 맹목적으로 추구하는 태도를 냉소적인 눈빛으로 바라보았습니다. 영어로 '시니컬(cinical)'하다고 할 때의, '시니컬'도 바로 '퀴니코스'라는 그리스어에서 유래했습니다. 그들은 세속적인 가치관을 냉소적으로 바라보면서 삶을 유지하는 데에 필요한 최소한의 것만으로도 만족했습니다. 물질적 풍요와 사치 대신 자신의 영혼을 깨끗하게 하고 덕을 닦고 쌓는 일에만 가치를 두었던 것입니다. "햇빛을 가리지 말고 조금만 비켜 주시오"라고 소원을 말하는 디오게네스를 보고 알렉산드로스대왕은 크게 감동했습니다. 그래서 그는 "내가 알렉산드로스가 아니면, 나는 디오게네스이고 싶다"라고 말합니다. 이처럼 대단한 디오게네스가 소크라테스의 제자였던 안티스테네스의 제자였습니다. 그리고 그 뒤를 이어 제논이라는 철학자가 등장하는데, 제논은 금욕주의 철학의 대명사인 '스토아철학'을 창시하여 소크라테스의 사상을 계승합니다.

그 외에도 메가라학파가 있습니다. 메가라는 아테네에서 펠로폰네소스반도로 가는 길목에 자리 잡은 도시입니다. 학파를 창시한 에우클레이데스(Eucleides, B.C. 450?~B.C. 380?)가 메가라 출신이었기 때문에 메가라 학파라는 이름으로 불렸습니다. 그는 소크라테스가 추구하던 '선' '좋음'은 여러 가지처럼 보이지만 궁극적으로는 하나이며, 그것이 모든 존재하는 것의 본질이라고 주장했습니다. 메가라학파는 궁극의 선을 탐구하고 논증하기 위해 논리학을 발전시켰는데, 이 같은 논리적인 경향은 스토아철학의 논리학에도 큰 영향을 끼쳤습니다. 또 한편으로는 모든 것을 단정 짓는 태도를 경계하는 퓌론의 회의주의 철학에도 영향을 주었지요. 퓌론이 주장한 '하나가 여럿으로 나타나고, 여럿은 결국 하나다'라는 사상은 나중에 플라톤에게서도 나타납니다. 그에 대한 자세한 내용은 플라톤을 다룰 때, 다시 다루기로 하겠습니다.

세 번째로 퀴레네학파가 있습니다. 퀴레네는 리비아의 도시입니다. 문화적으로 그리스의 영향을 크게 받았으며 '아프리카의 아테네'라고 불렸습니다. 그곳 출신이었던 아리스티포스(Aristippos, B.C. 435?~B.C. 355?)는 소크라테스에 관한 소문을 듣고 아테네로 가서 그의 제자가 되었습니다. 소크라테스가 사형당한 후, 그는 다시 고향 퀴레네로 돌아와 학교를 세우고 제자들을 키웁니다. 그런데 그는 우리가 흔히 알고 있는 소크라테스의 사상과는 아주 다른 내용을 가르쳤다고 합니다.

앞서 보았던 퀴니코스학파는 금욕주의를 주장했고, 메가라학파는 덕과 논리를 강조했습니다. 플라톤도 대표적인 이상주의, 합리주의 철학자입니다. 그들이 모두 소크라테스의 제자였기 때문에 소크라테스가 이성, 정신, 금욕을 강조하면서 제자들을 가르쳤다고 생각하기 쉽습니다.

그런데 아리스티포스는 그것과 달리 쾌락을 강조합니다. 특히 정신적 쾌락이 아니라 육체적 쾌락이 중요하고, 인생의 목적은 결국 쾌락을 즐기는 데 있다고 강조했습니다. 그는 순간순간의 쾌락이 쌓이고 쌓여서 그 총합이 결국 행복을 만든다는 주장으로 나아갑니다. 쾌락이라는 말이 정신이나 이성과는 어울리지 않고 육체나 욕망과 관련이 깊은데 어떻게 소크라테스에게 배운 사람이 쾌락을 강조했는지 의아합니다.

쾌락주의라면 스토아학파와 대립하는 에피쿠로스학파가 떠오르는데, 에피쿠로스는 퀴레네학파를 비판적으로 계승했습니다. 특히 퀴레네학파가 육체적 쾌락을 강조했던 것과는 달리, 에피쿠로스는 고급스럽고 지속적인 쾌락은 육체적인 것이 아니라 정신적인 쾌락이라고 주장했습니다. 실제로 퀴레네학파에서도 '지나치게 쾌락만 추구하면 쾌락의 노예가 되어 괴로우니, 적절하게 쾌락을 조절하고 사려 깊은 쾌락을 추구하라'고 가르치기도 했는데, 이런 점을 에피쿠로스가 비판적으로 계승 발전시킨 것이라고도 할 수 있습니다. 퀴레네학파나 에피쿠로스학파 모두 인생의 기쁨, 쾌락을 억제하기보다는 긍정하고 향유할 것을 주장했다는 점에서는 서로 통하는 점이 있습니다. 나중에 로마의 시인 호라티우스의 유명한 구절에서 그들의 철학적 지향이 간명하게 표현됩니다. '카르페 디엠(carpe diem!)!' '오늘을 즐겨라!'라는 말입니다.

아리스티포스가 아테네로 가서 소크라테스를 직접 만난 후, 오랫동안 같이 지내면서 배운 다음에 내놓은 것이 퀴레네학파의 쾌락주의입니다. 그런 점에서, 소크라테스의 사상에 쾌락주의적 요소가 있었다고도 볼 수 있을 것 같습니다. 어쩌면 우리가 지나치게 합리주의, 이성주의, 도덕주의적 관점에서 편견을 가지고 소크라테스를 바라보는 것은 아닌지도 좀 따져 봐야 할 것 같습니다. 퀴레네학파는 소크라테스가 얼마나 다양한 사상을 가지고 있었는지를 보여 주는 증표입니다. 그래서 일부

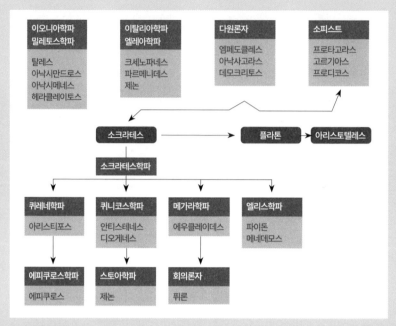

그리스철학 계보

학자들은 소크라테스의 진면목은 그런 다양성에 있다고 이야기합니다. 그런데 그의 제자들이 다양성을 살리기보다는 자기 입맛에 맞게 소크라테스를 재단해서 편협하게 계승한 것은 아닌가, 의심하기도 합니다.

소크라테스 제자들 중 네 번째 그룹은 엘리스학파라고 불립니다. 엘리스는 펠로폰네소스반도 서쪽에 위치한 엘리스 지역 출신, 파이돈(Phaidōn)이 세운 학교에서 발전했습니다. 엘리스는 올림피아 제전이 열린 지역입니다. 앞에서 언급했던 것처럼 파이돈은 전쟁에 참여했다가 포로가 되어 아테네로 왔습니다. 소크라테스는 그를 노예가 아니라 인간으로서 대했고, 나중에 그를 노예 신분에서 해방해 주었습니다. 플라톤도 그런 배경을 가진 파이돈에게 호의적이었는데, 그를 기리는 의미에서 소크라테스의 최후를 다룬 작품에『파이돈』이라는 제목을 붙였습니다. 파이돈의 사상은 잘 알려지지 않았습니다. 그의 제자인 에레트리아 출신 메네데모스(Menedēmus B.C. 339~B.C. 265)의 사상을 통해 개략적으로 유추해 볼 뿐입니다. 엘리스학파의 주장은, 대체로 메가라학파와 비슷하다고 볼 수 있습니다.

메네데모스는 선, 좋음을 강조하는 대신에 덕을 강조했습니다. 덕은 궁극적으로 하나지만, 우리가 사는 세상에서는 여러 가지 모습으로 나타납니다. 그런데 이것이 과연 파이돈의 생각인지는 확실하지 않습니다. 왜냐하면 메네데모스는 파이돈의 제자가 되기 전에 메가라학파 스틸폰의 제자였는데, '덕이 하나다'라는 주장은 '선이 하나다'라는 메가라학파와 통하기 때문입니다. 메가라학파가 덕이든 선이든 '하나다'라고 '하나'에 방점을 찍는다면, 엘리스학파의 파이돈은 '덕'을 강조했다고 추정해 볼 수 있습니다. 그래서 엘리스학파와 구별해서 메네데모스의 주장을 에레트리아학파라고 부르기도 합니다. 메네데모스가 나중에 에레트리아에 학교를 세우기 때문입니다. 하지만 일반적으로 파이돈의 생각과 메네데모스의 생각이 같다고 보기 때문에 엘리스학파를 에레트리아학파라고도 부릅니다.

소크라테스의 제자들 중 지금까지 소개한 네 학파를 묶어서 '소(小) 소크라테스학파'라고 합니다. 이들에게 '소'를 붙인 이유는 그들의 비중이 작아서라기보다는 남아 있는 작품이 적기 때문입니다. 그런 점에서 '대 소크라테스학파'라고 할 수 있는 사람이 바로 플라톤입니다. 플라톤은 탁월한 글솜씨로 소크라테스를 주인공으로 삼은 수많은 작품을 남겼습니다.

정의란
무엇인가

플라톤

서양철학의 가장 중요한 틀을 만든 사람은 플라톤(Platōn, B.C. 428?~ B.C. 347?)입니다. 소크라테스가 지금처럼 유명해진 것도 다 플라톤 덕분이라고 해도 지나친 말은 아닙니다. 현재까지 플라톤의 이름으로 약 35편의 대화편과 13편의 편지글이 남아 있습니다. 학자들 사이에서는 이 작품들 가운데 일부가 플라톤의 저작이 아닐 수도 있다는 논쟁이 계속되고 있습니다. 위작 논란을 고려해도 플라톤이 엄청난 양의 저술을 남긴 것은 틀림없습니다. 특히 철학적으로 중요한 대화편 대다수가 '소크라테스'를 주인공으로 등장시켜서 소크라테스의 이름이 지금처럼 찬란하게 빛날 수 있었습니다.

소크라테스가 살던 시대에 태어나 그를 만났다

플라톤 덕분에 '소크라테스의 이름이 빛난다'고 말할 수도 있지만 더 근본적인 이유는 소크라테스의 가르침이 훌륭했기 때문일 것입니다. 플라톤은 소크라테스를 만났기 때문에 위대한 철학자가 될 수 있었고, 탁월한 작품을 남길 수 있었습니다. 플라톤은 소크라테스를 스무 살이라는 약관의 나이에 만나, 불과 9년 동안 제자로 지냈습니다. 소크라테스와 함께한 9년 동안 얼마나 많은 것을 배우고 깨달았는지, 소크라테스가 죽고 50년이 넘도록 플라톤은 소크라테스를 추억하며 살았습니다.

그만큼 소크라테스는 플라톤의 인생에 엄청난 영향을 주었고 잊을 수 없는 무게로 남아 있었던 겁니다.

죽을 때까지 소크라테스를 존경하고, 그를 만난 것을 행복하게 생각했다는 플라톤은 죽기 직전에 제자들에게 이런 말을 남겼습니다.

나는 내 삶에 대해 세 가지 행복을 말하고자 한다. 첫째는 내가 짐승으로 태어나지 않고 인간으로 태어났다는 것이고, 둘째는 다른 나라에서 태어나지 않고 그리스에서 태어났다는 것이며, 셋째는 다른 시대가 아닌 소크라테스가 살던 시대에 태어나 그를 만났다는 것이다.

말도 참 잘하고, 이처럼 멋있는 표현을 만들어 냈던 탁월한 문필가가 바로 플라톤입니다. 플라톤이 살았던 시기가 그렇게 행복한 시대였다고 말하긴 어렵습니다. 그는 기원전 428년경에 아테네에서 태어났는데, 그때는 아테네와 스파르타가 맞붙은 전쟁이 벌어진 지 3년째 되는 해였습니다. 전쟁이 시작되고, 플라톤이 태어나기 얼마 전에는 아테네에 큰 역병이 돌아 많은 사람이 죽었습니다. 아테네와 스파르타가 벌인 전쟁이 바로 그리스 대부분의 도시국가가 두 쪽으로 나뉘어 격렬하게 싸운 펠로폰네소스전쟁입니다. 기원전 431년에 시작해, 플라톤이 스물네 살이던 기원전 404년에 끝났으니, 플라톤은 전쟁이라는 격동 속에서 젊은 시절을 보냈다고 해도 지나치지 않습니다. 그런데도 소크라테스와 함께한 것으로 그 시대를 견뎌내며 위안을 삼을 수 있었다니 놀랍기도 하고 부러운 일이기도 합니다.

참전-시민의 본분에 충실하기 위하여

기록에 따르면, 플라톤은 적어도 세 번 전쟁에 나갔습니다. 세 번의 전투가 모두 펠로폰네소스전쟁 중에 벌어진 것인지 아니면 그 이후에 벌어진 전쟁에 참전한 것인지는 분명하지 않습니다. 하지만, 아테네가 전쟁의 위험에 빠졌을 때, 플라톤은 그것을 외면하지 않고 시민으로서 의무를 다했습니다.

소크라테스도 세 번이나 전쟁에 나갔다고 알려져 있는데, 그런 점에서 보면 두 사람 다 용감하고 정의로운 면이 있습니다. 플라톤은 체격이 아주 좋고 체력도 좋았다고 합니다. 그 스승에 그 제자입니다. 소크라테스도 체력이 아주 좋고, 추운 전쟁터에서도 맨발로 활약했다니 말입니다. 그래서 소크라테스가 '철학계의 돌쇠'라는 이미지를 가졌다고 우스갯소리로 말씀드렸습니다. 그런 식으로 말한다면, 플라톤은 '철학계의 떡대'라고 할 수 있을 겁니다.

'플라톤'이라는 이름을 재미있게 표현하면 '떡대'라는 말로 번역될 수 있습니다. 그는 '플라톤'이라고 불리기 전에는 '아리스토클레스'라는 이름으로 불렸습니다. '아리스토'가 '가장 좋은, 가장 훌륭한'이라는 뜻이고, '클레스'가 '명성, 명예'라는 뜻이니, 원래 이름은 '가장 훌륭한 명성을 가진 자'라는 뜻입니다. 그의 할아버지 이름이 바로 '아리스토클레스'였고, 고대 그리스에서는 보통 장남이 할아버지 이름으로 불리는 관습에 따라, 플라톤의 원래 이름을 그렇게 추정할 수 있습니다. 반면에 '플라톤'은 '넓은, 넓게 펼쳐진'이라는 뜻의 '플라튀스'에서 온 말인데, 사람 몸에 비유해서 쓰면, 예컨대 '이마가 넓은'이나 '어깨가 떡 벌어진'

이라는 뜻이 됩니다.

'아리스토클레스'라는 본 이름에서 볼 수 있듯이, 그의 가문은 아버지 쪽으로는 아테네를 포함한 아티카 지방을 두루 다스리던 코로도스왕의 가문인 왕족이었고, 어머니 쪽은 위대한 정치가이자 입법가로 알려진 솔론에 이르는 귀족 가문이었습니다. 그래서 그는 어려서부터 아테네 최고의 교육을 받았습니다. 체력 단련도 다른 사람들과 비교할 수 없을 정도였지요. 아르고스 출신 아리스톤이라는 사람이 그의 개인 코치였는데, 올림피아 제전에 버금가는 이스트미아 제전에 참가했던 운동선수였습니다. 일종의 최고급 피티(PT)를 받은 셈입니다. 그런데 아리스톤은 제자의 떡 벌어진 어깨와 넓은 가슴을 보고 단박에 "어이, 플라톤!"이라고 했답니다. 우리말로 하자면, "어이, 떡대!"라고 농담 삼아 부른 건데, 그때부터 그는 '플라톤'이라는 별명을 두루두루 애용했습니다.

플라톤, '철학계의 떡대'는 우리가 흔히 생각하는 철학자의 이미지와는 어울리지 않지만 그는 '플라톤'이라는 별명이 맘에 들었던 모양입니다. 일부 기록에 따르면 플라톤은 넓고 훤칠한 이마를 가졌는데, 그것 때문에 플라톤이라는 별명이 생겼다고 합니다. 또 그의 언변이 하도 좋고, 박학다식해서 그런 별명이 붙었다는 이야기도 전합니다. 사람들이 그의 원래 이름보다는 플라톤이라는 별명을 더 많이 사용해서, 지금까지 플라톤이 본명처럼 여겨져 온 것입니다. 실제로 그의 가문에는 '플라톤'이라는 이름을 가진 사람은 없습니다. 그는 자기 몸을 표현한 별명을 간직하면서 몸 관리도 잘하는 한편, 그 이름에 어울리는 인격과 품성, 지식을 갖추려고 평생 노력했는지도 모릅니다. 플라톤이라는 이름으로 불릴 때마다 그는 그 이름에 걸맞은 사람이 되려고 했을 겁니다.

아폴론적인 것

그는 태양이 떠올라 온 지상을 환하게 비추듯이 모든 분야에서 이성의 빛을 밝힌 철학자라고 평가됩니다. 실제로 그는 『국가』편에서 동굴의 비유를 제시하는데, 선의 이데아, 좋음의 참모습을 태양에 비유하였고, 그 후로는 그 개념을 자기 철학의 핵심으로 삼았습니다. 그런 점에서 사람들은 플라톤을 태양과 예언, 이성의 신 아폴론과 연관시키기도 합니다.

앞에서 태양신 아폴론과 달의 신 아르테미스 남매가 소크라테스와 거의 비슷한 시기에 태어났다고 했습니다. 그런데 플라톤도 아폴론과 아르테미스의 생일과 거의 같다고 합니다. 일부 기록에는 소크라테스는 아르테미스가 태어난 5월 24일에, 플라톤은 아폴론이 태어난 5월 25일에 각각 태어났다고 합니다. 그 무렵의 그리스는 날씨가 아주 좋고 태양이 찬란하게 빛납니다. 하늘은 파랗고 그 파란 하늘이 그대로 에게 해와 지중해 바다에 비쳐, 눈과 마음마저 시원하게 물들입니다. 그런 계절에 태어난 플라톤의 출생에 관해서도 신비로운 이야기가 전해집니다. 그의 아버지는 아리스톤이고 어머니는 페리크티오네인데, 그들이 결혼하기 전에 아리스톤이 몸이 달아서, 페리크티오네와 미리 잠자리를 하려고 했습니다. 그런데, 아폴론이 나타나는 바람에 뜻을 이루지 못했습니다. 두려움에 사로잡힌 아리스톤은 페리크티오네가 플라톤을 낳을 때까지 가까이하지 않았답니다.

신화 속 인물 같은 플라톤의 출생 이야기를 사실이라 믿기는 어렵습니다. 아마도 플라톤을 존경하던 후대 사람들이 만들어 낸 이야기가 아닐까 생각합니다. 도무지 인간의 머리에서는 나올 수 없는 철학과 사상을 놀라운 문학적 재능으로 기가 막히게 표현한 플라톤의 글을 읽는 사람들은 무척이나 감탄했을 것입니다. '어떻게 인간이 이럴 수가 있단 말인가?' 이런 마음이 들면, 그리스 사람들은 신의 아들일 거라는 상상력을 발휘하곤 했습니다. 그래서 플라톤의 출생에도 그처럼 신화 같은 내용이 생겼을 것으로 추측합니다.

현대 철학자 니체는 인간의 정신적 본성을 신화에 빗대어 아폴론적인 것과 디오뉘소스적인 것으로 나눕니다. 인간의 이성적인 면과 비이성적인 요소를 아폴론과 디오뉘소스에 빗대 설명하는 거지요. 이 구분에 따르면, 플라톤은 아폴론적인 것을 대표하는 철학자입니다. 플라톤은 인간의 본성은 이성이고, 그 이성 덕분에 인간은 도덕과 행복을 추구할 수 있다고 보았습니다. 현대 철학에서는 이성보다는 욕망과 감정을 인간의 본성으로 보고, 그것에 충실한 행복과 도덕을 추구하는 경향이 있습니다. 그런 점에서 플라톤은 물론, 그의 스승 소크라테스도 아폴론적인 사상가들이라고 하겠습니다.

생일까지 비슷한 소크라테스와 플라톤은 어떻게 스승과 제자가 되었을까요? 그들의 만남 역시 신화적이고 전설적입니다. 플라톤은 어려서부터 문학적 재능이 뛰어났습니다. 스무 살이 되던 해에 비극작가가 되려고 작품을 썼습니다. 그가 작품을 디오뉘소스 제전의 비극 경연 대회에 출품하기 위해 아고라를 지나고 있었는데, 사람들이 한 사람을 둘러싸고 잔뜩 모여 있었습니다. 플라톤은 궁금해서 다가갔지요. 소크라테스가 사람들과 철학적인 주제를 놓고 흥미로운 대화를 나누고 있었습니다. 그 대화에 푹 빠진 플라톤은 '바로 저것이다'라면서 들고 있던 비극 작품을 불 속에 던져 버리고, 그 길로 소크라테스의 제자가 되었습니다. 이렇게 다가온 플라톤을 보고 소크라테스가 보인 반응이 또 신화적입니다. 소크라테스는 그렇게 자신에게 '훅' 다가오는 플라톤을 보고 이렇게 말했습니다. "아, 네가 어젯밤 꿈에서 본 바로 그 백조로구나!"

소크라테스는 플라톤을 만나기 전날 밤에 꿈을 꾸었습니다. 꿈에 소크라테스의 무릎에 알에서 깬 지 얼마 되지 않은 백조 새끼가 앉아 있었습니다. 잠시 후, 날개에 깃털이 자라난 백조는 '후두둑' 날갯짓하면서 아름다운 목소리로 노래를 부르며 날아가 버렸습니다. 소크라테스는 그 꿈이 도대체 무엇을 의미하는 걸까 궁금했는데, 플라톤이 다가오는 것을 보는 순간, 꿈에서 날아가 버린 백조가 딱 떠올랐답니다. 그리스신화에서 백조는 아폴론에게 바쳐진 신성한 새였습니다. 그리고 백조가 아름답게 노래하는 것은 죽음을 연상시킵니다.

플라톤은 소크라테스를 만나고 비록 비극작가로서의 꿈을 접었지만, 비극 작품 못지않게 아름다운 문학적 구성과 표현으로 소크라테스를 무대에 올리는 철학적 비극(philosophical drama)을 남겨 소크라테스를 불멸의 존재로 만들었습니다. 물론 플라톤의 작품은 소크라테스가 사람들과 나눈 대화를 있는 그대로 기록하는 데서 그치지 않고 여러 면에서 각색도 하고, 실제로 성사된 적도 없는 가상의 대화를 만들어 소크라테스의 사상과 철학을 오롯이 드러냈습니다. 그런 한편, 그 연속선상에서 자신의 철학 또한 발전시켰습니다. 스승을 무대의 전면에 내세우고, 실제로는 자신의 이야기를 한 셈이지요. 그래서 많은 학자들은 플라톤의 작품에 나오는 소크라테스를 역사적 소크라테스가 아니라 플라톤이 쓴 가면이라고 보기도 합니다. 가면 뒤에서 목소리를 내는 것은 물론 플라톤 자신이지요.

기하학을 모르는 자는 이곳에 들어오지 말라

플라톤의 운명을 완전히 뒤바꿔 놓은 소크라테스와의 만남은 그리 길지 않았습니다. 그들이 함께 지낸 시간이 9년 정도인데, 그 정도면 짧은 기간이라고 생각할 수도 있습니다. 그 시대에는 한번 스승으로 모시면 보통은 20~30년 동안 함께하고, 평생을 같이하는 경우가 적지 않았기 때문에 그들이 사제지간으로 교류한 9년은 생각보다는 짧은 편이지요. 게다가 그들의 이별은 강제적이었습니다. 멜레토스에게 고발당해 법정에 선 소크라테스가 첫 번째 재판에서 유죄가, 두 번째 재판에서 사형이 결정되었기 때문입니다. 소크라테스의 죄목은 아테네가 전통적으로 섬기는 신을 믿지 않고, 아테네 청년들을 타락시킨다는 것이었습니다.

소크라테스가 그리스에서 가장 지혜롭고 말도 잘하는데, 왜 배심원들을 설득하지 못했을까요? 플라톤이 보기에는 말도 안 되는 상황이 벌어졌습니다. 그는 소크라테스를 고발한 멜레토스가 진실을 왜곡하여 소크라테스를 모함하는데, 그 교묘한 말솜씨에 청중들이 현혹되었다고 생각했습니다. 플라톤은 비극작가가 되려는 꿈도 버리고 따르던 스승이었는데, 존경하던 스승이 어리석은 대중의 잘못된 판단과 연설가의 번지르르한 말솜씨에 농락당하고 억울하게 죽게 된 상황을 도저히 견딜 수가 없었습니다.

플라톤은 재판 과정에서 소크라테스를 위해 벌금을 내주는 보증인 역할로 나섰습니다. 하지만 소크라테스는 벌금형이 아니라 사형을 선고받은 것입니다. 소크라테스의 친구들과 제자들은 소크라테스를 탈옥시킬 계획을 짜고 작전을 수행하려고 합니다. 하지만 소크라테스는 탈출 제안을 딱 잘라 거절합니다. 그러고 보면 소크라테스도 참 고집스러운 데가 있습니다. 마지막 날, 소크라테스가 감옥에서 독배를 마시는 현장에 플라톤은 참석하지 못했습니다. 병이 들어 아팠다고 전합니다. 아마도 소크라테스가 억울하게 죽게 되자 병이 들지 않았을까 추측합니다. 플라톤은 우매한 민주정과 교활한 수사학이 위대한 철학자 소크라테스를 죽였다고 생각했습니다. 제대로 판단할 능력도 없는 청중이 배심원이랍시고 앉아서 교묘한 수사학적 연설에 휘둘려 죄 없는 사람을 죄인으로 판결하는 재판 제도와 민주정 자체를 혐오하기 시작한 겁니다. 실제로 그 이후 플라톤의 철학은 수사학에 맹공을 퍼붓는 모양새로 전개됩니다. 그리고 민주정을 대체할 정치적 이상을 구상합니다.

스승이 죽자, 플라톤은 아테네를 떠나 그리스의 이곳저곳을 떠돌았습니다. 스승을 잃은 슬픔을 잊기 위해 바람이나 쐬려는 목적이 아니라 자신의 고민을 풀어 줄 스승을 찾아다닌 것 같습니다. 남아 있는 기록을 종합하면, 그는 맨 먼저 메가라로 갔습니다. 메가라는 아테네에서 펠로폰네소스반도로 가는 길목인 이스트모스, 지금의 코린토스 운하 가까운 곳에 있는 도시인데, 그곳에는 소크라테스의 제자였던 에우클레이데스가 살고 있었습니다. 그도 소크라테스가 죽자 아테네를 떠나 고향으로 돌아와 소크라테스의 뜻을 잇는 메가라학파를 열고 제자들을 키우고 있었지요. 플라톤에게는 선배 같은 존재였습니다.

메가라학파는 이성과 논리학을 중시하는 학풍이었는데, 플라톤과 잘 맞았던 것 같습니다. 나중에 플라톤이 이데아론을 다듬을 때도 아마 메가라학파의 영향을 받았던 것 같습니다. 하지만 플라톤은 그와도 이별하고 북아프리카로 가서, 지금의 리비아에 있는 퀴레네에서 활동하던 테오도로스를 찾아갔습니다. 그곳에서 플라톤은 기하학과 수학을 집중적으로 배웠습니다. 그는 철학을 위한 기초 학문으로 기하학을 아주 중요하게 생각했지요. 그래서인지, 후에 아카데미아 학원을 열었을 때, 그 입구에 "기하학을 모르는 자는 이곳에 들어오지 말라"라고 썼습니다.

플라톤은 철학이 개념을 다듬고, 그 개념을 논리적으로 잘 짜 맞춰서 세상과 인간을 이해하고 설명하는 학문이라면, 논리적인 구조를 갖춘 기하학이나 수학을 공부하는 것은 철학적 사유를 하는 데 기초가 된다고 생각했습니다. 그래서 그는 수가 만물의 근본이라는 주장을 했던 퓌타고라스학파의 철학자인 필로라오스를 찾아 남부 이탈리아에도 갔고, 측량술의 선진국이었던 이집트까지 갔습니다. 페르시아에도 가려고 했지만 그곳 상황이 전쟁으로 좋지 않아서 다시 아테네로 돌아왔다고 합니다.

시라쿠사

아테네로 돌아온 플라톤은 소크라테스의 가르침을 되살리는 대화편을 쓰는 한편, 찾아오는 사람들과 학문적·교육적으로 교류하면서 이름을 높이고 있었습니다. 그 무렵 이탈리아반도 남쪽 시칠리아섬의 시라쿠사에서 플라톤을 초청했습니다. 시라쿠사를 포함해, 그 시기 시칠리아섬에는 그리스의 식민도시가 많았습니다. 특히 섬의 동남쪽에 자리한 시라쿠사는 기원전 734년경에 코린토스에서 이주한 그리스인들이 세운 도시였습니다. 반면 섬의 서쪽에는 당시 지중해 서쪽의 패권을 차지하고 있던 카르타고의 식민도시들이 많았습니다. 로마가 이곳을 지배하게 되고 이탈리아의 땅이 된 것이 기원전 3세기 무렵입니다.

시라쿠사에서 플라톤을 초청한 사람은 디오뉘시오스 1세였습니다. 그는 시라쿠사가 카르타고의 침략으로 위기에 처했을 때, 이를 막아 내고 시라쿠사를 구하면서 대중의 지지를 얻어 참주로 등극했습니다. 기원전 405년의 일입니다. 기원전 387년에 디오뉘시오스 1세는 자신의 정치적 입지를 강화하고 시라쿠사를 잘 다스리려는 마음에서 플라톤을 초청했습니다. 아마도 플라톤의 명성을 높인 『국가』라는 책에 호감을 느꼈던 것 같습니다. 플라톤은 지중해 동쪽의 해상강국 시라쿠사에서 자신의 정치적 이념을 실현하고 싶었는지, 초청에 응하여 시라쿠사로 갔습니다.

플라톤이 『국가』에서 주장하는 철인정치는 철학자가 왕이 되거나, 왕이 철학자가 되어 국가를 다스리는 정치체입니다. 디오뉘시오스 1세는 플라톤을 스승으로 모시고 자신이 철학자가 되어 나라를 다스리고

그리스 아카데미에 위치한 플라톤 조각상

싶었겠지요. 플라톤과 디오뉘시오스 1세 두 사람 다 기대는 컸지만, 그들 사이에 소위 '케미'가 맞지 않았습니다. 디오뉘시오스 1세는 큰마음을 먹고 철학 공부를 시작했지만, 영 재미없었고 공부를 따라가기가 어려웠던 것 같습니다. 점점 플라톤과 만나는 횟수가 줄어들더니, 모처럼 만났을 때도 결국 두 사람은 말싸움까지 하게 됩니다. 플라톤이 "참주의 이익만 추구하면 안 된다, 참주가 탁월한 덕을 갖추어야 한다, 그렇지 않으면 자격 없다"라는 식으로 주장하자, 디오뉘시오스 1세는 "당신의 이론은 고리타분한 늙은이 냄새가 난다"라고 반발했습니다. 한마디로 현실성 없는 꼰대라는 거죠. 디오뉘시오스 1세는 철학자가 될 마음을 접었고, 그렇다고 철학자를 왕으로 올릴 생각은 추호도 없었으니, 플라톤은 아무 쓸모가 없어진 겁니다.

전해져 오는 이야기에 따르면 당시 플라톤의 상황은 무척이나 처참했습니다. 면전에서 비판받은 디오뉘시오스 1세는 분노했고, 플라톤을 죽이려고 했습니다. 그러자 디오뉘시오스 1세의 처남인 디온이 나서서 말렸지요. 디온은 디오뉘시오스 1세와는 달리 플라톤을 마음속으로 존경하고 깊이 흠모했습니다. 그는 어떻게 해서든지 플라톤을 살려 내고 싶었습니다. 결국 플라톤은 스파르타인 폴리스에 넘겨졌고, 플라톤은 아이기나섬의 노예 시장에 나왔습니다. 그런데 하필 그때 아테네가 아이기나와 전쟁 중이었습니다. 아이기나의 왕은 플라톤이 아테네 사람인 걸 알고 노예 시장에서 빼내어 사형을 선고했습니다.

절체절명의 위기에 플라톤과 친분이 있던 퀴레네 사람 안니켈레스가 플라톤을 노예로 사겠다고 나서면서 사형선고는 취소되었고 그는 팔려가는 몸이 되었습니다. 안니켈레스의 호의로 죽음의 위기를 극적으로 모면하고 노예로 팔려 가는 신세를 벗어난 플라톤은 우여곡절 끝에 무사히 아테네로 돌아왔습니다. 그리고 기원전 387년, 아테네 외곽에 아카데미아를 세우고 학문 연구와 철학 교육에 매진합니다. 그때 플라톤의 나이가 마흔한 살이었습니다. 스승 소크라테스가 세상을 떠난 지 약 12년 뒤의 일입니다.

아카데미아

플라톤은 아카데미아를 세우고 20년 동안 학문에 매진하고 결사적으로 많은 작품을 써 나갑니다. 특히 이상적인 정치를 그려 낸 『국가』가 현실에서는 무력하다는 사실을 깨닫고 학문적 반성을 토대로 좀 더 현실적인 국가의 청사진을 그립니다.

그런데 기원전 367년, 시라쿠사에서 또 연락이 왔습니다. 이번에는 플라톤을 존경하던 디온의 초청이었습니다. 플라톤이 처음 시칠리아를 방문했을 때, 디온의 나이는 스무 살이었는데, 이제 마흔 살이 된 그가 여전히 플라톤을 잊지 못하고 초청한 것이었습니다. "선생님을 괴롭히던 디오뉘시오스 1세는 죽었습니다. 그리고 그의 아들, 제 조카 디오뉘시오스 2세가 참주가 되었으니 이번에는 선생님의 정치적 이념을 실현하실 수 있을 겁니다"라고 요청한 것입니다. 당시 디오뉘시오스 2세는 서른 살이었습니다. 예순한 살이 된 플라톤은 고심 끝에 두 번째로 시라쿠사를 방문합니다.

디오뉘시오스 2세는 아버지와는 달리 플라톤과 잘 맞았습니다. 플라톤의 가르침에 열린 마음으로 귀를 기울였지요. 이번에는 성공하는가 싶었는데, 뜻하지 않는 곳에서 문제가 터집니다. 디오뉘시오스 2세와 디온 사이에 심상치 않은 권력 다툼이 벌어진 것입니다. 디온은 플라톤과 함께 조카인 디오뉘시오스 2세를 좋은 참주로 만들려고 했지만, 실제로는 간섭을 통해 자신의 권력을 강화하려고 했습니다. 디오뉘시오스 2세는 그런 외삼촌 디온을 의혹의 눈길로 쳐다보며 불신을 키워 갑니다. 게다가 디온의 반대파들이 둘 사이를 이간질했지요. 결국 디온은 추방되었고, 플라톤도 디오뉘시오스 2세의 미움을 사게 됩니다.

플라톤은 오해를 풀려고 노력하는 한편 아테네로 돌려보내 달라고 간청합니다. 하지만, 디오뉘시오스 2세는 플라톤을 감금합니다. 플라톤은 자신에게 호의적이었던 아르퀴타스라는 철학자의 중재로 간신히 풀려나 아테네로 돌아올 수 있었습니다. 디오뉘시오스 2세는 플라톤이 떠나자 후회스러웠는지, 5년 후에 플라톤에게 용서를 빌며 다시 와 달라고 초청장을 보냅니다. 플라톤은 처음에는 거절했지만, 디온이 시라쿠사에 복귀할 수 있도록 청원하기 위해 초청에 응해 세 번째 방문이 이루어집니다. 하지만 플라톤은 다시 디오뉘시오스 2세와 갈등하게 되고 실망하여 아테네로 돌아옵니다. 그때가 기원전 361년이었습니다. 그 뒤로는 기원전 348년에 세상을 떠날 때까지 플라톤은 학문과 교육에만 전념합니다.

플라톤에게 시칠리아는 운명과도 같은 곳이었습니다. 그곳을 오가며 정치적인 사상이 많이 변하고 다듬어졌습니다. 그리고 디온과 플라톤 관계도 매우 흥미롭습니다. 일설에 의하면 플라톤과 디온이 스승과 제자 이상으로 깊은 관계였을지도 모른다고 합니다. 물론 지금 눈으로 보면 이상할 수도 있지만, 고대 그리스에서 사제 사이의 애정 관계는 매우 자연스럽고 이상적인 것으로 여겨졌습니다.

29편의 대화편

플라톤은 비극이나 희극 대본, 영화의 시나리오처럼 소크라테스를 비롯한 등장인물들이 서로 대화를 나누는 형식으로 작품을 썼습니다. 그 작품들을 '플라톤의 대화편'이라고 하는데, 고대로부터 그의 작품이라고 전해지는 것은 대략 35편입니다. 그 가운데 플라톤이 저자라고 표시는 되어 있지만, 위작으로 평가되는 것을 빼면 29편입니다. 물론 29편 중에서도 플라톤이 쓴 것이 아니라고 논쟁 중인 작품이 4개 정도 있습니다.

그렇다고 플라톤의 모든 작품이 다 대화편 형식으로 쓰인 것은 아닙니다. 그가 작성했다고 알려진 편지가 13편가량 남아 있습니다. 물론 편지도 위작 논쟁이 벌어지고 있지요. 예를 들면 학자들은 첫 번째 편지를 위작이라고 봅니다. 열두 번째 편지 또한 상당수 학자들은 플라톤의 편지가 아니라고 제외합니다. 게다가 두 번째, 다섯 번째, 아홉 번째 편지에 대해서도 의심합니다. 다른 편지들에 대해서도 의혹이 제기되기도 합니다.

그러면 플라톤이 쓴 글이 아닌데도 왜 플라톤의 이름으로 남아 있을까요. 그 이유는 플라톤을 모방하며 글쓰기 연습을 한 글들이 후대에 그의 작품으로 여겨졌기 때문입니다. 플라톤이 워낙 글을 잘 쓰니까, 글쓰기를 배우는 학생들은 플라톤처럼 글을 쓰는 훈련을 받았습니다. 아예 학교에서는 학생들에게 '플라톤처럼 편지를 써 보시오'라는 식의 과제가 주어지기도 했습니다. 특히 플라톤이 세운 아카데미아는 수백 년의 전통을 이어 오는데, 그 과정에서 학생들이 학원 설립자인 플라톤을 모방하는 수많은 글을 썼고, 그 가운데 일부는 실제 플라톤의 작품과 구별이 안 될 정도로 뛰어났습니다. 그러다 보니 후대의 도서관 사서들이나 필사가들이 그것을 플라톤의 작품인 줄 알고 그의 전집에 포함시킨 것이겠지요. 플라톤을 모방하다 플라톤의 진짜 작품과 구별이 되지 않는 아이러니가 벌어진 겁니다.

그런데 플라톤의 작품들을 구분하는 방법이 있습니다. 특히 학자들의 관심을 끈 것은 29편의 대화편이 어떤 순서로 저술되었을까 하는 것이었습니다. 현재 플라톤을 연구하는 학자들은 대개 플라톤의 저작을 집필 시기에 따라 초기, 중기, 후기 셋으로 나눕니다. 이런 구분에 획기적인 방법론을 제시한 사람은 19세기 후반의 캠벨이었습니다. 그는 플라톤의 문체와 표현법의 특징에 주목하면서 플라톤의 글쓰기가 세월에 따라 변하고 있음을 발견하고 이를 세 덩어리로 묶은 겁니다.

1933년 폴 쇼레이는 플라톤의 문체와 표현법이 시간에 따라 어떤 변화와 발전이 있었는지를 다음과 같이 설명합니다. 초기 작품은 소크라테스가 주인공인 전형적인 대화편인데, 어떤 결론을 내기보다는 상대의 주장을 물고 늘어지면서 그 주장이 성립할 수 없다는 것을 보여 주는 방식으로 진행됩니다. 대화 상대방은 소크라테스가 집요하게 물고 늘어지니까 짜증을 내기도 하고, 자가당착에 몰리면 당황해서 자리를 뜹니다. 중기 작품들은 플라톤의 완숙미를 보여 주는 예술적인 걸작들이 많고, 후기 작품들은 대화의 형식을 취하긴 하지만, 극적인 요소가 많이 줄어들고, 단순한 질문에 확고한 대답을 하는 방식으로 다소 건조한 문체로 이루어져 있습니다. 폴 쇼레이의 설명대로 플라톤 저작의 특징을 시기별로 정리하면 전기, 중기 작품은 문학적이고 예술적이며, 후기 작품은 철학적이고 논증적이라고 할 수 있습니다.

1991년에는 브랜드 우드가 『플라톤 대화편들의 연대기』라는 책을 발표합니다. 그는 폴 쇼레이의 세 시기 구분을 인정하면서도 플라톤의 작품을 두 덩어리로 묶을 수 있다고 주장합니다. 그는 전기의 작품은 진행이 느리고 차근차근 단계를 밟아가는 방식으로 논의가 전개되고, 후기의 작품은 약 예순 살부터 발표된 것인데, 갑작스러울 만큼 진행이 빠르고 일정한 결론을 향해 나아가는 경향이 있다고 분석했습니다. 하지만 그 중간쯤에 해당하는 작품들을 구분할 수가 없기 때문에 결국 학자들은 전통적인 구분에 따르는 상황입니다.

'엑소테리카'보다는 '에소테리카'

플라톤 저작의 시기별 구분에 따르면 어떤 특징이 있을까요? 전기에 속하는 작품으로는 『소크라테스의 변명』, 『카르미데스』, 『크리톤』, 『에우튀프론』, 『고르기아스』, 『소 힙피아스』, 『대 힙피아스』, 『이온』, 『라케스』, 『뤼시스』, 『프로타고라스』가 있습니다. 『메넥세노스』, 『알키비아데스』1·2는 위작 논란이 있는데, 전기에 속하는 작품으로 봅니다. 이 작품들 가운데 저는 『소크라테스의 변명』을 추천합니다. 소크라테스가 재판정에서 자신이 무죄임을 주장하는 변론인데, 책에는 소크라테스가 생각하는 철학자의 삶과 사명 등이 잘 드러납니다.

중기 작품으로는 『크라튈로스』, 『에우튀데모스』, 『메논』, 『파르메니데스』, 『파이돈』, 『파이드로스』, 『국가』, 『향연』, 『테아이테토스』가 꼽힙니다. 꼭 읽을 만한 책을 하나만 꼽으라면 단연 『국가』가 1순위입니다. 우리나라는 물론 전 세계 대학에서 필독서 목록을 작성할 때, 반드시 들어가는 작품입니다. 몇 년 전에 출판되어 여전히 베스트셀러인 마이클 샌델의 『정의란 무엇인가?』라는 책이 있습니다. 사실 '정의란 무엇인가?'라는 질문을 최초로 던진 철학자는 플라톤이고, 그 질문을 다룬 책이 바로 『국가』입니다.

『국가』는 많은 사람들이 읽고 싶어 하고, 읽겠다고 다짐하지만 실제로는 읽어 내기 쉽지 않은 책입니다. 고전의 정의 가운데 마크 트웨인이 했던 유명한 말이 떠오릅니다. "고전은 사람들이 칭찬하지만 아무도 읽지 않는 책이다." 플라톤의 『국가』가 그 정의에 가장 잘 들어맞는 책이 아닐까 생각합니다.

플라톤의 후기 작품에 속하는 책은 『크리티아스』, 『소피스트』, 『정치가』, 『티마이오스』, 『필레보스』, 『법률』 등입니다. 플라톤의 저작 가운데서 가장 난해하고 읽기에도 딱딱한 작품들입니다. 그 가운데 『법률』을 권하고 싶은데요, 『국가』와 비교하면서 읽으면 흥미롭습니다. 『국가』가 매우 이상적이고 엄격한 기준으로 한 국가에 대한 그림을 그렸다면, 『법률』은 좀 더 현실적인 감각으로 국가의 모습을 그리고 있습니다. 플라톤은 시라쿠사에 세 번 방문해서 이상 국가를 세워 보려고 했지만 모두 실패합니다. 아마도 그 실패로 인해 현실적인 감각이 생긴 것이 아닌가 싶습니다. 이 책은 『국가』보다 더 두껍습니다.

플라톤은 2300여 년 전 철학자인데 지금까지도 그의 저작이 읽히고 연구 대상이 된다는 사실이 놀라울 따름입니다. 그의 작품이 오랜 세월 보존되고 전해진 이유를 대개 세 가지 정도로 정리해 볼 수 있습니다. 첫째는 플라톤이 직접 세운 아카데미아 학원이 기원전 88년 로마의 술라에 의해 파괴될 때까지 약 300년 동안 지속되면서 학생들을 가르쳤기 때문입니다. 학원이 지속되었다는 것은 그곳에 자료들이 잘 보관되었다는 의미입니다. 그리고 학교가 파괴되기 전, 대부분의 작품들은 필사본이 제작되어 알렉산드리아에 있는 도서관으로 옮겨져 보관되었을 겁니다. 그것이 두 번째 이유입니다. 물론 알렉산드리아 도서관도 카이사르의 침략을 받았을 때, 불에 타서 상당수의 자료가 불타 버렸습니다.

그전까지는 아무리 잘 보관되었다고 하더라도 아카데미아나, 알렉산드리아 도서관이 결국 다 파괴되고 불에 탔으니, 플라톤의 작품도 다 사라져 버렸을 것 같은데 어떻게 그의 작품들이 살아남은 걸까요? 그 세 번째 이유는 플라톤의 작품들이 학자들, 지식인들 사이에서는 물론 교양 있는 시민들, 일반 대중들 사이에서도 인기가 있었기 때문입니다. 그들은 플라톤의 작품을 개인적으로 소장하고 계속 필사해서 보존하고 전승했습니다. 이 사실은 매우 중요합니다. 플라톤의 작품으로 남은 대화편들은 실제로 대중을 위해 필사되고 출판되어 유통되었습니다. 전문 용어로 '엑소테리카'라고 하는데, 이 말 자체가 '대외용 문서'라는 뜻입니다.

플라톤의 대외용 작품을 '엑소테리카'라고 한다면, 대내용은 '에소테리카'라고 부릅니다. 독일의 튀빙겐대학교의 학자들은 플라톤 사상의 진수는 지금 남아 있는 '엑소테리카'보다는 전해지지 않는 '에소테리카' 작품들에 있었으리라 추측합니다. 그들은 대내용 작품들은 아카데미아에 들어온 학생들과 학자들에게만 공개된 말 그대로 대내용 문서, 일종의 대외 비밀문서 같은 것으로, 바로 거기에 플라톤의 진짜 생각이 담겨 있었다고 주장합니다.

'에소테리카'는 많은 부분이 사라졌지만 일부는 남아 있습니다. 지금 남아 있는 일부 내용을 바탕으로 학자들은 암호를 풀듯이 작품들을 재해석하고 있습니다. 매우 어려운 작업이지만, 매우 흥미로운 접근이기도 합니다. 튀빙겐대학교 연구자들의 생각에 귀를 기울여 보면, 현재 남아 있는 플라톤의 작품을 전혀 다른 방식으로 읽을 수 있습니다. 가장 대표적인 독법이 플라톤의 대화편이 플라톤의 사상을 담고 있다는 믿음을 버리는 데서 시작합니다.

플라톤의 작품에서 플라톤의 문제의식을 읽는 겁니다. 저도 그런 태도로 플라톤의 작품을 읽곤 하는데, 예를 들면 플라톤이 자신의 이념이나 사상을 사람들에게 전달하기보다는 일종의 철학 문제를 낸다고 생각하는 겁니다. 그래서 대화편을 읽는 사람은 플라톤의 사상을 배우기보다, 철학을 연습하는 겁니다. 대화편을 읽으며 철학적으로 대화하고, 토론하고 논쟁하는 방법을 배우는 거지요. 물론 이런 독법에 반대하는 학자들이 아직은 다수이지만, 플라톤에 대한 새로운 접근법으로 시사하는 바가 큽니다.

일부의 학자들은 플라톤이 대화 형식으로 글을 쓴 것은 소크라테스의 철학적 방법론을 그대로 답습한 거라고 말합니다. 사실 일방적으로 자기주장만 하는 것은 철학적인 태도에 어긋나기 때문에 소크라테스는 항상 사람들과 대화했고, 그 모습을 본받아 플라톤 역시 대화 형식으로 글을 썼다는 거지요. 철학을 할 때는 항상 반론과 비판에 열려 있는 자세가 필요하기에 논문이나 연설문처럼 글을 쓰면 그 정신에서 벗어나게 될 것입니다. 그런 점에서 보면 플라톤은 소크라테스의 정신을 잘 따른 셈입니다.

하지만 플라톤이야말로 소크라테스의 말을 가장 잘 안 들은 제자라고도 할 수 있습니다. 플라톤이 쓴 『파이드로스』를 보면 소크라테스가 등장해서 문자(文字)를 비판합니다. 그는 문자가 사람들의 기억력을 보조하는 도구이지만 실제로 문자 때문에 사람들의 기억력이 나빠진다고 비판했습니다. 소크라테스는 기억할 내용을 어딘가에 써 두면 굳이 기억하지 않아도 된다고 안도하기에 기억력이 나빠진다고 주장합니다. 그리고 글을 쓰면 생각이 딱 굳고 멈춰 버리죠. 글을 쓴다는 것은 그림을 그리는 것과 마찬가지인데, 아무리 잘 그려도 그림은 그림일 뿐이어서 움직이지 않고 침묵을 지키게 되겠죠. 그처럼 글도 써 두면 독자가 읽을 수는 있지만, 독자에게 의문이 생겼을 때, 글은 대답하지 않습니다. 그러니까 글을 쓰고, 읽는 행위는 생각을 멈추게 하는 겁니다. 따라서 철학을 하려면 글을 읽고 쓸 게 아니라, 직접 만나서 대화해야 한다고 소크라테스는 주장하는 것입니다.

소크라테스는 사람들을 만나 대화를 나눌 뿐, 글을 하나도 남기지 않았습니다. 그러나 플라톤은 선생님 말을 안 듣고 정말 열심히 주야장천 글을 쓰고 기록하여 불후의 명작을 남겼습니다. 플라톤이야말로 스승의 말씀을 지독하게 안 들은 제자입니다. 아이러니하게도 소크라테스의 말을 따르지 않았기 때문에 플라톤은 위대한 작품을 남길 수 있었습니다. 그 덕분에 소크라테스를 영원하게 만들었고, 소크라테스는 서양 철학사에서 가장 위대한 인물로 남을 수 있었습니다. 정말 훌륭한 학생은 선생님 말씀을 잘 듣는 학생이 아니라, 선생님 말씀을 안 듣는 학생이라는 점을 플라톤이 훌륭하게 입증한 셈입니다.

나야말로
진짜 철학을
하는 사람입니다

이소크라테스

이소크라테스(Isocrates, B.C.436~B.C.338)는 아테네의 에르키아 데모스에서 태어났습니다. 데모스는 '민중, 인민'이라는 뜻인데, 우리의 '구'나 '동'처럼, 아테네인들이 사는 행정구획을 가리키기도 합니다. 아테네 민주정의 아버지라 불리는 클레이스테네스가 정치체제를 개혁하면서 만든 행정구역으로 클레이스테네스 당시에는 약 150개였다가 나중에는 170개가량으로 늘었습니다. 아테네 10개 부족은 모두 데모스에 속했습니다. 이소크라테스의 아버지 테오도로스(Theodoros)는, 아울로스라는 악기를 만들어 팔아 큰돈을 모은 부자였습니다.

이소크라테스는 돈이 많은 아버지 덕에 당대 최고의 교육을 받았습니다. 그는 당대 최고의 수사학 교사로 꼽히는 프로디코스, 고르기아스, 티시아스와 같은 쟁쟁한 소피스트들에게 수사학을 배웠습니다. 그의 아버지는 사업으로 큰돈을 번 신흥부자, 일종의 '졸부'였는데, 아들만은 엘리트 교육을 받아 아테네 사회에서 주류로 활동하길 바랐던 모양입니다. 이소크라테스는 개인적으로는 유복한 환경에서 자랐지만, 사회 전체적으로는 극도의 혼란한 상황에서 성장기를 보냈습니다.

그가 다섯 살이 되던 해에 아테네는 스파르타와 펠로폰네소스전쟁을 시작했습니다. 전쟁이 일어난 이듬해부터 아테네에는 치명적인 전염병이 돌아 수많은 사람이 죽어 갔고, 그 재앙이 거의 10년 넘게 계속되었습니다. 이소크라테스는 어린 시절, 전쟁과 역병의 참상 속에서도 용케 살아남았습니다. 27년이나 지속된 전쟁은 그가 서른두 살이 되던 기원전 404년에 끝났습니다. 아테네는 스파르타에 패하고 쇠락의 길을 걸었습니다. 그는 아테네가 왜 전쟁에 졌으며, 어떻게 해야 다시 일어설 수 있을까를 고민했지만, 한편으로는 그리스 사람들이 왜 서로 갈등하며 전쟁을 하는가에 큰 관심을 가지고 평생 그 문제를 해결하려고 노력했습니다.

곡기를 끊고 단식하다

이소크라테스가 그리스의 문제를 해소하기 위해 어떤 노력을 했을까요? 철학자인 그가 정치적인 문제에 영향력을 행사하는 데에는 한계가 있었을 것 같은데 말입니다. 우리는 사실 철학에 대해 일종의 편견을 갖고 있습니다. 실용적이지 못하고 세상일에 관심을 접는 것이 철학자의 일반적인 태도라고 생각하는 경향이 있으니까요. 사람들은 철학자를 현실 감각이 없고, 추상적이고 관념적인 문제에만 매달리는 사람이라고 생각합니다. 물론 그런 측면이 없잖아 있습니다. 구체적인 대상에서 벗어나 보편적인 진리를 추구하기 때문입니다. 어떻게 보면, 그런 개념으로 철학이 자리 잡게 된 것은 플라톤과 그의 제자 아리스토텔레스의 영향이 크다고 할 수 있습니다. 더 올라간다면, 소크라테스와 그 이전의 자연철학자들도 그런 태도를 보인 건 사실입니다.

철학자는 추상적이고, 어렵고 뜬구름 잡는다는 편견을 가진 사람이라면, 이소크라테스야말로 정말 주목할 만한 철학자입니다. 재미있는 사실은 그가 주야장천 "나야말로 진짜 철학을 하는 사람입니다"라고 외쳤는데, 막상 서양철학사에서 그가 언급되지 않는 경우가 허다하다는 것입니다. 20세기 중반까지만 해도 웬만한 서양철학사 책에서 그의 이름을 발견할 수 없었는데 그게 다 플라톤 때문입니다. 플라톤과 이소크라테스는 최대의 경쟁 관계였는데, 플라톤이 이소크라테스를 철학자로 취급하지 않았던 거죠.

이소크라테스는 플라톤과 같은 시대에 활동했습니다. 사상 면에서나 교육, 구체적으로는 학교 운영에서도 치열한 경쟁 관계였습니다. 이소크라테스는 플라톤보다 8년 먼저 태어났고, 그보다 10년을 더 살다 아흔여덟에 세상을 떠났지요.

아흔여덟 살에 세상을 떠났다니 당시 평균 연령이 마흔 살 중반이었음을 고려하면 정말 오래 살았던 사람입니다. 지금의 기준으로 봐도 그렇고요. 그런데 그 시기 평균 연령에는 허점이 있습니다. 당시에는 유아, 청소년 사망률이 매우 높았고, 전쟁이 빈번했기 때문에 청년 사망률도 높았습니다. 그래서 청년기를 무사히 지난 사람들은 대체로 건강하게 오래 살았던 것 같습니다. 이소크라테스의 장수 비결은 '철학과 교육에 대한 열정, 그리고 그리스 도시국가, 공동체의 위기를 극복해야 한다는 일종의 사명감 때문이 아니었을까' 생각합니다.

이소크라테스에게는 역설적인 측면이 있습니다. 열정과 사명감이 장수의 비결이기도 하지만, 결정적으로 그가 죽은 이유도 그 열정과 사명감 때문입니다. 그리스·로마의 영웅전으로 유명한 플루타르코스가 썼다고 알려진 기록에 따르면, 이소크라테스는 마케도니아의 왕 필립포스 2세에 대한 분노로 죽었다고 합니다. 널리 알려진 대로, 필립포스 2세는 알렉산드로스의 아버지입니다. 이소크라테스는 필립포스 2세에게 정치적 멘토 같은 존재였습니다. 그런데 필립포스 2세가 결정적인 순간에 이소크라테스의 조언에 반하는 행동을 하자 배신감을 느껴, 항의의 뜻으로 곡기를 끊고 단식하다가 세상을 떠났다고 합니다.

이소크라테스는 필립포스 2세에게 평화적인 방법으로 그리스를 통합할 것을 요청했습니다. 그러나 필립포스 2세는 그의 말을 거역하듯, 무력으로 그리스 도시국가 테베를 공격합니다. 이소크라테스가 화가 나서 단식을 감행했던 것은 아닐까 추측해 봅니다. 그것만 아니었다면 그는 100세를 넘겼을 가능성이 매우 큽니다. 이소크라테스의 선생님이 소피스트로 유명한 고르기아스입니다. 그도 108세까지 살았으니, 그 선생에 그 제자인 셈입니다.

이소크라테스라는 이름을 들으면, 우리는 자연스럽게 이름이 비슷한 소크라테스를 떠올릴 것입니다. 두 사람 사이에 어떤 관계가 있었을까 궁금합니다. 소크라테스와 이소크라테스는 나이가 서른세 살이나 차이가 나는데, 소크라테스가 아고라에서 한참 이름을 날릴 때, 이소크라테스가 그를 직접 보았을 가능성도 있습니다. 논란의 여지가 있지만, 이소크라테스가 소크라테스를 한동안 따라다니면서 배웠다는 주장도 있습니다. 저는 그리스 고전 수사학 공부를 시작하면서 이소크라테스라는 이름을 처음 접하고 지금까지도 그에 관한 연구를 계속해 오고 있습니다. 이소크라테스를 소개할 때면 많은 분이 '소크라테스'를 잘못 들었나 하고 귀를 의심하면서 확인하는 경우도 많고, "소크라테스가 성이 이씨였어요?"라고 농담 삼아 묻는 분도 있습니다.

그리스인의 이름은 그 자체로 의미를 가진 경우가 많습니다. 소크라테스, 이소크라테스의 이름에는 어떤 의미가 담겼을까요? 두 사람의 이름에 공통으로 들어 있는 것은 '크라테스'인데, 그리스인들 가운데 '크라테스'라는 이름을 가진 사람이 많습니다. 스토아철학을 세운 제논의 선생님이 크라테스였습니다. 또 '크라토스'라는 말도 있는데, 일차적으로 육체적인 힘, 완력을 뜻하고, 거기에 파생되어 권력을 뜻하기도 합니다. 그래서 크라테스는 '크라토스를 가진 사람', 즉 '힘이 센 사람'이라는 뜻이고, '힘으로 다른 사람을 누르는 승리자'를 뜻하기도 합니다. '크라테스'라는 말에 '소'가 붙어 '소크라테스'가 되는데, '소'는 '안전하고, 확실하다'는 뜻입니다. 그러니까 소크라테스는 '확실히 힘이 센 자'라는 뜻이지요.

같은 방식으로 '크라테스'에 '이소'가 붙어 이소크라테스가 되는데, '이소'는 그리스어로 '같다, 비슷하다, 평등하다'는 뜻입니다. 따라서 '이소크라테스'는 '다른 사람에 견주어 힘이 달리지 않는 사람' '다른 사람과 똑같은 힘과 권력, 권리를 가진 사람'이라는 뜻입니다. 잘 따져 보면, 이소크라테스라는 이름 자체가 평등주의자, 민주주의자임을 알려 주는데, 실제로 이소크라테스는 민주정을 옹호하는 정치철학을 견지하던 사람이었습니다. 그러고 보니, 민주주의를 뜻하는 '데모크라시'(Democracy)에도 '크라토스' 개념이 들어 있네요. 데모스가 '민중, 인민'이라는 뜻이니, 데모크라시는 권력이 일반 민중에게 있는 정치체제를 가리키는 말입니다.

아테네에서 활동했던 저명한 세 명의 '크라테스' 가운데 소크라테스가 가장 선배이고, 33년 후배가 이소크라테스, 그리고 크라테스는 소크라테스가 죽고 31년 뒤에 태어납니다.

자신을 철학자라고 주장하다

앞에서 이소크라테스와 플라톤이 경쟁 관계였다고 말씀드렸는데 왜 이소크라테스가 철학사에서 종적을 감추게 되었을까요? 플라톤은 이소크라테스가 추구하는 철학은 진정한 의미의 철학이 아니라고 비판했습니다. 플라톤은 그를 당대 교육계를 지배하던 수사학과 소피스트의 영역에 속한 사람이라고 밀어냈습니다. 플라톤은 철학이 영원불변하고 보편적인 진리를 추구하는 학문이라는 생각을 서양 사람들의 마음에 강하게 심어 줬습니다. 플라톤은 이소크라테스가 진리를 추구하지도 않고, 심지어 부정하면서 그때그때 현실 상황에 맞는 의견만을 추구한다고 보았습니다. 그래서 플라톤은 이소크라테스를 철학자가 아니라, 대중 연설가에 가깝고 수사학 교사라고 생각했던 것입니다.

저는 플라톤과 달리 이소크라테스를 철학자라고 생각합니다. 그 근거는 이소크라테스가 자신을 철학자라고 주장하기 때문이죠. 저는 그의 주장에 주목할 필요가 있다고 생각합니다. 그리고 어쩌면 우리가 지나치게 플라톤 위주로 철학의 개념을 이해하고 있는 건 아닌가 반성해야 하지 않을까요. 실제로 최근에는 서양의 학자들도 '이소크라테스의 철학'에 주목합니다. 프랑스의 아도 같은 학자는 '고대 그리스 철학사'에 이소크라테스의 이름을 넣기도 했습니다. 필자가 훑어본 바로는, 이소크라테스를 '철학자'로서 본격적으로 주목하기 시작한 것이 서양에서도 20세기 후반입니다. 이소크라테스를 철학자로 인정하자는 일종의 복권 운동이 벌어진 셈입니다. 그와 관련해 1998년에 팀머맨이라는 학자가 발표한 논문 중 일부를 소개하겠습니다.

정의(定義, definition)를 두고 벌이는 싸움에서 패배자는 그 여파 속에서 벌어지는 지성적 논의에서 종종 심각한 불이익을 당하게 된다. 더 나쁜 것이 있다면 그것은 바로, 시간이 지날수록, 패배한 정의는 물론, 전투 자체가 지성사의 기록에서 거의 삭제되어 있다는 사실을 발견할 수도 있다는 것이다. 승리하는 것이 전부인 그런 시간들도 있다! 기원전 4세기에 철학의 정의를 두고 이소크라테스가 플라톤과 벌인 싸움이 바로 그런 경우다. 이소크라테스가 '철학에 대해서 내린 하나의 개념(a conception of philosophy)'을 앞으로 밀고 나가는 데에 상당한 에너지를 쏟았다고 하더라도, 그의 개념은 플라톤이 이 개념 싸움에서 승자였다는 이유로, 플라톤 개념의 그늘 속에서 시들어 버린 상태다.

역사는 강자의 기록이라는 말이 있는데, 서양철학사에서도 확실히 그 말이 증명되었습니다. 그런 점에서 로마의 철학자 키케로도 이소크라테스와 비슷한 길을 걷다가 철학사의 계보에서 밀려났고, 근대의 많은 인문주의자들이 철학자로 불리지 못하는 것은 모두 승자였던 플라톤의 개념 때문이라는 주장도 있습니다.

절대적인 진리에 대한 강박 관념을 넘어

플라톤과의 개념 싸움에서 패한 이소크라테스는 서양철학사에서 잊힌 존재였다가 20세기 후반에 이르러서야 재평가가 이루어지고 있습니다. 이소크라테스가 철학을 무엇이라고 규정했기에 그런 일이 벌어진 걸까요?

　잘 아시다시피 철학은 그리스어로 필로소피아, 즉 '지혜에 대한 사랑'입니다. 그 정의에 따른다면 사랑의 대상인 지혜가 어떤 지혜인가가 중요합니다. 이소크라테스는 우리가 일상생활 속에서 살아가는 데에 도움을 주지 못하는 지식이나 정보는 쓸데없다고 주장했습니다. 그리고 우리 인간의 삶은 결국 폴리스라는 공동체 안에서 다른 사람들과 더불어 살아가는 것이라고 규정했습니다. 공동체의 삶은, 폴리스(polis) 안에서의 삶이라는 정치적인(politic) 의미를 갖게 되는 것입니다. 이소크라테스는 변화무쌍한 현상세계 속에서 어떻게 살 것인가, 무엇이 공동체에 유익한가를 판단하고 시의적절하게 의견을 제시할 수 있는 능력, 그것이 진정한 지혜, 즉 '소피아'라 보았습니다. 그리고 그것을 사랑하고 추구하는 것이 필로소피아, 즉 철학이라고 주장합니다.

　당대에는 많은 사람이 이소크라테스를 주목했습니다. 아테네는 물론 그리스 전역에서 사람들이 그를 찾아왔습니다. 기원전 392년쯤에 그가 학교를 세운 것으로 추정되는데, 플라톤의 아카데미아보다 약 5년 정도 앞선 것입니다. 교육계의 후발주자였던 플라톤은 이소크라테스의 인기를 따라잡기 힘들었던 모양입니다. 그래서 교육계에 자리를 잡기 위해, 이른바 이소크라테스와 차별화 전략이 필요했다고 볼 수 있습니다. 물론 애초부터 이소크라테스의 입장에 반대하는 노선을 가졌을 수도 있습니다. 어쨌든 플라톤은 이소크라테스가 객관적이고 절대적인 진리를 저버린 채, 대중의 마음을 사로잡으려는 여느 소피스트와 다를 바가 없다고 비판했던 것입니다.

　플라톤은 당대 소피스트들이 진리에 대한 판단을 유보하는 태도를 취한다고 여겼는데 바로 그 점에서 이소크라테스도 소피스트들과 비슷하다고 생각한 것입니다. 예를 들어 보겠습니다. 고르기아스는 "변하지 않는 진리는 없고, 진리가 있다고 해도 인간은 알 수가 없고, 안다고 해도 말로 제대로 전달할 수가 없다"고 말합니다. 플라톤이 추구하려고 했던 절대적이고 객관적이며 보편적이고 영원불변한 이데아 같은 존재는 없고, 그것이 있다고 해도 알 수 없고, 안다고 해도 어떻게 말로 표현할 수 있겠느냐는, 일종의 지적인 회의주의, 인식론적인 회의주의를 표방했습니다. 고르기아스의 입장을 따르면, 결국 인간들이 할 수 있는 것은, 그저 그럴듯한 의견만을 제시할 수 있을 뿐인데, 그것이 소피스트들의 생각이라면, 이소크라테스와도 일맥상통한다고 본 것입니다. '인간은 만물의 척도'라고 했던 프로타고라스의 입장과도 통한다고 볼 수 있습니다. 우리 인간이 아는 것이란 우리가 척도가 되어서 내리는 판단에 불과한 것인데, 그것을 절대적인 진리라고 할 수는 없다는 것입니다. 우리가 네모라고 판단하는 것은 우리처럼 두 개의 눈을 가지고, 대상에 하나의 초점을 모아 시각의 정보를 뇌에 전달하는 그런 감각기관과 감각 프로세스를 가진 생명체가 내리는 판단에 불과합니다. 눈이 홑눈 형식으로 3만 개나 되는 잠자리는 전혀 다른 모양으로 인식하게 됩니다. 잠자리에게는 우리가 보는 선명한 네모 모양이 아니라 모자이크처럼 수많은 조각으로 인식되는 거지요. 그럼 누가 본 것이 진짜 모습일까요? 잠자리가 본 것일까요, 아니면 인간이 본 것일까요? 그런 식으로 따진다면, 어떤 감각과 인식기관을 가지고 세상을 보느냐에 따라 서로 다르게 인식하게 되는데, 그 인식의 한계를 벗어나 대상의 진짜 모습을 파악한다는 것이 가능할까요?

그런 점을 고려한다면, 세상에 관한 절대적인 진리를 찾겠다는 플라톤이 오히려 불가능한 것을 찾는 것이라고 할 수 있습니다. 이소크라테스는 절대적인 진리에 대한 강박 관념을 갖거나 인식론적인 스트레스를 받지 말고, 인간끼리 합의할 수 있는 내용을 인식론의 목표로 삼자고 주장합니다. 물론 이것도 쉽지는 않습니다. 사람들의 처지에 따라 이해관계가 다르고, 세상을 보는 눈도 다르니까, 어떤 사안에 대해 무엇이 옳고, 무엇이 이로운지 합의된 판단을 내리기는 더더욱 어렵습니다. 하지만 대화를 계속 나누다 보면 서로를 이해하고, 어떤 공통분모를 찾을 수 있고, 그것을 바탕으로 최대한의 합의를 이룬다면 공동체 전체에 필요한 결정에 도달할 것이라고 이소크라테스는 생각했습니다. 그리고 의견이 다른 소수에 대해서는 배려를 하면 되지 않겠는가? 말이지요.

프로타고라스나 고르기아스와 같은 소피스트들이 무조건 진리가 없다고 주장한 것은 아닙니다. 그들은 무리하게 객관적이고 보편적인 진리를 추구하려고 하지 말고, 우리 인간들의 인식론적인 한계를 인정하면서, 다양한 생각과 관심과 성격을 가진 수많은 사람이 함께 사는 공동체 안에서 합리적이고 가장 적절한 합의를 만들어 내자고 한 것입니다. 이소크라테스는 바로 그런 소피스트들의 입장을 가장 건전하게 견지해 나간 사람입니다. 그리고 그런 생각을 가졌기 때문에 민주주의 사회였던 그리스에서 가장 환영을 받았던 것입니다.

이소크라테스가 인간의 인식론적 한계를 인정하면서 합리성에 기초해 공동체 안에서 합의를 강조하지만 플라톤은 자신이 추구하는 객관적이고 보편적인 진리를 포기하지 않습니다. 과학을 하는 사람들에게서 플라톤 같은 신념을 가진 경우를 볼 수 있습니다. 우리가 다원주의,

상대주의에 호감을 느끼는 것이 합리적이긴 한데, 플라톤처럼 진리를 추구하는 것이 또한 매력적이기도 합니다. 플라톤은 우리가 몸을 가지고 있고, 그 몸은 눈, 코, 입, 귀, 피부와 같은 감각을 통해 세상을 느끼게 되는데, 우리 몸도 항상 변하고, 상태가 어떠냐에 따라 세상을 다르게 느끼기 때문에, 감각에 의존해서 세상을 다 파악할 수 있다고 보면 오산이라고 말합니다. 그는 저 유명한 동굴의 비유를 통해 자신의 철학이 무엇을 지향하는지를 흥미롭게 보여 줍니다.

일부 학자들은 동굴의 비유를 두고 플라톤이 이소크라테스를 비판하고 공격하기 위해 만들었다고 생각하기도 합니다. 플라톤에 따르면, 우리가 사는 이 세상은 동굴과 같은 곳입니다. 우리는 모두 동굴의 한가운데 앉아 밧줄에 꽁꽁 묶여 동굴 벽만을 바라봅니다. 특히 얼굴이 앞만 바라볼 수 있을 뿐 뒤를 돌아볼 수 없도록 묶여 있습니다. 그리고 우리 뒤에는 여러 가지 사물들의 모형이 있고, 그 뒤로 불이 타올라 모형의 그림자가 벽면에 비칩니다. 인간은 벽면에 비친 사물의 그림자만을 볼 뿐입니다. 플라톤은 '사람들이 그 그림자를 사물의 진짜 모습이라고 믿는다'고 주장합니다.

플라톤의 비유대로라면 인간은 동굴 속에 갇혀 꽁꽁 묶인 채, 동굴의 벽에 비친 사물의 그림자를 보고 있는 것입니다. 그림자의 모습은 어쩌면 핸드폰만 들여다보고, 거기에 있는 사진, 그림, 정보가 세상의 진실을 보여 준다고 믿는 우리와 많이 닮은 것 같습니다. 현대인은 페이스북, 인스타그램 등 SNS에 올린 사진과 글만 보고 상대가 어떤 사람이라고 판단을 내립니다. 그밖에 다양한 매체를 통해 전해지는 정보만 보고, 사람을 직접 만나더라도 그 사람의 겉모습, 겉으로 보이는 표정과 몸짓,

태도만을 보고, 그가 하는 말만 들을 뿐, 그의 내면이나 인격을 보려고 하지 않습니다. 사실 그런 건 보이지도 않습니다! 그런 모습으로 현대를 살아가는 우리가 동굴 벽의 그림자만 볼 수 있을 뿐, 뒤에 있는 사물의 모형을 볼 수 없고, 자기가 어떤 처지에 있는지조차 모르는 동굴 속 사람들과 다를 바가 없지 않을까요.

플라톤은 이소크라테스나 다른 소피스트들 모두 동굴의 벽만 보고 말하는 사람과 같다고 비판합니다. 소피스트들은 인간이 감각으로 느끼는 것만 가지고 의견을 만들고 동굴에서만 통하면 된다고 주장한다는 겁니다. 그러니까 그들은 우리가 동굴 안에서 어차피 뒤를 돌아볼 수도 없고, 벽에 비친 그림자만 볼 뿐인데 우리가 본 것을 근거로 말하는 것이 무엇이 문제냐고 말하는 셈이지요. 그래서 플라톤은 자신과 같은 진정한 철학자는 그런 소피스트들과는 다르다고 주장합니다.

플라톤은 철학자라면, 벽의 그림자가 진짜가 아닐 수도 있다고 의심하고, 좌우를 살펴보고, 뒤를 돌아보려고 노력해야 한다고 말합니다. 아울러 가능하다면 줄을 풀고 일어서서 뒤로 가 보려고 해야 하고 그래서 '아, 내가 본 것이 겨우 여기에 있는 모형의 그림자에 불과하구나'라고 깨닫게 되면 새로운 인식을 할 수 있게 된다고 합니다. 더 나아가 진리를 추구하는 사람이라면, 과감하게 동굴 밖으로 나가야 합니다. 태양이 환하게 비추는 세상을 보면서, 모형이 아닌 그 모형의 진짜를 봐야 하지요. 그래서 철학자는 다른 사람들이 보지 못하는 것, 보려고 하지도 않는 것을 보려고 노력하고, 그렇게 본 다음에는 다시 동굴로 돌아와 벽만 보고 있는 사람들에게 자기가 직접 보고 깨달은 바를 알려 주는 역할을 해야 한다고 주장합니다.

플라톤, 당신이 말하는 그 바깥 세계가 정말 존재할까요?

이소크라테스는 우리가 보고 느끼는 세상 바깥에 또 다른 세계가 있고, 그 세계가 영원불변하고 객관적이고 보편적인, 사물들의 진짜 존재가 있다는 플라톤의 주장을 받아들이지 않았습니다. 그리고 이렇게 반문했을 것입니다. "플라톤, 당신이 말하는 그 바깥 세계가 정말 존재할까요? 당신이 그려 낸 허상이 아닌가요? 당신은 우리가 지금 여기 이 세상에서 보고 듣고 맛보고 만지는 것들이 모두 진짜 존재인 모형의 그림자와 같다고 하지만, 사실은 이 모든 게 진짜예요. 수시로 변하고 고정되어 있지 않고 이렇게 보이기도 하고 저렇게 보이기도 하는 것, 그것이 진짜라는 말이지요. 그러니 이것을 그림자라고 말하면서 당신이 그려 내는 그 진짜라는 게, 사실은 진짜 가짜인 셈입니다."

이소크라테스의 주장대로라면 우리에게 진짜는 영원불변한 것이 아니라 수시로 변하는 것이며, 우리 감각 너머에 있지 않고 우리 감각에 와닿는 것이고, 사람마다 다르게 파악할 수밖에 없고, 이견이 있을 수밖에 없는 것입니다. 그러니까 이 세상에서, 특정 순간에 특정 상황에서 특정한 사람들에게 유익하고 정의롭고 아름다운 것이 무엇인지를 순간순간 찾아내고 선택하고, 그것을 어떻게 찾아내고 이룰 것인가를 노력하는 것이 진정한 철학이지, 이 모든 것을 무시하고 그 너머에 있는 것을 찾는 것은 망상을 좇는 허망한 일이라고 일침을 놓았던 겁니다.

그리스를 통합하고 페르시아를 쳐야 합니다

플라톤은 변화무쌍한 우리의 세계, 감각의 세계를 넘어서는 영원불멸하고 보편적이고 절대적인 존재, 본질의 세계와 그에 대한 진리, 인식을 추구하였습니다. 한마디로 참된 지식, 에피스테메(episteme)를 추구하는 철학을 했습니다. 반면 이소크라테스는 플라톤이 폄훼한 감각적인 현상세계를 존중하고, 이를 넘어서는 추상적인 논의가 쓸데없는 짓이라고 비판했습니다. 영원불변하는 진리와 인식, 에피스테메를 추구하는 것보다는 우리가 사는 변화무쌍한 세계를 잘 살아갈 수 있게 해주는 시의적절한 의견을 추구하는 철학을 주장했는데, 그 '의견'을 그리스어로 독사(doxa)라고 합니다. '에피스테메의 철학'과 '독사의 철학'이 대립한 셈이죠.

앞에서 본 것처럼 플라톤은 우리가 보는 것은 허상일 뿐임을 강조하기 위해 동굴의 비유를 들었습니다. 우리는 진리를 찾기 위해 밧줄을 끊고 동굴 바깥으로 나가야 한다고 주장했지요. 그것을 실천하는 사람이 바로 철학자고요. 철학자는 동굴 속에 묶여 있는 무지몽매한 사람들을 계몽하고 올바른 진리의 길로 인도해야 할 사명을 가진 존재들입니다. 플라톤은 정치적인 측면에서는 민주정을 위험한 정치체제라고 비판했고, 대신 철인정치를 추구했는데, 동굴의 비유로 말하자면, 민주정은 동굴에 묶여 동굴 벽에 비친 그림자만 보는 사람들의 정치이고, 철인정치는 햇빛을 보았던 사람의 정치가 되는 것입니다.

이소크라테스는 플라톤과는 달리 기본적으로 민주주의를 옹호했습니다. 그리스 시민들을 높은 수준으로 끌어올리려고 노력했던 사람이지요 하지만 아테네식의 직접민주주의에 대해서는 다소 경계하는 태도도 보였습니다. 권력은 원칙적으로 시민(민중)의 뜻에 기반을 두지만, 뛰어난 사람이 대중을 대표하고 전문성을 살려 통치하는 일종의 귀족정을 선호한 것으로 보입니다. 이처럼 정치적인 측면에서도 두 사람은 의견이 달랐습니다. 당대의 정치 현실을 두고 서로 다른 정치적 해법을 모색하고 있었던 것입니다.

당시 그리스는 폴리스들 사이의 갈등이 고조되는 위기 상황이었습니다. 기원전 480년 페르시아의 2차 침략에 맞서 손을 잡았던 스파르타와 아테네가, 페르시아를 물리치고 나서는 그리스의 패권을 두고 전쟁을 벌인 겁니다. 기원전 431년에 펠로폰네소스전쟁이 터졌고 27년간 계속된 전쟁 결과 스파르타가 승리했습니다. 하지만 스파르타는 그리스 전체를 적절하게 지배하지 못했습니다. 그 틈을 타 페르시아는 전쟁에서 패한 아테네를 비롯한 여러 도시국가를 도와주면서 갈등을 조장했지요. 전쟁 중에는 스파르타를 지원하기도 했지요

그런 상황에 대한 플라톤과 이소크라테스의 정치적 해법도 달랐습니다. 플라톤은 전쟁의 승리자인 스파르타의 체제를 이상적인 것으로 생각했습니다. 플라톤이 생각한 철인정치가 스파르타를 모델로 한 것이었지요. 플라톤은 폴리스가 확장되는 것보다는, 스파르타처럼 적정 규모를 유지하면서 탁월한 엘리트가 개인 욕망을 절제하며 다스리는 나라를 꿈꾸었습니다, 그것은 지난날, 페리클레스가 주도하던 제국주의적 아테네에 대한 비판이기도 했습니다.

반면 이소크라테스는 스파르타를 폄하하고 비판했습니다. 기원전 380년 그리스의 모든 폴리스가 모이는 제100회 올림피아 제전에서 이

소크라테스는 스파르타가 탁월한 군사력을 가지고 있지만, 그리스 전체를 품어 안을 수 있는 정치적 포용력과 조직력을 가지고 있지 못하며 심지어 의지조차 없다고 비판했습니다.

거기에 덧붙여 이소크라테스는 그리스인들이 폴리스로 나뉘어 서로 싸우지 말고, 한마음 한뜻으로 뭉치고, 그 힘을 가지고 그리스 내부의 갈등을 조장하는 이방인 세력, 페르시아와 전쟁을 하자고 주장했습니다. 그리스의 모든 문제가 결국 페르시아의 농간에서 비롯되었기 때문에 그 문제를 해결하지 않고는 어떤 해법도 결정적일 수 없다고 주장했습니다.

페르시아를 치자는 이소크라테스의 주장에 어떤 그리스인들은 머뭇거렸고, 비웃는 사람도 있었습니다. '이소크라테스, 말하긴 쉽지만, 그게 가능하기나 한 거요? 페르시아를 치러 가자고? 지금 그리스는 수많은 폴리스로 나뉘어 각자 독립적으로 살아가고 있는데, 어떻게 힘을 합하고, 어떻게 페르시아를 친다는 거요?'라고 의문을 제기하는 사람들이 적지 않았던 것입니다.

그리스인들의 회의적인 반응에 이소크라테스는 신화와 역사를 동원해 자신의 주장을 펼칩니다. "왜 못합니까? 우리 조상이 해냈는데요. 잘 생각해 보십시오. 우리가 어려서부터 듣고 자란 이야기를 떠올려 보십시오. 트로이아전쟁을 말입니다. 우리 조상들은 아가멤논의 지도로 한마음 한뜻으로 뭉쳐 강성한 부국 트로이아를 10년 동안 공격해 정복하지 않았습니까? 우리 시대에도 아가멤논과 같은 영웅이 나타나지 않겠습니까?" 그는 먼 옛날 전설과도 같은 트로이아전쟁을 자기 시대의 가능성으로 끌어올렸던 겁니다. 페르시아 원정은 제2의 트로이아전쟁과도 같은 것이라고 말입니다.

이소크라테스의 주장은 당장에는 눈에 보이는 결과가 나타나지 않았지만, 사람들의 마음에 페르시아 원정이 결코 불가능한 꿈만은 아니라는 생각을 심는 데에는 어느 정도 성공한 것 같습니다. 그리스인들은 조상이 해낸 일을 자손인 우리가 하지 못할 이유가 없다고 생각하게 된 것입니다. 이소크라테스는 몸소 제2의 아가멤논이 될 만한 사람들을 찾기 시작했습니다. 그가 가장 먼저 주목한 사람은 시라쿠사의 디오뉘시오스 1세였습니다. 그런데 그 사람에게서 정치적 희망을 먼저 본 사람은 플라톤이었습니다.

기원전 387년 플라톤은 철인정치를 꿈꾸면서 디오뉘시오스의 궁전으로 갔지만 둘 사이는 틀어졌고, 마침내 플라톤은 노예로 팔려 아이기나섬에서 사형을 선고받고 죽을 위험에 처합니다. 디오뉘시오스 1세는 그만큼 성격이 거칠었지만, 군주로서 능력은 탁월했습니다. 시라쿠사를 부국으로 만들었고, 카르타고와의 경쟁에서 우위를 점했습니다. 이소크라테스는 그에게 그리스를 통합하고 페르시아를 치라는 편지를 보내려고 했습니다. 그가 예순여덟 살이었던 기원전 368년에 작성한 편지가 남아 있습니다. 안타깝게도 디오뉘시오스 1세는 그 이듬해에 세상을 떠납니다. 이소크라테스의 기대가 무너진 것입니다.

디오뉘시오스 1세의 사망에도 그는 포기하지 않고 다른 여러 도시의 유망한 지도자들에게 편지를 보냅니다. 기원전 359년에는 테살리아의 이아손의 자식들에게, 기원전 356년에는 스파르타의 아르키다모스에게, 기원전 345년에는 에욱시네(흑해) 인근의 헤라클레이아의 티모테오스에게 각각 편지를 보냈지만, 원하는 성과를 거두지 못했습니다. 하지만 마지막으로 그는 마케도니아의 필립포스 2세를 주목했고 그에게 기원전 342년과 338년, 두 번이나 편지를 보냈습니다. 그 밖에도 구체적인 정치적 조언을 담은 연설문도 작성해서 보냈지요. 필립포스 2세가 그의 조언에 반응을 보였습니다. 이소크라테스는 기원전 342년에는 당시 열네 살이었던, 필립포스 2세의 아들 알렉산드로스에게도 편지를 보냈습니다. 이소크라테스가 알렉산드로스에게 편지를 보내기 한 해 전인 기원전 343년부터 필립포스 2세 부자가 이소크라테스의 꿈을 현실로 만들어 나갑니다.

이소크라테스는 필립포스 2세가 평화적인 방법으로 정치력을 발휘해서 그리스를 통합하기를 바랐지만, 기원전 338년 벌인 카이로네이아 전투에서 필립포스 2세와 알렉산드로스는 무자비한 폭력을 행사합니다. 마케도니아가 테베와 아테네의 연합군을 초토화한 것입니다. 이때 열여덟 살이던 알렉산드로스의 활약은 아버지 필립포스 2세를 능가할 정도였고, 이 전쟁으로 마케도니아는 그리스 전역을 지배하게 됩니다. 폭력적인 방법에 실망한 이소크라테스는 필립포스 2세에게 마지막 당부의 편지를 보낸 후에 항의의 의미로 단식에 돌입했고, 일주일 만에 사망했다고 전해집니다.

이소크라테스가 죽은 지, 2년 후에 필립포스 2세조차 암살당해 비명횡사합니다. 그 뒤를 이어 기원전 336년에 약관 스무 살에 왕위에 오른 알렉산드로스는 코린토스동맹을 통해 그리스 연합군을 결집한 후, 기원전 334년에 페르시아 원정을 떠납니다. 제2의 트로이아전쟁을 치르러 떠난 셈인데, 그는 자신이 어머니 쪽으로 트로이아전쟁의 영웅 아킬레우스의 자손임을 자부했습니다. 그를 따르던 사람들은 트로이아전쟁 영웅의 후손인 알렉산드로스가 제2의 트로이아인 페르시아 원정에서도 성공을 거두리라고 믿었습니다. 그리고 실제로 그 꿈이 이루어졌습니다. 알렉산드로스는 원정을 시작한 지 8년 만에 인도 서부까지 진출합니다.

알렉산드로스대왕의 동방 원정이 전적으로 이소크라테스의 구상이었다, 그의 작품이었다고 말하기에는 좀 과장된 측면이 있어 보입니다. 하지만, 이소크라테스가 없었다면 과연 알렉산드로스의 원정이 가능했을지도 의문입니다. 이소크라테스가 알렉산드로스의 원정에 직접적인 영향을 주었다고 단정해서 말하기는 어렵습니다. 하지만 이소크라테스가 어린 알렉산드로스에게 보낸 편지, 그리고 이소크라테스가 필립포스 2세에게 그리스 통합과 페르시아 원정을 줄기차게 제안하며 보냈던 편지와 연설문들이 알렉산드로스에게 정치적 이상을 심어주었다는 증거가 될 수 있습니다. 그 편지와 연설문들이 모두 필립포스 2세에게 보내진 것이지만, 지금까지도 우리에게 남아 있는 걸로 봐서는, 알렉산드로스에게도 전달되었을 것이고, 그 편지와 연설문들을 읽으면서 알렉산드로스도 페르시아 원정에 대한 꿈과 희망을 키웠을 것이라고 볼 수 있습니다. 실제로 코린토스동맹을 만든 알렉산드로스의 행적을 보면, 이소크라테스가 필립포스 2세에게 보낸 글들과 일치하는 면이 적지 않습니다.

잊힌 철학자

플라톤이 서양철학사에서 최고의 철학자로 평가되는 반면, 이소크라테

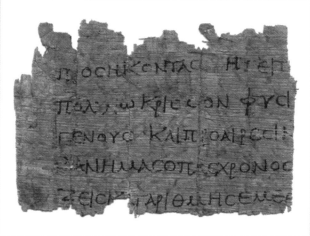

이소크라테스 흉상과(위) 이소크라테스의 연설문(Ad Demonicum 10-11)이 적혀 있는 파피루스 필사본 사진(아래)

스는 잊힌 철학자라고 할 수 있습니다. 그러나 앞서 살펴본 것처럼 당대에는 이소크라테스의 영향력이 대단했던 것은 분명합니다. 플라톤은 이소크라테스보다 8년 늦게 태어났지만, 이소크라테스와 같은 시대를 살았고, 같은 상황 속에서 서로 다른 정치적 청사진을 내놓았습니다. 지금도 여전히 우리는 훌륭한 국가와 정의로운 공동체, 바람직한 정치 지도자를 찾기 위해 플라톤의 『국가』를 보지만, 그 시기 이소크라테스의 사상은 훨씬 더 영향력이 컸고, 알렉산드로스가 그리스 제국을 만드는 힘이 되었다고 할 수 있습니다. 그런 점에서, 이소크라테스의 정치적 해법에 우리가 좀 더 관심을 가질 필요가 있습니다. 특히 강대국의 틈에서 분단된 채 살아가는 우리 민족의 역사와 미래를 생각하면, 이소크라테스의 철학에서 돌파구를 찾을 수 있지 않을까요.

이소크라테스는 우리가 그동안 잘 몰랐던 철학자이지만 눈여겨볼 만한 점이 많습니다. 근래에 출판된 이소크라테스에 관한 저작물을 소개하겠습니다. 국내에서 대표적인 이소크라테스 연구자로 꼽히는 아주대학교 김봉철 선생의 『전환기 지식인, 이소크라테스(2004)』는 이소크라테스에 관한 풍부한 정보를 제공합니다. 그 밖에도 경인교육대학교의 한기철 선생이 「소피스트들에 대하여」, 「안티도시스」, 「니코클레스에게」를 번역해 『이소크라테스(2016)』를 출간했습니다. 제가 이소크라테스의 편지를 묶은 『그리스 지도자들에게 고함(2017)』과 「안티도시스」라는 연설문을 번역한 『'어떤 철학'의 변명(2019)』 그리고 올림피아 제전에서 행한 연설문인 「파네귀리코스」를 번역한 『그리스의 위대한 연설(2015)』이라는 책을 출간했습니다. 어느 책이든 이소크라테스의 사상과 면모를 살피는 데 큰 도움이 될 것입니다.

진리야말로
나의 가장 소중한
벗이자 스승이다

아리스토텔레스

아리스토텔레스(Aristoteles, B.C. 384~B.C. 322)가 활동하던 시기, 아테네는 그리스 문화와 교육, 철학의 중심지였습니다. 소크라테스와 플라톤, 이소크라테스 등, 우리가 살펴보았던 거물급 철학자들이 모두 아테네 출신이었습니다. 아리스토텔레스는 그들에 비하면 아웃사이더입니다. 그리스 본토 가장 북쪽 마케도니아 출신이었거든요. 조선시대로 비유하면, 평안도나 함경도 출신으로 한양에 공부하러 온 셈입니다. 한마디로 촌놈 취급을 받던 지역 출신이었습니다.

아리스토텔레스는 출신 지역은 보잘것없었지만, 마케도니아에서는 상류층이었습니다. 그의 아버지 니코마코스가 마케도니아 왕의 주치의였거든요. 니코마코스는 실력과 인성을 갖춘 의사였습니다. 기원전 384년, 아이가 태어나자 그는 아이에게 '아리스토텔레스'라는 이름을 주었는데, '가장 훌륭한 목적, 또는 가장 훌륭한 끝'이라는 뜻입니다. 가장 훌륭한 인생의 목적을 이루는 삶을 살라는 기대가 담긴 이름입니다. 아리스토텔레스는 아버지 덕에 어려서부터 왕궁에서 자랐고, 마케도니아 왕자와도 친하게 지냈습니다. 그가 바로 알렉산드로스의 아버지 필립포스 2세입니다. 나중에 왕이 된 필립포스 2세가 알렉산드로스의 가정교사로 아리스토텔레스를 초청했던 것도 그런 인연 덕분이었지요.

학문과 문화의 중심지 아테네로

아리스토텔레스는 마케도니아를 떠나, 학문이 꽃피던 아테네로 유학을 왔습니다. 불행한 어린 시절이 끝난 뒤였습니다. 우리나라 속담처럼 말은 제주로 보내고 사람은 서울로 보내는 격이었지요. 아리스토텔레스는 궁정 의사의 아들로 유복한 어린 시절을 보냈지만, 곧 큰 변고를 당합니다. 그가 열세 살 때, 부모님이 모두 돌아가신 거지요. 몇 년 전, 전 세계가 '코로나19'로 고통을 겪은 것처럼, 당시 마케도니아 왕궁에도 심각한 전염병이 돌았습니다. 니코마코스도 전염병을 막고 환자들을 구하려고 노력하다가 그만 전염병에 옮아 세상을 떠났고 남편과 함께 환자를 돌보던 어머니마저도 세상을 떠났던 겁니다. 간신히 목숨을 구한 아리스토텔레스는 친척의 보살핌을 받다가 열여덟 살쯤에 아테네로 옵니다.

아리스토텔레스가 처음 아테네에 왔을 때, 대표적인 두 개의 학교가 경쟁하고 있었습니다. 하나는 수사학을 중심으로 가르치던 이소크라테스의 학교였고, 다른 하나는 기하학, 수학을 기본으로 논리학과 변증술을 가르치던 플라톤의 학교였지요. 그 이외에도 소크라테스의 제자들이 이끄는 여러 학파와 소피스트들도 제각기 학교를 열어 학생들을 가르치고 있었습니다. 아리스토텔레스는 아테네에서, 어떤 학교에서 공부할까, 고민했을 것입니다.

그는 플라톤의 아카데미아에 들어가 기원전 348년까지 공부했습니다. 무려 18년 가까이 플라톤의 제자였죠. 하지만 처음부터 아리스토텔레스가 플라톤의 아카데미아를 선택한 것은 아니었습니다. 이건 잘 알려진 사실은 아니지만, 아리스토텔레스가 아카데미아로 오기 전에 이소크라테스의 학교에서 공부했다는 기록이 있습니다.

플라톤과 이소크라테스가 치열한 경쟁을 벌였는데 당시에는 이소크라테스가 더 인기가 많았습니다. 그래서였는지 아리스토텔레스도 처음엔 이소크라테스의 학교에 들어갔지만, 오래 있지는 않았습니다. 이소크라테스의 학교는 변화무쌍한 현실정치에 적절한 의견을 제시하며 지혜를 추구하는 실용적인 노선을 탔고, 교육 프로그램 자체가 길지 않았습니다. 이소크라테스 제자들은 대체로 공부를 마친 후에는 국가 지도자나 정치가, 역사가 등으로 일선에서 활약했습니다. 이소크라테스의 학교는 학문적으로 깊게 파고드는 공부는 아니었던 겁니다.

그런 점이 아리스토텔레스와는 맞지 않았던 것 같습니다. 이소크라테스의 학교에는 각 도시국가의 유력자나 그 자제들이 찾아와 공부했는데, 아리스토텔레스는 그들과 처지나 취향이 달랐던 것이겠지요. 그는 짧은 기간 공부를 마치고 조국 마케도니아로 돌아가 정치 활동을 하겠다는 생각이 없었으니까요. 그렇다고 아테네에 남아서 정치적인 활동을 하기에도 제약이 많았습니다. 외지인이라 아테네의 정치에 직접 참여할 수 없었거든요. 현실적인 사회 참여보다는 지적 호기심과 넓은 관심의 폭을 채워 나가는 것에 집중했던 아리스토텔레스에게는 이소크라테스 학교보다는 플라톤의 학교가 더 맞았을 겁니다.

하지만 아리스토텔레스가 처음부터 플라톤의 학교에 들어가지 않았던 것은 이소크라테스의 유명세 때문이었을 겁니다. 가장 영향력이 있는 학교에서 가장 유명한 선생님에게 배우고 싶은 마음은 자연스러우니까요. 그런데 그보다 더 큰 이유가 있었습니다. 기원전 366년, 아리스토텔레스가 아테네에 왔을 때 플라톤은 아테네에 없었습니다. 어렵게 아테네에 왔는데, 플라톤이 없는 아카데미아에 군이 들어갈 이유가 없었을 겁니다. 그래서 명망 높은 이소크라테스 학교를 찾은 것이겠지요.

플라톤은 자신의 정치적 이상을 실현하기 위해 시칠리아에 세 번 갔습니다. 기원전 367년 예순한 살의 나이에 두 번째로 시라쿠사에 갔을 때 아리스토텔레스가 아테네에 왔지요. 플라톤이 시칠리아에서 또다시 실패하고 아테네로 돌아와 아카데미아에 복귀하자, 아리스토텔레스는 이소크라테스의 학교를 떠나 플라톤의 제자가 되었던 겁니다.

아리스토텔레스는 이소크라테스를 떠나 플라톤의 제자가 되었지만 이소크라테스에게 배운 것을 평생 깊이 간직했습니다. 지금까지 학자들은 아리스토텔레스를 분석하고 해석하면서, 그가 플라톤의 제자라는 측면에서만 접근했습니다. 그러나 그가 이소크라테스에게 먼저 배웠다는 사실을 참조한다면, 아리스토텔레스를 훨씬 더 풍부하게 해석할 수 있을 것입니다.

오른손 손바닥을 쫙 펴서 아래를 가리키다

아리스토텔레스가 이소크라테스 학교에서 배운 대표적인 분야가 수사학입니다. 플라톤은 수사학을 소피스트의 기술이라고 폄하하고 강하게 비판했습니다. 하지만 아리스토텔레스는 수사학을 긍정적으로 평가하고 변호했습니다. 그리고 고대 그리스의 수사학을 체계적으로 정리한 저작을 남겼습니다. 지금까지도 그의 『수사학』은 수사학의 가장 중요한

고전으로 꼽힙니다.●

　아리스토텔레스가 수사학에 정성을 기울인 것은 수사학을 진정한 철학이라고 했던 이소크라테스의 영향이라고 볼 수 있습니다. 그 밖에도 아리스토텔레스는 윤리학과 정치학에서 플라톤보다는 이소크라테스의 영향을 더 많이 받은 것 같습니다. 로마 바티칸에 라파엘로가 그린 〈아테네 학당〉이라는 유명한 그림이 있습니다. 그리스의 철학자, 수학자, 자연과학자들과 그들로부터 영향을 받은 고대 사상가들을 그린 작품입니다. 그림 한가운데 플라톤과 아리스토텔레스가 그려져 있지요. 그런데 두 사람이 손으로 가리키는 방향이 완전히 반대입니다. 플라톤은 오른손 검지로 하늘을 가리키고, 아리스토텔레스는 오른손 손바닥을 쫙 펴서 아래를 가리키지요. 두 사람의 철학적 지향점을 잘 보여 주는 장면입니다.

　〈아테네 학당〉에서 플라톤의 손가락이 하늘을 가리키는 것은 진리가 저 천상 이데아의 세계에 있다는 뜻인데 반해, 아리스토텔레스가 손바닥을 펴서 땅을 가리키는 것은 진리가 여기 이 땅에 있다는 뜻으로 해석됩니다. 플라톤은 우리가 사는 이 변화무쌍한 세계는 한갓 현상일 뿐이고 변하지 않는 본질, 존재의 실체는 이 세상 너머 이데아의 세계에 있다고 생각했지요. 반면 아리스토텔레스는 그런 이데아의 세계가 이 세상과 떨어져 따로 존재할 수는 없다고 생각했습니다. 그런데 이런 생

● 국내에는 천병희 선생이 그리스 원전을 번역한 『수사학/시학』(숲, 2017)이 있다. 연구서로는 숭실대학교 철학과에서 재직했던 한석환 선생이 내놓은 『아리스토텔레스 수사학 연구』(서광사, 2015)가 대표적이다.

〈아테네 학당〉, 라파엘로 산치오
르네상스 시대의 거장인 라파엘로 산치오가 교황 율리우스 2세의 주문으로 1509~1510년에 바티칸 사도
궁전 내부의 방들 가운데서 교황의 개인 서재인 '서명의 방'에 그린 프레스코화

각은 기본적으로 이소크라테스의 생각과 일맥상통합니다. 이소크라테스는 플라톤이 말한 이데아의 세계가 참된 존재와 본질의 세계가 아니라 허구일 뿐이라고 비판하면서, 이 세상의 문제를 해결할 수 있는 시의 적절한 의견을 제시하는 것이 참된 지혜라고 주장했습니다. 그 지혜를 '프로네시스(phronesis)'라고 하는데, '실천적 지혜' 또는 '현명함'이라고 번역합니다. 그런데 이 개념이 아리스토텔레스 윤리학의 핵심을 이루고 있습니다. 저는 이것도 이소크라테스의 영향이라고 생각합니다.

아리스토텔레스가 아카데미아에서 공부할 때, 스승인 플라톤과 의견 대립이 있었다는 것은 잘 알려진 사실인데, 그에 관해서는 학자들 간에 의견이 크게 둘로 갈립니다. 어떤 학자들은 아리스토텔레스가 처음에는 플라톤의 사상에 충실했는데, 조금씩 다른 생각을 하게 되면서 스승과 대립각을 세웠다고 주장합니다. 그리고 아카데미아를 나갔을 때는 독자적인 행보를 걸었다고 하지요. 친플라톤주의자로 시작해서 결국 반플라톤주의자가 되었다는 주장입니다. 반면, 아리스토텔레스가 처음에는 플라톤에게 비판적이었다가 점점 플라톤의 사상을 받아들였다고 주장하는 학자들이 있습니다. 반플라톤주의자였다가 친플라톤자가 되었다는 것이지요.

저는 두 번째 주장에 더 무게를 두는 편이지만 아리스토텔레스가 나중에 친플라톤주의자가 되었다고 생각하지는 않습니다. 제가 볼 때, 아리스토텔레스는 처음부터 플라톤과 다른 세계관을 가지고 있었고, 끝까지 플라톤과 거리를 두었습니다. 거기에는 두 가지 중요한 원인이 있는데, 첫 번째는 어린 시절 경험입니다. 어려서부터 의사로 활동하는 아버지를 보았던 아리스토텔레스는 경험과 관찰, 실험을 중요시했습니다.

현실과 현상, 감각을 중요하게 생각하는 태도가 플라톤과 계속 거리를 두게 했지요. 두 번째는 이소크라테스의 가르침이 큰 영향을 주었을 것이라 봅니다.

아리스토텔레스는 "플라톤은 나의 스승이고 가장 소중한 벗이다. 그러나 진리야말로 나의 가장 소중한 벗이자 스승이다"라고 했습니다. 진리에 맞지 않는다면, 스승인 플라톤에 대해서도 얼마든지 비판을 가할 수 있다는 뜻이지요. 아리스토텔레스는 플라톤의 가르침에 매료되어, 플라톤의 사상을 자기 생각과 통합할 방법을 평생 고민했습니다.

하지만 아리스토텔레스는 플라톤이 여든 살이 된 기원전 348년에 20년 가까이 몸담았던 아카데미아를 떠납니다. 플라톤이 죽음을 앞두고 아카데미아를 이끌어 갈 후계자를 정할 때, 아리스토텔레스는 내심 자신을 지명하리라고 기대했을 겁니다. 플라톤이 종종 아리스토텔레스를 '아카데미아의 정신'이라고 부르기도 하고, 논리학과 수사학에 관해서는 아리스토텔레스의 독자성을 인정하면서 그에게 강의를 맡기도 했으니까요.

하지만 플라톤은 자기 조카인 스페우시포스를 후계자로 지명합니다. 이를 겉으로만 보면, 그가 혈연에 기울어진 판단을 했다고 생각할 수 있습니다.

아테네를 떠나서

플라톤이 세상을 떠나자 아리스토텔레스는 스페우시포스가 책임자가 된 아카데미아에 더는 머물지 않고 에게해를 건너 지금의 튀르키예인 소아시아의 앗소스로 향합니다. 아리스토텔레스는 앗소스에서도 학문 활동을 계속하는데, 아카데미아의 학풍과는 다른 감각적 세계인 자연에 대한 탐구에 몰두합니다.

아리스토텔레스는 어렸을 때부터 의사인 아버지의 영향을 받아, 사람의 몸과 감각기관을 통한 감각, 그리고 감각의 대상이 되는 물질적인 세계를 인정하는 쪽에 관심이 있었습니다. 그래서 플라톤이 주장한 이데아의 세계를 인정할 수가 없었지요. 그런 차이가 있었음에도 아리스토텔레스는 플라톤 곁을 계속 지키며 그에게 배우려고 노력했습니다. 어쩌면 플라톤은 그처럼 자신과 다른 길을 찾는 아리스토텔레스가 못마땅했을 것입니다.

그렇다면 플라톤이 자신과는 다른 길을 가려고 하는 아리스토텔레스가 자기 학교를 이어 나가는 것을 탐탁지 않게 생각했을지도 모른다는 생각이 듭니다. 물론 그럴 가능성도 있습니다. 하지만 그것보다 더 설득력 있는 이유가 있습니다. 당시 그리스의 북부에 있던 마케도니아가 남쪽인 그리스 본토 쪽으로 세력을 뻗고 있었습니다. 이소크라테스가 희망을 걸었던 필립포스 2세가 그 주인공이었습니다. 이와 같은 움직임에 대해 아테네는 정치적으로 두 파로 나뉘었습니다. 마케도니아와 손잡고 전 그리스를 통합해서 동쪽의 페르시아와 맞서자는 친마케도니아파와, 필립포스 2세의 세력 확장을 막고 아테네의 독립과 민주주의를 지키고 아테네의 영광을 재건하자는 반마케도니아파로 나뉘어 팽팽하게 대결하고 있었지요.

플라톤이 반마케도니아파였는지는 알 수 없지만, 당시 아테네의 정치적 판세를 읽으면서 아카데미아를 조카인 스페우시포스에게 넘긴 것 같습니다. 플라톤의 임종 무렵, 마케도니아가 잠시 주춤하면서 아테네에서는 반마케도니아파가 주도권을 쥐고 있는 형세였거든요. 그런 상황에서 마케도니아 출신 아리스토텔레스를 후계자로 내세운다면, 학원의 존립이 위험하다고 판단했을 가능성이 큽니다. 그래서 아테네 출신이었던 조카 스페우시포스를 후계자로 세운 것이라고 해석할 수 있지요.

플라톤이 혈연에 집착해서 조카에게 아카데미아를 넘겼다기보다, 정치적 상황 때문에 어쩔 수 없이 아리스토텔레스를 지목할 수 없었다는 해석에 좀 더 귀를 기울이게 됩니다. 플라톤이 아리스토텔레스를 두고 '아카데미아의 정신'이라고 감탄했던 것을 고려하면, 학문적으로는 아리스토텔레스가 학원장을 맡는 것이 바람직했겠지요. 하지만 정치적으로 반마케도니아 정서가 강한 상황에서, 아리스토텔레스를 지목하는 건 아주 위험한 일이었을 겁니다. 당시 아리스토텔레스의 나이가 겨우 서른여섯 살이었다는 점도 플라톤의 결정을 주저하게 만든 이유였겠지요. 그때 스페우시포스는 예순 살이었으니까, 플라톤은 아마 나이도 고려하지 않았을까요. 아리스토텔레스가 학원장을 하기에는 너무 어리다고 생각했을 수도 있지요.

스페우시포스가 학원장으로서 더 적합한 연륜을 가졌다는 점을 고려하더라도 아리스토텔레스는 자신이 선택되지 않은 것을 받아들이기 힘들었을 겁니다. 스페우시포스가 정통 아테네인이고 나이가 많다는 이유로 학원장에 더 적합하다고 판단하는 것이 합당한 처사라고 생각하지 않았겠지요. 학원장으로서 가장 중요한 덕목이 학문적인 역량이라면, 아리스토텔레스는 그 기준에 자신이 가장 적합하다고 생각했던 것 같습니다. 그는 스페우시포스 밑에서 계속 공부할 수는 없다고 결정하고, 친하게 지내던 동문인 크세노크라테스와 함께 아테네를 떠나 앗소스로 향합니다.

아리스토텔레스가 아테네의 정치적 분위기가 자기에게 불리하다고 판단해서 스스로 떠났다는 이야기도 전해집니다. 그리고 플라톤도 아리스토텔레스가 아테네와 아카데미아에 계속 머무는 것이 위험한 일이 될 수도 있다고 생각해서, 일단 아테네를 떠나 피해 있으라고 조언했을 가능성도 있습니다. 이런 이유에서 아리스토텔레스가 아테네와 아카데미아를 떠난 것이라면, 스페우시포스도 아리스토텔레스의 행동을 충분히 이해했을 것이고, 스페우시포스도 플라톤처럼 아리스토텔레스에게 아테네를 떠나는 것이 좋겠다고 권유했을 수도 있습니다. 왜 플라톤이 죽고 학원장이 바뀌는 시점에 아리스토텔레스가 갑자기 떠났느냐를 설명하기가 쉽지는 않겠지만, 상황은 이렇게 전개되었습니다.

알렉산드로스의 가정교사

이처럼 복잡한 상황 속에서 아리스토텔레스와 함께 아카데미아를 떠난 인물 크세노크라테스. 이름이 인상적입니다. 그는 스토아철학을 세운 제논의 선생님이었습니다. 앞서 철학자들 이름을 설명할 때, 소크라테스, 이소크라테스 … 등 '크라테스'라는 인물을 소개한 적이 있습니다. '크라토스'가 육체적인 힘, 완력 또는 권력을 뜻하고 크라테스는 '크라토스를 가진 사람', 즉 '힘이 센 사람'이라는 뜻이므로, '힘으로 다른 사람을 압도하는 승리자'라는 의미가 있습니다.

크세노크라테스라는 이름을 살펴보면 '크세노'는 '낯선, 외국의, 이방의'라는 뜻으로 주로 쓰이고 거기서 '크세니아'라는 말이 나오는데, '이방인을 따뜻하게 맞이하는 호의'라는 뜻입니다. 그래서 크세노크라테스라고 하면, '이방인에게도 친절한 권력자'라는 뜻이 되고, 반대로는 '이방(異邦)을 지배하는 권력자, 이방을 압도하는 승리자'라는 뜻도 됩니다. 그리스신화에서 제우스가 나그네, 이방인을 보호하는 신이기도 해서 제우스 신을 '크세니오스 제우스'라고 부르기도 합니다.

아리스토텔레스가 크세노크라테스와 함께 아테네를 떠난 것을 보면 두 사람이 매우 막역한 관계였을 겁니다. 크세노크라테스도 아테네 사람이 아닌, 칼케돈 출신이었습니다. 칼케돈은 지금의 튀르키예 북쪽, 흑해 연안에 있던 도시인데, 두 사람은 외지 출신이라는 동질감이 있었던 것 같습니다. 어찌 보면 아테네 민주주의의 피해자였다고도 할 수 있지요. 그래서인지 아리스토텔레스는 민주주의에 대한 반감이 있었습니다. 그는 민주주의를 어리석은 대중들이 일부 선동가에게 휩쓸려 잘못된 판단을 내리고, 정책과 입법, 사법을 잘못된 방향으로 끌고 갈 수 있는 정치체제라고 비판했지요. 크세노크라테스는 아리스토텔레스보다 열두 살 위였습니다. 그들이 아테네를 떠난 지 10년째 되던 해인 기원전 339년께, 스페우시포스가 죽고 아카데미아 학원장의 자리가 비게 되자 크세노크라테스가 아카데미아의 세 번째 학원장으로 뽑힙니다. 아리스토텔레스와 함께 외유하던 크세노크라테스는 아리스토텔레스와 헤어져 아테네로 돌아왔습니다. 크세노크라테스는 학원장 자리를 놓고 메

로마시대에 제작된 아리스토텔레스 흉상

네데모스, 헤라클레이데스와 경쟁했는데, 근소한 표 차이로 3대 학원장에 뽑혔습니다. 그는 기원전 314년까지 약 25년 동안 아카데미아를 지킵니다.

아리스토텔레스는 크세노크라테스가 학원장이 되기 4년 전인 기원전 343년에 모국인 마케도니아 왕궁에 초대되어 왕립 학원의 책임자가 되지요. 그리고 옛 친구였던 필립포스 2세의 아들 알렉산드로스를 가르칩니다. 그때 알렉산드로스는 열세 살이었고, 아리스토텔레스가 아테네를 떠난 지 5년째 되는 해였습니다. 그는 나중에 알렉산드로스의 최측근이 될 프톨레마오스와 카산드로스도 함께 가르쳤습니다. 드디어 아리스토텔레스와 알렉산드로스가 만났습니다. 알렉산드로스는 "아버님께서는 제게 생명을 주셨지만, 아리스토텔레스 선생님께서는 제게 세상을 아름답게 사는 방법을 가르쳐 주셨습니다"라고 할 정도로 아리스토텔레스를 존경했다고 합니다.

아리스토텔레스는 아테네를 떠난 초기에 앗소스의 군주였던 헤르미아스의 궁전에 머물다가, 그가 죽자 동문이자 제자였던 테오프라스토스와 근처 레스보스섬으로 옮겼습니다. 그는 앗소스에서 3년, 레스보스에서 2년 정도 머물다가 필립포스 2세의 초청으로 마케도니아 왕궁으로 왔던 겁니다. 그 사이에 헤르미아스의 조카인 프티아스와 결혼해, 둘 사이에서 예쁜 딸도 태어났습니다.

아리스토텔레스는 알렉산드로스의 가정교사 역할을 하면서 마케도니아에 약 8년 정도 머물렀습니다. 기원전 336년에 필립포스 2세가 갑자기 암살당하고, 알렉산드로스가 즉위하자, 아리스토텔레스는 그 이듬해에 마케도니아를 떠나 아테네로 돌아옵니다. 기원전 335년, 아리스토텔레스의 나이 마흔아홉이었습니다. 당시 알렉산드로스는 페르시아 원정을 떠날 준비로 한창 바빴기 때문에 아리스토텔레스는 더 이상 마케도니아에 머물 이유를 찾지 못했습니다. 마케도니아 왕궁에서 계속 조국의 인재를 양성할 수도 있었겠지만, 아리스토텔레스는 자신의 연구를 발전시킬 최적의 장소로 아테네를 선택한 것입니다. 그즈음, 그리스 전역이 알렉산드로스대왕의 지배 아래 있었고. 아테네도 친마케도니아 기류가 확연했습니다.

뤼케이온

아리스토텔레스는 크세노크라테스가 이끄는 아카데미아로 가는 대신, '뤼케이온'이라는 학교를 세웁니다. 뤼케이온은 '밝은 신전'이라는 뜻으로 학교 터는 아폴론의 성소로 알려진 곳이었습니다. 아리스토텔레스는 그곳에서 제자들과 산책하듯 거닐면서 철학적 담론을 즐겼습니다. 그래서 이들을 '소요학파'라 부르기도 합니다. '소요'라는 뜻이 '자유롭게 이리저리 슬슬 걸어 다닌다'는 뜻이거든요. 그리스어로 '페리파토스'라고 합니다. 뤼케이온은 아테네의 성 안 아크로폴리스 동쪽에 자리 잡고 있었습니다.

아리스토텔레스는 학교를 세움으로써 아카데미아 학원장이 되지 못했던 한을 풀고 정치적 상황 때문에 어쩔 수 없이 아테네를 떠나야 했던 안타까움과 억울함도 모두 씻어 냈습니다. 아리스토텔레스가 학교를 세울 때, 알렉산드로스대왕이 많은 돈을 지원했다고 합니다. 알렉산드로스대왕은 동방을 원정하면서 진기한 동식물을 발견하면 상세하게 기록하고 표본까지 만들어 아리스토텔레스에게 보냈고, 귀한 서적도 구해서 보냈다고 합니다. 그런 혜택을 바탕으로 아리스토텔레스의 학교는 자연학과 생물학, 천문학과 지질학, 물리학 등 플라톤의 아카데미아에서 소홀하게 다루었던 분야에서 독보적인 성과를 냈고, 자연사 박물관의 면모를 갖추기도 했습니다. 나중에 알렉산드로스의 이름을 딴 '알렉산드리아'라는 도시가 이집트에 세워지고 그곳에 어마어마한 크기의 도서관이 세워지는데, 그 모델이 바로 아리스토텔레스의 뤼케이온 도서관이었다고 하지요.

기원전 335년부터 다시 아테네를 떠난 기원전 323년까지, 약 13년 동안, 아리스토텔레스는 아테네에서 뤼케이온을 운영하면서 제자를 육성하고 엄청난 양의 저술을 내놓습니다. 저술은 대부분 강의록인데, 그 내용은 아리스토텔레스 이후로부터 지금까지 2천 년이 넘도록 철학자들의 다양하고 독창적인 해석을 자극하고 있습니다. 아마 인류가 존재하는 한, 앞으로도 아리스토텔레스의 저작들은 계속 연구되면서 인류 지성사에 큰 지침이 될 것입니다.

오르가논

프랑스에서는 고등학교를 '리세'라고 부르는데, 그 말은 그리스어 뤼케이온에서 왔습니다. 아리스토텔레스는 13년 동안 뤼케이온에서 자기만의 학문 세계를 활짝 펼치면서 제자들을 육성합니다. 책도 많이 쓰고 다른 사람들의 책도 대거 수집해서 도서관의 면모를 갖추었습니다. 아리스토텔레스는 그야말로 백과사전적 철학자였습니다. 다양한 분야에 걸쳐서 엄청난 분량의 저술을 남겼습니다. 이 책들이 우여곡절을 겪으며 우리에게 전해졌는데, 지금의 저술 체계는 기원전 58년경에 로마에서 활동하던 안드로니코스라는 철학자가 정리하고 제목을 붙여 만들었습니다. 그는 뤼케이온의 11번째 학장이었습니다.

안드로니코스는 아리스토텔레스의 작품을 체계적으로 정리하고 순서도 일부 잡았습니다. 독일의 고전문헌 학자였던 임마누엘 베커도 1831년부터 1836년까지 5년 동안 아리스토텔레스의 작품들을 편집해서 출판했는데, 학자들은 그가 붙인 페이지와 행수를 표준으로 삼습니다. 그래서 아리스토텔레스의 작품을 인용할 때, 흔히 '베커 넘버'를 씁니다. 그의 편집본 첫 부분은 『오르가논』이라는 책들이 차지하고 있습니다. 오르가논은 '도구'라는 뜻인데, 학문을 할 때, 기본적으로 사용하는 도구라는 의미로 모두 여섯 권으로 구성되어 있지요. 오르가논은 논리학과 관련된 책입니다. 아리스토텔레스가 서양 논리학의 아버지라고 불리는 이유가 바로 이 책들 때문입니다.

삼단논법

아리스토텔레스의 출발점은 단어였습니다. 말의 최소 단위라고 할 수 있는 낱말을 구분하여 같은 범주에 속하는 것들끼리 묶었습니다. 사과, 귤, 배, 농부처럼 명사를 생각해 봅시다. 아리스토텔레스는 사과, 귤, 배,

농부 같은 것들은 '실체'의 범주에 속한다고 했습니다. 사과가 100개, 귤이 50개, 배가 20개처럼 수를 셀 수 있는 것을 '양'의 범주라고 보았고, 사과는 '빨갛고, 달콤하고' 귤은 '노랗고 새콤하고' 배는 '갈색인데 시원하다'라고 하면, 이런 말들은 '질'의 범주에 속한다고 보았지요. 아리스토텔레스는 이런 식으로 단어를 여러 범주를 나누었습니다. 지금 말씀드린 예시 말고도 '관계' '장소' '시간' '위치' '상태' '수동' '능동'의 범주로 나누기도 합니다.

우리에게 익숙한 '범주'라는 말은 이처럼 아리스토텔레스의 논리학에서 출발합니다. 서양 근대철학을 종합했다고 평가되는 칸트도 자기 나름대로 범주를 재구성하기도 하는데, 그 뿌리는 아리스토텔레스에게 있습니다. 오르가논 가운데서 이런 내용을 다룬 책이 바로『범주론』입니다. '카테고리아'라고 하지요. 이렇게 개념을 범주로 나누면 좀 더 명확하게 학문을 할 수 있습니다.

단어에서 더 나아가 단어와 단어의 결합을 철학에서는 명제라는 말로 표현합니다. 이렇게 명제와 판단을 다룬 책이 바로『명제론』입니다. 그리고 문장과 문장을 엮어 논리적으로 전개하는 추론을 하는데, 논리적 추론을 다룬 책이 바로『분석론 전서』,『분석론 후서』입니다. 우리가 잘 아는 삼단논법이 이 책들에 소개되어 있습니다. "농부가 과일을 좋아한다. 사과는 과일이다. 따라서 농부는 사과를 좋아한다"라는 식으로 전개되는 추론 방식을 삼단논법이라고 하는데, 이것이 바로 아리스토텔레스의 발명입니다.

그리고『변증론』이 있습니다.『분석론』이 엄밀하고 필연적인 추론과 논리를 다룬 책이라면, 변증론은 개연성이 있는 논리를 전개하여 진리를 탐구하는 방법을 다루고 있지요. 마지막으로 『소피스트 논박』이라는 책은 교묘한 논리로 진리를 호도하는 궤변을 혁파하는 방법을 다루고 있습니다. 명확하고 올바른 논리와 탐구를 통해 진리를 명확하게 인식하고 파악하는 한편, 잘못된 논리는 비판적으로 검토하여 현혹되지 않는 방법을 추가로 다룬 겁니다. '베커 넘버'로 하면, 1부터 183까지 이 내용이 담겨 있습니다.

우리나라에도 번역된 오르가논과 관련된 아리스토텔레스의 저작들이 있습니다.[*] 반면, 아리스토텔레스 논리학의 핵심이라는 삼단논법과 연역법, 귀납법 등 학문적 방법론을 본격적으로 다룬 『분석론 전서』, 『분석론 후서』는 아직 우리말 번역서가 나오지 않았습니다. 저도 열심히 준비하고 있는데, 여러 가지 어려움이 있습니다.

아리스토텔레스는 인간의 학문을 크게 세 가지로 나눴습니다. 이론을 중심으로 하는 학문, 실천을 위한 학문, 제작을 위한 학문입니다. 그리고 이 구분에 맞게 다양한 분야의 연구 성과를 책에 담아냈습니다. 먼저 이론학에 속하는 책으로 『자연학』이 있습니다. 라틴어로는 '퓌지카(Physica)'라고 합니다. 물리학을 영어로 피직스(physics)라고 하는데, 그 말이 라틴어 퓌지카에서 왔습니다. 그리고 『하늘에 관하여』, 『생성과 소멸에 관하여』, 『기상학』 등이 여기에 속한다고 할 수 있습니다. 그다음에 『영혼에 관하여』라는 책이 있는데, 지금의 심리학 또는 뇌과학과 통합

---

[*] 정암학당의 연구원 김진성 선생이 『범주론, 명제론(이제이북스, 2005)』을 번역 출간했고 『소피스트적 논박(한길사, 2007)』과 『변증론(길, 2008)』은 김재홍 선생의 번역으로 출간되었다.

니다. 그 밖에도 감각, 기억, 잠, 꿈, 젊음, 노화, 삶과 죽음, 호흡 등에 관한 책들이 있고, 생물학에 관한 다양한 저술도 있습니다.

과학에 관한 저술을 보면 아리스토텔레스가 철학자라기보다는 과학자 같은 면모가 느껴집니다. 오늘을 살아가는 우리는 학문을 여러 범주로 나누고, 학자들은 각자 자기 전공을 하나씩 가지고 있습니다. 그에 반해 아리스토텔레스 시대에는 학문 자체가 철학이라는 말과 구분되지 않았습니다. 그리스어로 철학을 뜻하는 필로소피아(philosophia)가 지혜를 사랑한다는 뜻이듯이 뭔가 알고 싶고, 그래서 열심히 탐구하는 학문이 철학입니다. 그리고 학문의 대상이 무엇이냐에 따라 구분되지요. 수에 관한 탐구를 우리는 수학이라고 부르지만, 아리스토텔레스 시대에는 '수에 관한 철학'이라고 했습니다. 그런 식으로 한다면, 생물학은 '생물에 관한 철학'이고, 물리학은 '물리현상에 관한 철학'이라고 할 수 있지요.

진정한 철학

학문을 '~~에 관한 철학'이라고 했다니 아리스토텔레스 시대의 철학과 우리 시대의 철학은 다른 것 같습니다. 아리스토텔레스가 우리 시대의 철학과에서 다루는 학문에 관해 서술한 책이 『형이상학』입니다. 철학은 존재 자체를 다루는 학문이라 말할 수 있을 것입니다. 형이상학은 라틴어로는 메타퓌지카(metaphusica)라고 하는데, 물론 그리스어에서 왔습니다. '메타'라는 말이 '~다음에' '~너머'라는 뜻인데, 안드로니코스는 '퓌지카'와 관련된 책 다음에 이 책을 묶어 놓았기 때문에 '퓌지카 다음

책'이라는 의미였습니다. 내용 면에서 보면 감각적인 자연현상들, 즉 퓌지카 너머의 존재를 다룬다는 점에서 '메타퓌지카'는 '형이상학', 즉 '형태가 있는 것들 너머의 존재'를 다룬다는 뜻으로 통합니다. 이 책에서 아리스토텔레스는 철학의 개념을 명확하게 규정하는데, 그것이 결국 서양철학사에서 받아들인 가장 대표적인 정의가 됩니다.

아리스토텔레스는 철학이라는 개념, 즉 지혜(소피아)를 사랑하는 필로소피아의 개념에 이르기 위한 인간의 인식을 크게 네 단계로 나눕니다. 감각, 기억, 경험, 그리고 지혜를 가장 높은 단계로 두고 그것을 추구하는 것을 철학이라고 하지요. 예를 들어 설명해 보겠습니다. 대형마트의 시식 코너를 떠올려 봅시다. 수박을 파는 곳에서 수박 한 통을 잘라 깍두기처럼 썰어 놓고 손님들이 시식하도록 합니다. 손님은 다가가서 잘 살핀 다음에 한 조각을 집어 먹습니다. 시원하고 맛있습니다. 이때 시원하고 맛있다는 것을 아는 것은 무엇일까요? 감각입니다. 감각은 우리 몸에 있는 감각기관을 통해 내 바깥에 있는 대상을 직접 느끼는 거지요. 피부의 촉각으로 질감을 느끼고, 혀의 미각으로 맛을 느끼고, 귀의 청각으로 듣고, 눈의 시각으로 보고, 코의 후각으로 냄새를 맡습니다. 아리스토텔레스는 감각을 인간이 세상을 인식하는 가장 첫 단계라고 보았습니다. 생생하고 진하지요. 하지만 대상과 떨어지는 순간, 감각은 사라집니다. 눈을 감으면 안 보이고, 귀를 막으면 들리지 않습니다.

대상에서 감각기관이 닫히거나 멀어지면 감각은 사라지지만 감각이 느꼈던 내용은 기억으로 남습니다. 그래서 아리스토텔레스는 감각 다음의 인식 단계가 기억이라고 했습니다. 기억력이 좋을수록 고등동물이고, 사람으로 치면 더 똑똑하다는 소리를 듣게 되는 겁니다. 마트의 시식 코너에서 수박을 집어 먹고 목구멍으로 넘겨도 맛이 느껴지는 것은 감각이 기억에 남아 있기 때문입니다.

아리스토텔레스는 기억 다음 단계를 경험이라고 했습니다. 그가 말하는 경험은 우리가 생각하는 경험과는 조금 다릅니다. 다시 시식 코너에서 수박을 먹는 장면을 떠올려 봅시다. 저는 그 장면이 참 신기하다고 생각합니다. 제가 수박 한 조각을 먹습니다. 맛있다고 느낍니다. 얼마 후 아내가 묻지요, "수박 맛있어?" 그러면 저는 "응, 수박 참 맛있네. 당신도 한 번 먹어 봐. 진짜 맛있어"라고 대답합니다. 이상하지 않나요? 나는 수박 한 조각을 먹어 봤을 뿐인데, 내가 먹은 그 한 조각이 맛있다고 해서 먹어 보지도 않는 다른 조각이 맛있을 거라고 확신하고 있으니까요. 제 확신은 어디에서 오는 걸까요?

제 말에 대한 아내의 반응도 정말 이상합니다. 제가 그렇게 말하면, 아내는 저를 믿고 이 세상 그 누구도 먹어 보지 않은 그 수박 조각이 맛있을 거라는 기대를 가지고 입에 넣습니다. 희한하게 제 확신은 대체로 맞습니다. 아내가 말합니다. "진짜 맛있네." 그러면 저는 아내가 먹은 그 수박 조각을 먹어 보지 않고도 그 느낌에 동의하고 제 확신을 더욱더 다지게 됩니다. 그리고 우리 부부는 아주 이상한 짓을 합니다. "정말 수박이 맛있네요. 저기에 있는 수박으로 한 통 주세요."

우리 부부는 수박을 겨우 두 조각을 각각 먹어 보고 먹어 보지도 않은 수박을 한 통 사는 겁니다. 저와 제 아내는 왜 이런 이상한 일을 저지를까요? 저는 수박 한 조각을 먹고 맛있다고 느끼고, 다 먹고 나서 그 느낌을 기억하는 데서 그치지 않고, 머릿속에서 아주 빠른 속도로, 거의 자동적으로 추론을 했던 겁니다. '내가 먹은 수박이 맛있다'는 감각과, '조금 전에 내가 먹었던 그 수박은 맛있었다'는 기억을 바탕으로 '그 수박과 저 수박은 같은 통에서 나왔으니 크게 다르지 않고 맛있을 것이다'라고 추론하고 결론을 내린 뒤에 제 아내에게 맛있으니 먹어 보라고 자신 있게 권합니다. 그리고 조금 전에 우리가 먹은 수박이 맛있으니, 같은 밭에서 같은 농부가 수확한 저 수박도 분명 맛있을 거라고 결론을 내린 겁니다.

우리의 일상에서는 시식 코너에서와 같은 일이 자연스럽게 벌어지는데, 실제로 인간의 머릿속에서도 신기하리만큼 다양한 과정이 진행됩니다. 아리스토텔레스는 그것이 바로 경험이라고 말합니다. 직접 겪은 감각에 대한 기억을 토대로 전혀 겪지 않은 대상에 대해 합리적인 결론을 내리는 능력을 경험이라고 한 겁니다. 경험적 지식, 경험적 판단이라고 할 수 있지요. 우리의 생활 속에서는 그런 경험이 아주 유용하게 쓰입니다. 직장에서 잔뼈가 굵은 선배들의 경험, 세상을 오랫동안 살아오신 할머니의 경험은 우리가 쉽게 무시할 수 없는 인식의 자산이라고 할 수 있습니다. 그런 삶의 경험을 지혜라고 할 수 있지요.

그런데 아리스토텔레스는 그런 경험은 지혜, 즉 소피아와는 다르다고 말합니다. 만약 누군가가 저에게 "왜 그 수박을 사셨나요?"라고 물으면, 저는 "먹어 보니 맛이 있어서요"라고 답하겠지요. 물론 상대는 "당신이 먹은 건 다른 거잖소?"라고 따질 수도 있겠지만, 그가 만약 "그런데 그 수박이 왜 맛있나요?"라고 묻는다면 제가 그 질문에 답할 수 있을까요?

아리스토텔레스에 따르면, 만약 제가 이 질문에 정확하게, 제대로 답을 한다면, 저는 진정한 지혜, 즉 참된 앎을 가진 것이라고 할 수 있습니다. 수박 박사처럼요. 물론 저는 수박에 대해 잘 모릅니다. 그래서 저는 수박에 관한 참된 지혜, 참된 인식, 참된 지식을 가졌다고 할 수 없습니다. 아리스토텔레스는 대상이 무엇이든, 그 대상에 대한 근본적인 원인을 아는 것이 참된 지혜이며, 그 지혜를 추구하는 것이 진정한 철학이라고 했습니다.

스푸다이오스

아리스토텔레스는 철학을 대상이 무엇이든 그것이 그렇게 되는 원인과 이유를 근본적으로 밝히려는 노력이라고 정의했습니다. 이를 우리 일상에 적용한다면, 우리가 하는 모든 것에서 왜 그런 일이 일어나는지, 그 원인과 이유를 차분히 파고들고 반성한다면, 그것이 곧 철학적인 삶이라고 할 수 있습니다.

앞에서 아리스토텔레스는 학문을 크게 세 가지로 나누었습니다. 대상의 원인을 찾는 것이 참된 지혜이고 지식이며, 그것을 추구하는 것이 철학이라고 했는데, 그 대상과 원인이 내 밖에 있는 경우, 그것을 통찰하고 관조해서 알아내는 지식을 '이론적 지식, 관조적 지식'이라고 했습니다. 반면 그 원인이 내 안에 있는 경우, 즉 내가 어떤 선택을 하고, 말을 하고, 행동하는데, 왜 그런 일을 했을까, 그 원인을 따졌을 때, 그 원인이 내 안에 있는 경우입니다. 아리스토텔레스는 내 안의 원인을 찾는 학문을 '실천적 학문'이고 그 결과를 '실천적 지식'이라고 했습니다. 그것이 바로 윤리학과 정치학입니다. 또 하나는 내 안에 원인이 있긴 하지만, 그 결과가 내 행동이나 말로 나타나는 게 아니라 구체적인 물건으로 나타날 때, 그런 원인을 탐구하는 학문을 '제작의 학문'이라고 규정했습니다.

아리스토텔레스가 실천적 학문, 실천적 지식이라고 한 윤리학과 정치학은 인간의 행동과 관련이 있습니다. 무엇을 선택하고, 무엇을 어떻게 말과 행동으로 옮길까를 고민하는 학문이라고 할 수 있지요. 둘을 굳이 나눈다면, 윤리학은 개인적인 측면이 강하고, 정치학은 사회적인 측면이 강하다고 할 수 있을 겁니다. 하지만 둘은 밀접하게 연결되어 있습니다. 둘 다 인간의 행동과 관련이 있고, 둘 다 인간의 삶을 다루니까요. 그는 모든 인간의 행동이 목적을 갖는다고 합니다. 한마디로 사람들은 좋은 것을 얻기 위해 노력하고, 나쁜 것은 피하려고 합니다. 예컨대, 사람들은 건강해지려고 노력하고 병을 피하려고 합니다. 가난을 피하고 부자가 되려고 하지요. 무식하기보다는 똑똑하길 원하지요. 왜 그럴까요? 좋은 것은 기쁨과 쾌락을 주고, 나쁜 것은 고통을 가져다주기 때문입니다. 그런데 문제는 가장 좋은 게 뭐냐는 거지요.

아리스토텔레스는 사람들이 추구하는 가장 좋은 것을 행복이라고 했습니다. 인간의 선택과 행동과 삶의 궁극적인 목적이 행복이라는 거지요. 그래서 그를 행복의 철학자라고 부르기도 합니다. 사람이 운동한다고 가정해 봅시다. 우리가 운동하는 이유는 무엇일까요? 운동이 건강에 좋으니까요. 그러니까 운동은 그 자체로 좋다기 보다는 건강을 위한 수단이요 도구로서 좋은 것이라 할 수 있습니다. 그런데 건강은 왜 좋은 걸까요? 건강하면 아프지 않아서 고통스럽지 않고, 하고 싶은 일도 잘할 수 있고, 여행을 가려고 해도 건강해야 하잖아요. 건강도 역시 다른 것을 위한 수단과 도구로서 좋은 것인 셈이네요. 그런데 왜 일하고, 왜 여행을 하지요? 이런 식으로 계속 물으면, 결국 그게 다 행복을 위한 거니까!라는 답에 도달한다는 겁니다. "왜 행복하려고 하나요?" 하고 물으면, 더 이상 답이 없는 거예요. 행복은 그 자체로 좋으니까요. 다른 것들은 무엇을 위해 좋은 것이지만, 행복은 그 자체로 좋은 거니까, 가장 좋은 것이라고 아리스토텔레스는 주장합니다.

무엇이 좋은가에 대해서 사람마다 의견이 다르면, 무엇이 행복인지, 어떨 때 행복을 느끼는지도 사람마다 다르겠지요. 따라서, 객관적으로 행복을 정하기가 어려울 겁니다. 주관적인 문제니까요. 이런 점에서 행복을 추구하는 인간의 행동을 다루는 학문은 객관적인 지식을 추구하는 자연학이나 나의 바깥을 내다보는 관조적인 학문과 다릅니다. 관조적인 지식은 객관적이고 필연적인 것을 지향하는 반면, 실천적인 지식은 개연성과 주관성에 바탕을 둔 지식입니다. 그럼에도 불구하고 아리스토텔레스는 모든 사람이 동의할 수 있는 행복의 조건과 정의를 세우려고 합니다.

아리스토텔레스는 사람이 사람으로서의 탁월성을 실현할 때 행복은 이루어지는 것이라고 말합니다. 여기서 탁월성은 그리스어로 '아레테'라고 하는데, 아레테는 덕이라고 번역되기도 합니다. 그런데 우리가 일반적으로 알고 있는 덕과는 좀 다른 의미입니다. 아레테는 어떤 것이 제 기능을 다 발휘할 때 나타나는 탁월성을 말합니다. 예를 들어서, 눈의 아레테, 눈의 탁월성은 뭘까요? 그건 '잘 보는 것'이겠지요. 그럼 '발의 덕은? 군인의 덕은? 교수의 덕은? 이런 식으로 따지면, 결국 이르게 되는 질문은 사람의 덕, 사람의 아레테, 탁월성은 무엇인가?'이겠지요.

아리스토텔레스는 인간에게 가장 중요한 본성이 이성이라고 말합니다. 이성이 인간을 인간답게 한다는 거지요. 따라서 이성적으로 판단하고, 이성적으로 행동하고, 이성적으로 말한다면, 인간다움을 잘 발휘할 수 있다는 이야기가 됩니다. 비합리적인 사고나 행동, 말도 안 되는 헛소리를 지껄인다면, 인간답지 못한 것이 됩니다. 이성에 따라 판단하고 선택하고, 말하고 행동한다면, 인간으로서의 탁월성을 발휘할 수 있습니다. 그래서 인간의 덕, 인간다움의 탁월성은 바로 이성적인 행동에서 발휘됩니다. 이것은 결국 지식과 학문, 궁극적으로는 철학으로 발현될 겁니다. 철학은 대상이 무엇이든, 그 원인과 이유를 찾아내려는 노력이라고 했는데, 그런 점에서 철학적으로 묻고 탐구하고 행동한다면, 인간으로서 탁월성을 발휘할 수 있습니다.

인간이 이성적으로 행동하는 것이 인간의 덕을 발휘하는 거라면 감성적인 사람은 인간 노릇을 하지 못하는 걸까요? 인간에게는 감성도 중요합니다. 그런데 격정에 휩싸여 이성을 잃거나, 욕망에 휩싸여 사리 분별을 하지 못하면, 인간답게 행동할 수 없습니다. 그런 점에서 아리스토텔레스를 이성중심주의자, 주지주의자라고 부를 수 있습니다. 단순히 지식이 많아야 하는 건 아닙니다. 예를 들어 붕어빵 장사가 붕어빵은 뭘까? 어떻게 하면 가장 맛있고 영양가가 높은 빵을 만들 수 있을까를 고민하면서 그 방법을 찾으려고 노력한다면, 그는 철학적 붕어빵 장사가 되는 거죠. 이성을 최대한 발휘해서 자기 기능을 다하는 거니까요. 사람은 누구든 먹고살기 위해 직업을 갖게 되는데, 자기 직업에서 그 기능을 다한다면, 바로 그는 이성을 이용해서 인간으로서의 탁월성, 아레테, 즉 덕을 발휘하는 것입니다. 그리고 그렇게 지적인 면에서 이성적 탁월함을 발휘한다면, 행복에 성큼 다가설 수 있다는 것이 아리스토텔레스의 윤리학적인 주장입니다. 그래서 아리스토텔레스를 '행복의 철학자'라고 하고, 또 '덕의 철학자'라고도 합니다.

사람이 단순히 자기 전문 분야에서 탁월한 지식과 능력을 갖췄다고 해서 모두가 행복해지는 것도 아니고, 다른 사람을 행복하게 만들 수 있다고 말하기는 어렵습니다. 그래서 아리스토텔레스는 한 가지 요소가 더 필요하다고 합니다. 그것은 인간과 인간의 관계에서 비롯되는 탁월성인데요, 거기에도 역시 이성이 중요한 기능을 합니다. 이성은 그리스어로 로고스라고 하는데, 로고스는 '말'을 뜻하기도 합니다. 그래서 아리스토텔레스는 "인간을 로고스적인 존재다"라고 말합니다. 이것은 이성을 통해 합리적인 계산을 할 줄 아는 존재라는 뜻이면서, 동시에 말을 사용해서 서로 소통하고 이해하고 하나의 공동체를 이루는 존재라는 뜻이지요. 그래서 이 능력을 잘 발휘해야 인간은 행복해집니다. 다시 말해 인간은 제대로 된 말을 통해 서로 공감하고 이해하고 조화를 이루어 간다고 할 수 있습니다.

아리스토텔레스가 사람과 사람 사이의 이성적인 관계, 말을 통해서 서로 소통하고 조화로움을 이룬다고 하니 어느새 윤리학에서 정치학으로 넘어간 듯 보입니다. 아리스토텔레스는 인간을 '폴리스적 동물(politikon zōion)'이라고 했는데, 정치적 동물이라고 말하기도 합니다. 그 말은 '인간은 혼자서는 살 수 없고 폴리스(polis)라는 정치공동체를 구성해서 사는 존재'라는 뜻입니다. 이성을 통해 자기 전문 분야에서 탁월한 지식과 능력을 갖추고, 또 말을 통해 서로 소통하고 공감하면서 조화를 이루어 나갈 수 있는 능력, 즉 인화의 능력을 갖춘다면, 인간의 본성인

이성의 탁월성, 이성의 덕을 발휘할 수 있고, 그렇게 되면 누구나 행복할 수 있다고 했습니다. 그런 조건을 갖춘 사람을 아리스토텔레스는 '스푸다이오스(spoudaios)'한 사람이라고 규정합니다.

'스푸다이오스'를 우리말로 옮기면 '고귀한 사람'입니다. 원래는 사회적 신분이 높은 최상위층, 귀족들을 가리키는 말이었는데, 그런 사람에게 기대되는 품격, 품성을 가리키는 말이 된거지요. 고상하고, 진지하고, 신중한 태도나 행동을 보이는 경우를 말합니다. 그런 사람들은 대체로 자기가 맡은 일에서 성공을 거두고 높은 지위에 올라갈 수 있는 탁월한 능력과 자질을 갖춘 사람인 거지요. 아리스토텔레스는 인간으로서의 아레테, 탁월성, 덕을 발휘하는 사람은 스푸다이오스, 즉 고귀한 사람이 되고, 그런 사람은 행복할 수 있다고 했습니다. 그리고 그런 사람들이 모여 정치공동체를 이루면, 그 나라는 아름답고 정의롭고 행복한 나라가 될 거라고 주장했습니다. 하지만 현실 세상은 어떤가요? 그렇게 단순하지 않습니다. 악한 마음으로 이기적으로 행동하는 사람들이 성공하고 행복하게 사는 것처럼 보이는 반면, 아무리 훌륭한 인품과 성격, 뛰어난 능력을 가진 사람도 운이 따르지 않거나 뜻하지 않은 상황이 닥쳐 실패하기도 합니다. 그리스 비극은 그것을 가장 잘 보여 줍니다. 아리스토텔레스는 비극작품을 감상하며, 『시학』이라는 작품을 썼습니다. 그리고 비극이 담고 있는 인생의 진실을 드러내 보여 주려고 노력했습니다.

아리스토텔레스는 지성적으로도 탁월하고, 인격적으로 탁월한 사람, 즉 스푸다이오스한 사람이 행복을 누릴 거라고 했습니다. 그런데, 사실 그런 사람도 엄청난 비극의 주인공이 될 수 있다는 것이 그리스 비극이 담고 있는 인생의 진실이 아닐까 하고 생각한 것입니다. 아리스토텔레스는 그리스 비극의 주인공은 우리보다 더 고귀한 인물, 즉 스푸다이오스한 사람들이고, 그래서 사회적으로 성공하고 신분이 높은 사람이지만, 그들이 뜻하지 않은 실수를 저지르고 행복에서 불행의 나락으로 떨어진다고 했지요. 그래야 관객들에게 연민과 공포를 일으키며 공감을 얻을 수 있는 비극이 된다고요.

소포클레스의 비극 『오이디푸스왕』이 대표적입니다. 테베의 왕 오이디푸스는 코린토스에서 왕자로서 살고 있었습니다. 그러다가 아버지를 죽이고 어머니와 결혼할 것이라는 신탁을 듣고 큰 충격에 빠집니다. 그리고 인간으로 그런 짓을 저지를 수는 없다고 결단하고 왕궁을 박차고 나옵니다. 고결한 도덕적 결단을 내리면서, 왕자로서의 모든 기득권을 포기한 것입니다. 빈손으로 방황하던 그는 탁월한 지혜와 용기로 테베인들을 괴롭히던 괴물 스핑크스를 무찌르고 테베의 왕이 되었지요. 이오카스테와 결혼하고 네 자녀를 낳으며 행복한 가정을 꾸려나갔으며, 왕으로서도 뛰어난 능력을 발휘하며 백성들의 신임과 존경을 받았지요. 고결한 결단에 따른 행복한 결과를 얻은 것일까요?

여기까지만 보면 아리스토텔레스의 말이 맞는 것 같습니다. 스푸다이오스한 오이디푸스가 행복한 나날을 보내고 있었으니까요. 그러나 그는 순식간에 불행에 직면하게 됩니다. 그가 그렇게도 피하려고 했던 신탁이 이루어져 있음을 발견했기 때문입니다. 테베 가까이로 오는 과정에서 아버지를 알아보지 못한 채 죽였고, 테베의 왕이 되면서 어머니를 알아보지 못한 채 결혼했기 때문입니다. 결국 절망한 이오카스테는 자살을 하고, 오이디푸스는 아버지의 살인자라는 것이 밝혀지면서 자기 눈을 뽑고 테베를 떠납니다.

아리스토텔레스도 그런 점을 직시했을 것입니다. 그는 윤리학과 정치학에서 인간이 인간다울 수 있는 고결한 품성을 갖고 자기 일에 뛰어난 능력과 지식을 갖춘다면, 스푸다이오스한 사람이 되고, 그런 사람이 행복할 수 있다고 했고, 그런 사람들이 모여 공동선을 추구한다면 풍요롭고 정의로우며 아름다운 나라가 된다고 했습니다. 그러면서도 동시에 그는 『시학』에서 인생의 새로운 진실을 반전처럼 제시했습니다. 아무리 스푸다이오스한 사람도, 도덕적으로 고결하고 뛰어난 사람도 알 수 없는 운명에 치여 몰락할 수 있는데 그것이 인생이다. 이런 메시지를 던진 거지요. 그러면 아리스토텔레스의 삶은 어땠을까요? 그도 탁월한 능력을 발휘한 철학자인데, 자신의 주장처럼 행복한 삶을 살았을지 궁금합니다. 아리스토텔레스의 삶은 자신의 통찰을 그대로 입증한 듯 보입니다. 그도 스푸다이오스한 사람이었지만, 플라톤에게 선택받지 못해 아카데미아의 수장이 되지 못하고 아테네를 떠나야 했지요. 그렇게 떠돌다 마케도니아 왕궁의 초청으로 왕자 알렉산드로스의 스승이 되고, 다시 아테네로 돌아와 뤼케이온 학원을 세워서 정말 하고 싶은 대로 원없이 공부하고 책 쓰고 제자를 가르쳤습니다. 하지만 그의 행복한 학문적 활동도 끝내 비극으로 끝나고 맙니다.

알렉산드로스가 페르시아 원정을 떠났다가 기원전 323년, 병으로 급사하자, 아테네는 반마케도니아 분위기로 험악해졌습니다. 그 와중에 데모필로스라는 사람과 엘레우시스 밀교의 사제였던 에위메돈이 아리스토텔레스를 불경죄로 고발했고, 아테네 시민들은 마케도니아인 아리스토텔레스에게 사형을 언도했습니다.

비슷한 경우였던 소크라테스가 부당한 고발에 이어 억울한 사형선고를 피하지 않고 받아들였지만, 아리스토텔레스는 달랐습니다. 그는 아테네가 두 번이나 철학자를 죽이게 놔둘 수는 없다며 몰래 아테네를 빠져나갔습니다. 그는 자신의 외가가 있는 에우보이아섬에 있는 칼키스로 갔습니다. 하지만 그곳에서 오래 머물지 못하고 기원전 322년 위장병으로 세상을 떠나고 말았습니다. 그의 제자 알렉산드로스대왕이 죽은 다음 해였습니다.

자네의
말과 글은
신의 입에서 나오는
구절 같군

테오프라스토스

테오프라스토스(Theophrastos, B.C. 371?~B.C. 287?)는 에게해 북동쪽, 지금 튀르키예인 아나톨리아반도 북서쪽에 있는 커다란 섬 레스보스 서쪽 끝에 있는 에레소스 출신입니다. 기원전 371년에 태어나 여든네 살까지 살다가 기원전 287년에 세상을 떠났습니다.

테오프라스토스라는 이름이 낯선 분들이 계실 텐데, 그는 아리스토텔레스의 제자였습니다. 기원전 323년에 알렉산드로스대왕이 갑자기 죽자, 아테네에서는 마케도니아에 저항하는 정치적 기류가 갑자기 높아졌습니다. 그 중심에 섰던 인물이 데모스테네스라는 정치가였지요. 마케도니아 출신인 아리스토텔레스는 불경죄로 사형당할 위기에 처하게 되자 자신이 세우고 10년 넘게 지켰던 뤼케이온을 테오프라스토스에게 물려주고 아테네를 떠났지요.

아리스토텔레스의 학교를 이어받은 테오프라스토스는 그의 진정한 후계자라고 할 수 있습니다. 두 사람은 플라톤이 세운 아카데미아에서 처음 만났습니다. 두 사람은 열세 살 차이가 났습니다. 그들은 아카데미아의 동문이자 선후배 사이였지요. 앞에서 말씀드렸듯이, 기원전 348년 플라톤이 세상을 떠나면서 조카인 스페우시포스를 아카데미아의 후계자로 지목하자 아리스토텔레스는 아카데미아를 떠났습니다. 아리스토텔레스가 아테네를 떠날 때, 테오프라스토스는 아리스토텔레스를 따라나섰습니다.

아테네를 떠나 고향으로

테오프라스토스가 아카데미아에 남지 않고 아리스토텔레스를 따라간 것을 보면, 그가 아리스토텔레스를 학문적으로나 인격적으로 무척 존경했던 것 같습니다. 아카데미아에서는 두 사람이 선후배 관계였다고 할 수 있겠지만, 아카데미아를 떠난 후에는 스승과 제자 사이가 되었습니다. 아카데미아에 머무는 동안에도 이미 테오프라스토스는 아리스토텔레스를 스승처럼 따랐을 겁니다.

테오프라스토스라는 이름은 아리스토텔레스와도 깊은 관련이 있습니다. 그의 원래 이름은 튀르타모스입니다. 테오프라스토스는 아리스토텔레스가 붙여 준 별명인데 그것을 평생 이름으로 썼다는 점이 흥미롭습니다. 아리스토텔레스는 그가 말하고 글 쓰는 것을 보고는 "자네의 말과 글은 신의 입에서 나오는 구절 같군. 자네 이름을 테오프라스토스라고 해야겠어"라고 했답니다. 그리스어로 '테오'는 '신'이라는 뜻이고, '프라스토스'는 '문장, 구절'이라는 뜻입니다. 그만큼 그가 말과 글에 뛰어났음을 짐작할 수 있습니다. 우리식 이름으로 붙이면 테오가 '신(神)', 프라스토스가 '입'을 뜻하는 '구(口)'나 '문장, 구절, 글귀'를 뜻하는 '구(句)'이니 '신구'라고 부를 수 있을 것입니다. "니들이 철학을 알어?" 꼭 이렇게 말할 것만 같은 별명입니다.

아리스토텔레스가 아테네와 아카데미아를 떠날 때는 분명 테오프라스토스가 뒤따랐습니다. 그런데, 정작 길을 떠나고 난 후에는 테오프라스토스가 길잡이가 되었습니다. 왜냐하면 두 사람이 테오프라스토스의 고향인 레스보스섬으로 갔기 때문입니다. 그들이 정착한 곳은 섬의 동쪽에 있는 뮈틸레네였습니다. 기원전 345년경의 일입니다. 그곳에서 두 사람은 생물학 연구에 집중했습니다. 아리스토텔레스가 동물 쪽으로 방향을 잡았던 반면, 테오프라스토스는 식물에 더 관심을 기울입니다. 실제로 테오프라스토스의 저술로 유명한 것은 식물학에 관한 탐구, 특히 식물의 성장과 발아, 결실, 소멸 등의 원인을 밝힌 연구서들입니다. 그런 이유로 그는 종종 '식물학의 아버지'라고 불립니다. 또한 먼훗날 르네상스 시대의 과학자들에게 큰 영향을 주었다고 합니다.

하지만 테오프라스토스가 식물학이나 더 넓게는 생물학에만 관심을 가졌던 것은 아닙니다. 그는 아리스토텔레스에 버금갈 만큼 다양한 분야에 관심을 가지고 탐구했습니다. 레스보스섬에서 유유자적 자연 탐구에 푹 빠져 3년을 보내다가, 기원전 343년에 아리스토텔레스는 필립포스 2세의 부름을 받아 마케도니아로 갑니다. 그때 테오프라스토스도 마케도니아로 따라갔습니다.

테오프라스토스와 아리스토텔레스는 일생을 함께했다고 해도 과언이 아닙니다. 테오프라스토스가 고향을 떠나 아테네로 간 것이 스무 살 이전이었는데, 그때부터 기원전 323년 아리스토텔레스가 아테네를 떠날 때까지 30년 정도 함께 지냈습니다. 주목할 점은 아리스토텔레스가 마케도니아 왕궁에서 단순히 왕자의 개인 교사 역할만을 한 것은 아니라는 사실입니다. 그는 왕립 교육기관과 도서관을 만드는 일도 담당했지요. 그 일을 수행하는데 아리스토텔레스의 생각이 많이 반영되었겠지만, 실무적으로 도서관을 구상하고 실제로 만들어 운영한 것은 대부분 테오프라스토스의 몫이었던 것 같습니다. 마케도니아의 도서관은 후에 알렉산드리아 도서관의 모델이 되었습니다.

테오프라스토스

알렉산드리아 도서관은 알렉산드로스대왕이 직접 세운 도서관은 아닙니다. 아리스토텔레스가 알렉산드로스를 가르칠 때, 테오프라스토스도 알렉산드로스와 만나 이야기를 나누고, 어쩌면 일정 과목에 대해서는 교사 역할도 했을 것입니다. 어린 시절에 대 석학들에게 배웠던 알렉산드로스는 평생 학문적인 태도를 잃지 않았습니다. 그가 페르시아 원정을 떠나 이집트를 정복했을 때, 자신의 이름을 딴 알렉산드리아라는 도시를 세웠습니다. 그리고 그곳을 자신이 지배할 제국의 수도로 삼고 제2의 아테네로 문화와 학문, 예술과 지성의 중심지로 만들겠다는 꿈을 꾸었습니다. 거기서 한 걸음 더 나아가 당대 모든 지식을 한곳에 모은 대규모 도서관을 세울 계획도 세웠지요. 하지만 그는 살아생전에는 그 꿈을 이루지 못합니다.

알렉산드로스대왕이 원정 도중 죽자, 그가 정복했던 거대 제국은 후계자를 자처하는 그의 신하, 부하들에 의해 크게 네 조각으로 쪼개집니다. 그 가운데 이집트를 정복한 사람은 프톨레마이오스 1세인 구원자라는 뜻을 가진 소테르였습니다. 그는 알렉산드로스대왕의 진정한 후계자라고 만천하에 공표하고 알렉산드리아 도서관 건립을 추진합니다. 하지만 그도 이루지 못하고 그의 아들 프톨레마이오스 2세인 필라델포스가 마침내 도서관을 건립합니다.

알렉산드리아 도서관

프톨레마이오스 2세가 알렉산드리아 도서관을 건립하는 일에 테오프라스토스도 실질적으로는 일정 부분 관여합니다. 당시 테오프라스토스는 아리스토텔레스가 물려준 뤼케이온의 두 번째 학원장으로서 활동하고 있었습니다. 프톨레마이오스 1세는 알렉산드리아 도서관을 건립하기 위해 테오프라스토스를 초청했습니다. 하지만 테오프라스토스는 아리스토텔레스의 학교를 지키는 것을 평생의 사명으로 생각했는지, 아테네를 떠나지 않았습니다. 대신 자신의 제자였던 데메트리오스를 보냅니다. 데메트리오스는 테오프라스토스가 관리하던 뤼케이온 학원 도서관 체제를 모델 삼아 알렉산드리아 도서관을 설계하고 만들어 나갔습니다. 그 근거를 테오프라스토스의 활동과 연결해서 살펴보면, 그는 아리스토텔레스와 함께 마케도니아의 왕궁에 도서관을 포함한 연구기관을 세웠습니다. 그곳에는 아리스토텔레스의 저술과 함께 다양한 서적들이 있었습니다. 알렉산드로스가 페르시아 원정을 떠나자, 아리스토텔레스는 테오프라스토스와 함께 자신의 저술과 함께 왕립 도서관에 있던 다양한 서적과 중요한 자료들을 가지고 마케도니아를 떠나 아테네로 돌아옵니다. 그리고 그곳에 학교와 도서관을 세웁니다. 아리스토텔레스는 아테네를 떠날 때, 자신의 모든 저술과 자료들을 테오프라스토스에게 맡깁니다. 테오프라스토스는 학교와 도서관을 관리하고 더욱 체계적으로 발전시켜 나갔지요. 그리고 도서관 건립과 운영에 관한 모든 방법과 비결을 데메트리오스에게 전승했고, 데메트리오스는 알렉산드리아로 가서 도서관을 세운 것입니다.

마케도니아 궁전에서부터 아테네를 거쳐 알렉산드리아 도서관까지 테오프라스토스는 아리스토텔레스의 최측근으로서 가장 지속적이고 핵심적인 역할을 했다고 볼 수 있습니다. "아리스토텔레스가 없었다면 테오프라스토스의 활동이 가능했을까?"라고 묻는다면, 물론 아리스토텔레스의 역할이 가장 중요하다고 할 수도 있습니다. 그런데 그 반대의 질문을 던질 수도 있습니다. "과연 테오프라스토스가 없었다면, 아리스토텔레스는 그런 학문과 교육, 연구기관을 구상하고 실현할 수 있었을까?" 쉽게 답하기 어려운 문제입니다. 그러나 고대 그리스의 지성사에서 아주 중요한 알렉산드리아 도서관을 거론할 때, 테오프라스토스라는 인물을 간과하지 말아야 합니다.

우리는 흔히 사상적으로나 철학적으로 중요한 사람만을 기억하곤 하는데 그와 함께 교육기관이나 연구기관의 중요성도 잊어서는 안 됩니다. 그런 면에서 테오프라스토스는 꼭 기억해야 할 인물입니다. 예를 들어 보겠습니다. 세종대왕 집권기를 조선 시대의 문화적 황금기라고 말합니다. 그것은 집현전이라는 학문 연구기관이 있었기에 가능했습니다. 국가 권력이 연구기관을 세우고 최고 지식인들, 기술자들을 모아 함께 연구하고 논의하는 기회를 제공해야 국가 전체의 문화와 학술 수준이 높아집니다. 정조 때 규장각도 마찬가지입니다.

고대 그리스에서는 바로 이때, 아리스토텔레스와 테오프라스토스가 활동하고, 알렉산드로스가 거대한 헬레니즘 제국을 건설하던 시기에 그런 일이 시작되었다고 볼 수 있습니다. 우리 역사로 치면, 고조선 시대입니다. 우리의 고조선 시대에 그리스인들이 그처럼 대단한 일을 해냈습니다.

테오프라스토스 개인에 관해서도 할 이야기가 적지 않지만, 그가 활동하던 시기의 알렉산드리아 도서관 이야기를 좀 더 상세하게 해야 할 필요가 있습니다. 그의 철학과 사상, 그리고 작품은 아리스토텔레스나 플라톤, 소크라테스와 비교할 때, 주목할 내용이 그리 많지 않을 수도 있습니다. 하지만, 그가 체계화한 연구기관, 특히 도서관 시스템은 수많은 지성인이 활동하고 거대한 문화와 문명을 만들어 나가는 데에 초석이 되었습니다. 특히 아리스토텔레스까지를 고대 그리스 고전기로 잡고, 그 이후를 헬레니즘의 시대라고 할 때, 헬레니즘의 문화를 형성하는 데에 알렉산드리아 도서관이 차지하는 중요성은 좀 더 구체적으로 조명되어야 할 것 같습니다.

저는 지금까지 고전기 그리스의 철학자들을 소개하면서 그들의 사상과 함께 개인적인 삶의 여정이나 역사적, 사회적 상황을 통해 좀 더 구체적으로 그들의 생각을 이해하도록 하는 방식을 택했습니다.

'철학' 하면 매우 관념적이고 추상적인 것으로 생각하기 쉬운데, 사실 철학은 모두 삶의 문제로부터 나온 것이기 때문에 철학을 했던 사람도 하나의 생활인으로서, 시민으로서 구체적인 삶의 조건 속에서 가정을 꾸리고 사회 활동을 했다는 사실에 주목하고자 한 것입니다. 게다가 그들이 연구를 진행하던 기관, 특히 도서관의 역할도 주목해야 한다고 생각합니다. 국가 주도의 연구기관과 도서관이 건립되고 국가의 공적인 재정이 투입될 때, 학문과 문화가 어떻게 만들어져 나가는지를 주목해야 합니다. 알렉산드리아 도서관 이전의 학문이 개인적인 차원에서 이루어진 것이라면, 그 이후의 학문은 관이 주도하는 학문이라고 볼 수 있습니다. 저는 그 점을 매우 중요하게 생각합니다.

제4부

독주 한 잔

내가
알렉산드로스가
아니라면,
디오게네스이고 싶다

―
알렉산드로스

알렉산드로스의 영혼의 아버지, 아리스토텔레스

알렉산드로스대왕(Alexandros, B.C. 356~B.C. 323)은 위대한 정복자일 뿐만 아니라, 문명사의 관점에서도 매우 중요한 인물입니다. 그의 정복 활동은 동서 문명의 융합을 만들어 냈는데 거기에는 그의 인문학적인 소양이 큰 역할을 했습니다. 알렉산드로스의 아버지였던 필립포스 2세는 알렉산드로스를 가르치기 위해 최고의 선생님을 모시려고 했습니다. 기록에 따르면, 기원전 343년에 그는 아테네에서 왕성하게 활동하던 이소크라테스나 플라톤의 아카데미아에서 가르치던 스페우시포스를 초빙하려고 했지요.

이소크라테스는 당대 아테네에서 가장 유명하고 영향력이 큰 지성인이었습니다. 그는 플라톤이 아카데미아를 세우기 5년 전부터 학교를 세우고 인재를 양성했는데, 점점 이름이 알려지면서 그리스 전역에서 사람들이 그를 찾아 아테네로 왔습니다. 이소크라테스는 마케도니아와도 인연이 깊습니다. 아테네와 스파르타가 27년 동안 펠로폰네소스전쟁을 벌인 후, 그리스 전체가 혼란과 갈등에 빠지고, 이를 틈 타 동방의 페르시아제국이 호시탐탐 그리스를 침략하려고 할 때, 이소크라테스는 범그리스주의, 판헬레니즘을 외치며 정치적 각성을 촉구합니다. 그 과정에서 그는 필립포스 2세의 능력을 알아보고 그에게 편지를 보냅니다. 그리스를 통합하고 그 힘으로 페르시아를 향해 원정을 떠나라는 메시지였습니다. 실제로 필립포스 2세는 그의 말에 귀를 기울이며 정치적인 행보를 시작합니다. 그래서 이소크라테스를 마음에 두고 있었던 겁니다.

필립포스 2세가 알렉산드로스의 가정교사로 이소크라테스를 초빙했을 때, 그의 나이 아흔세 살이었습니다. 그가 마케도니아로 가는 것도 문제지만, 가서 제대로 가정교사 노릇을 할 수 있을지 고민했던 것 같습니다. 다른 후보는 스페우시포스였는데, 그는 기원전 348년에 삼촌인 플라톤이 세상을 떠난 이후부터 아카데미아의 후계자로서 왕성하게 활동하고 있었기 때문에 그도 마케도니아로 가지 않았던 것 같습니다. 게다가 당시 아테네 분위기가 마케도니아와 대립을 하고 있던 터라, 아테네 출신 철학자가 마케도니아로 가는 것도 그리 녹록지는 않았을 테고요. 결국 아리스토텔레스가 가장 적합한 후보자로 떠올랐습니다. 그는 스페우시포스가 플라톤의 후계자가 되자, 아테네를 떠나 소아시아의 앗소스에서 3년, 레스보스에서 2년을 지내다가 알렉산드로스의 가정교사로 발탁되어 마케도니아로 가게 됩니다. 그때 그의 나이는 마흔한 살이었습니다. 알렉산드로스는 열세 살이었고요.

테오프라스토스가 아리스토텔레스를 따라서 마케도니아로 갔을 때, 그의 나이는 스물여덟이었습니다. 앞서 살펴본 것처럼 그는 주로 마케도니아의 왕궁 도서관과 학교를 운영하고 다양한 자료들을 관리하는 일을 맡았습니다. 사실 아리스토텔레스가 마케도니아에 갔을 때, 그는 단순히 알렉산드로스를 가르치는 일 외에도 마케도니아의 왕족과 귀족의 교양 전반을 책임지는 역할을 맡았던 것 같습니다. 그래서 아리스토텔레스가 체계적인 학술기관을 만들었는데, 이때 실무의 상당 부분은 테오프라스토스가 맡았습니다. 그 과정에서 직·간접적으로 알렉산드로스의 교육에도 일정 부분 참여했으리라 봅니다. 기록에 따르면, 아리스토텔레스가 알렉산드로스를 가르친 첫 장소는 미에자였습니다.

미에자는 왕궁이 있는 펠라에서 서쪽으로 약 50킬로미터가량 떨어진 곳인데, 그곳에는 예부터 님프를 모시는 신전이 있었습니다. 미에자가 그만큼 조용하고 신성한 곳이었기에 교육을 위해서는 최적의 장소였다고 할 수 있지요. 플라톤이 세운 아카데미아가 지혜의 여신인 아테나 여신을 위한 신성한 장소였고, 아리스토텔레스가 학교를 세운 뤼케이온이 아폴론을 위한 성소였던 것을 보면, 고대 그리스인들은 학문과 교육을 위해서는 신을 모시던 신성한 곳이 적격이라고 생각했던 것 같습니다. 참고로 이소크라테스가 학교를 세웠던 곳도 뤼케이온이었고 아리스토텔레스가 알렉산드로스를 가르쳤던 미에자 역시 신화적인 의미가 있는 신성한 곳이었으니 말입니다. 아리스토텔레스는 그곳에서 3년 동안 알렉산드로스를 교육했습니다.

아리스토텔레스는 알렉산드로스의 스승이 되어 달라는 필립포스 2세의 제안을 받아들이면서 자기의 고향 스타게이라를 재건해 달라고 청원했습니다. 필립포스 2세가 왕위에 올랐을 때, 마케도니아는 왕권이 미약해 지방의 귀족 세력이 상당한 영향력을 행사하고 있었습니다. 왕은 귀족들의 눈치를 봐야 했지요. 필립포스 2세의 두드러진 업적은 귀족 세력을 누르고 왕권을 강화한 것입니다. 그 과정에서 친위부대를 키우고, 독특한 팔랑크스전술을 개발했습니다. 팔랑크스전술은 투구와 방패로 전신을 무장한 병사들이 촘촘하게 밀착한 채로 6미터 가량 되는 긴 창을 앞으로 내밀며 전진하는 전법이었는데, 전쟁터에서 엄청난 위력을 발휘했습니다. 그 힘으로 필립포스 2세는 자신을 따르지 않는 귀족과 지역을 진압했는데, 그중 하나가 바로 아리스토텔레스의 고향인 스타게이라였습니다. 필립포스 2세는 스타게이라를 철저히 파괴했습니다. 아리스토텔레스는 자기 고향이 파괴된 것을 가슴 아파했고, 알렉산드로스의 가정교사로 오면서, 고향을 재건해 달라고 요청했던 겁니다. 아리스토텔레스의 애향심이 느껴집니다.

아리스토텔레스는 알렉산드로스에게 많은 영향을 미쳤습니다. 그래서 알렉산드로스는 필립포스 2세가 육신의 아버지라면, 아리스토텔레스는 영혼의 아버지라고 생각할 정도였지요. 아리스토텔레스는 가정교사로서, 알렉산드로스 혼자만 가르치지 않았습니다. 그는 작은 왕립학교를 세우고 제자들을 가르쳤는데, 그곳에서 함께 교육을 받던 친구들과 후배들이 나중에 알렉산드로스 원정에서 크고 중요한 역할을 하게 됩니다. 말하자면 아리스토텔레스는 마케도니아의 차세대 리더 그룹을 키웠다고 볼 수 있습니다. 알렉산드로스의 평생 절친이었던 헤파이스티온와 카산드로스가 대표적인 학생으로 꼽힙니다. 나중에 이집트에 그리스 왕국을 세운 프톨레마이오스 1세와 그라니코스전투에서 위기에 빠진 알렉산드로스의 목숨을 구한 클레이토스도 알렉산드로스와 함께 공부했던 것으로 알려져 있습니다.

이소크라테스, 군주를 위한 수사학을 강조하다

아리스토텔레스 외에도 알렉산드로스에게 영향을 준 철학자로는 페르시아 원정의 이념적인 토대를 제공한 이소크라테스를 꼽을 수 있습니다. 물론 이소크라테스는 나이가 너무 많아서 알렉산드로스의 가정교사가 되어 달라는 필립포스 2세의 요청을 따르지는 못했지만, 아리스토텔레스가 알렉산드로스의 스승이 되었다는 소식이 전해지자, 그 이듬해에 알렉산드로스에게 편지를 보냅니다. 아리스토텔레스가 뛰어난 철학자인 것은 분명하지만, 걱정되는 점이 있었던 것 같습니다. 그는 알렉산드로스에게 관념적이고 추상적인 철학이나 논쟁에서 남을 이기려는 논리적 기술에 집착하지 말고, 공적인 일들에 관해 시의적절한 의견을 낼 수 있는 정치적 능력을 키우라고 독려합니다. 이른바 공적인 시민 생활을 위한 수사학 공부에 더 집중하라는 것이지요.

이소크라테스가 강조한 수사학은 대중을 말로 설득하되, 사실에 입각해 정의를 지향하고 공동체의 선을 이루는 노력이라고 할 수 있습니다. 이소크라테스가 알렉산드로스에게 보낸 편지 한 구절을 소개하겠습니다.

나는 모든 사람들이 그대에 대해 다음과 같이 말하는 것을 듣습니다. 그대가 사람을 사랑하고 아테네를 사랑하며 지혜를 사랑하고 현명하지 못함이 없고 매우 지성적이라는 것입니다.

이소크라테스는 편지에서 알렉산드로스를 칭찬하는 동시에 그런 사람이 되라는 충고하고 있습니다. 그러면서 공부의 방향도 제시하지요. 대중을 이끄는 지도자나 전제적인 권력을 쥔 사람이 어떤 공부를 해야 적절한지를 말하면서, 마치 알렉산드로스가 이미 그런 공부를 한 것처럼 이야기합니다.

그대가 말과 관련된 교육을 선택했다고 들었는데, 아주 적절한 일입니다. 우리는 매일 부딪히는 행위와 관련된 말을 사용합니다. 말을 가지고 공적인 일들에 관해 궁리도 하지요. 그리고 그 말의 교육 덕택에 이제 그대는 미래의 일들에 관해서 공정하고도 관대하며 유연한 정신으로 의견을 구성하고 피통치자들 각자가 실천해야만 할 일들에 대해 생각 없이 명령을 내리지 않을 줄 알게 될 것입니다. 나아가 아름답고 정의로운 일들과 그것들과 정반대되는 일들에 관하여 올바른 판단을 내릴 수 있으며, 그것들 외에도 적절한 방식으로 각자에게 명예를 안겨 주거나 벌을 내릴 줄 알게 될 것입니다.

군주를 위한 수사학이라 할 수 있겠습니다. 공적인 일에 관해 올바르게 판단하고, 폭력이 아닌 말로서 대중을 설득할 수 있다면 알렉산드로스는 정말 훌륭한 군주가 되겠지요.

알렉산드로스에게 수사학을 본격적으로 가르친 것은 아리스토텔레스였습니다. 사실 수사학은 민주주의를 전제로 해서 청중을 설득하는 기술인데, 절대 군주가 이 기술을 익힌다면, 훨씬 더 효율적으로 정치를 할 수 있을 겁니다. 우리나라에는 아직 출간되지 않았는데, 『알렉산드로스에게 바치는 수사학』이라는 책이 남아 있습니다. 사람들은 이 책을 아리스토텔레스가 썼다고 생각했습니다. 그런데 아리스토텔레스가 남긴 『수사학』과 체계나 문체 면에서 상당한 차이가 있어서 아리스토텔레스의 저작이 아니라는 주장이 제기되었습니다. 그 주장이 받아들여져, 『알렉산드로스에게 바치는 수사학』은 아리스토텔레스의 저작이 아닌 것으로 결론이 났습니다.

디오게네스, "조금만 비켜서 주시오, 햇빛을 가리지 마시오."

『알렉산드로스에게 바치는 수사학』을 쓴 사람은 람프사코스 출신의 아낙시메네스입니다. 그가 알렉산드로스에게 수사학을 가르쳤을 가능성이 가장 큽니다. 그는 알렉산드로스가 페르시아 원정을 떠날 때, 그를 따라나섭니다. 그래서 알렉산드로스의 행적을 기록하는 역사가로서 활동했지요. 알렉산드로스가 왕위에 오르고 페르시아 원정을 준비할 때, 아리스토텔레스가 아테네로 돌아갔던 것과 달리, 아낙시메네스는 알렉산드로스를 계속 수행하면서 학문적으로 영향을 주었습니다. 아낙시메네스가 견유학파 철학자 디오네게스의 제자였다는 사실이 흥미롭습니다. 그는 이소크라테스의 수사학과는 다른 방향에서 수사학에 접근한 사람으로 알려져 있습니다. 16세기 이탈리아 르네상스의 인문학자였던 피에로 베토리가 퀸틸리아누스의 『수사학 교육체계』라는 책에서 그 이름을 찾아냈지요.

알렉산드로스 시대에 활동한 철학자 가운데 반드시 언급해야 할 사람이 바로 디오게네스입니다. 그들의 만남 또한 유명한 일화로 전해 옵니다. 알렉산드로스가 왕위에 오르고 그리스를 통합한 후에 코린토스 동맹을 결성했을 때, 코린토스에 도착한 알렉산드로스는 기행으로 유명했던 디오게네스를 만나려고 했습니다. 마침 디오게네스가 코린토스에서 머물고 있었기 때문입니다. 알렉산드로스뿐만 아니라 정치 지도자들은 물론, 학자들도 디오게네스를 만나고 싶어 했습니다.

그러나 디오게네스는 아랑곳하지 않았습니다. 알렉산드로스는 직접 디오게네스를 찾아 나섰고, 그를 만나 배움을 청하면서 소원을 말하면

디오게네스와 알렉산드로스대왕

모두 들어주겠다고 했습니다. 그러자 디오게네스가 그 유명한 말을 합니다. "조금만 비켜서 주시오, 햇빛을 가리지 마시오"라고요. 이 말을 들은 알렉산드로스는 크게 감동해서 "내가 알렉산드로스가 아니라면, 나는 디오게네스이고 싶다"라고 말했습니다.

그 짧은 만남을 통해 알렉산드로스는 디오게네스에게 깊은 영향을 받은 것 같습니다. 디오게네스와 알렉산드로스가 또 만났다는 기록은 없지만, 아낙시메네스 같은 디오게네스의 제자들이 알렉산드로스 곁에 남아 디오게네스의 사상을 계속 전했을 것입니다.

디오게네스의 제자 중에 오네시크리토스도 알렉산드로스의 원정에 동참해서 그의 행적을 기록하는 역사가로서 활동했습니다. 그런 사실들로 보면, 디오게네스는 제자를 통해 알렉산드로스에게 영향을 주었다고 할 수 있지요. 놀랍게도 디오게네스는 알렉산드로스가 죽은 해에 세상을 떠났습니다. 같은 해에 세상을 떠났다는 것이 우연의 일치만은 아닌 것 같습니다. 그들은 아마도 저승에서 넋으로, 혼백으로 만났을지도 모릅니다.

디오게네스는 알렉산드로스 시대를 빛낸 철학자요, 그 이후에 헬레니즘 철학에 큰 획을 그은 철학자로서 중요도가 큽니다.

일단 판단을 중지하고
모든 것을
회의해 보는 게
어떻겠습니까

피론

회의주의 철학자

알렉산드로스대왕은 그리스를 통합하고 그 힘으로 페르시아제국을 침략해 동방 원정을 성공적으로 이끌었지만, 서른셋의 나이로 세상을 떠났습니다. 정말 극적이고 파란만장한 삶이었습니다. 그가 죽은 이후의 시기를 역사학자들은 헬레니즘 시대라고 부릅니다. 그리스 사람들은 '그리스' 대신 '헬라스'라는 말을 더 좋아해, 자신들의 정체성을 표현하는 말로 내세웠는데, 바로 그 헬라스의 문화와 사상, 문명이 세계를 넓게 지배하던 시기라는 뜻이 헬레니즘이라는 말에 담겨 있습니다.

알렉산드로스대왕이 죽은 이후, 디아도코이라 불리는 후계자들은 알렉산드로스가 제패한 영토를 나누어 가지며 치열하게 경쟁했습니다. 가히 '지중해 세계의 삼국지'라고 할 수 있는 이야깃거리가 만들어지던 시기였지요. 그 시기에 쪼개졌던 디아도코이들의 왕국이 하나씩 하나씩 무너지고, 마지막 남은 프톨레마이오스 왕조가 로마의 실력자 옥타비아누스에게 무너지면서, 모든 그리스는 로마의 지배권 안으로 들어가게 됩니다. 그 기점이 되는 악티움해전(B.C. 31)까지를 편의상 헬레니즘 시기라고 부릅니다.

이 시기를 대표하는 철학 학파는 크게 세 가지입니다. 가장 대표적인 학파는 제논이 창설한 스토아학파입니다. 이성에 따른 엄격한 절제와 금욕이 행복을 보장한다고 주장했기에 금욕주의 철학자들이라고 불리기도 합니다. 한편 에피쿠로스가 이끄는 학파가 스토아학파와 대립각을 세우고 있었습니다. 이들은 인간의 욕망을 자연적인 본성으로 인정하고 그것을 만족시키며 느끼는 쾌락에서 진정한 행복을 찾을 수 있다고 주장했기 때문에 쾌락주의 철학자들이라고 불립니다. 이들과 비슷한 시기에 활동했던 또 한 명의 철학자가 있었으니, 바로 퓌론입니다.

퓌론(Purrhon, B.C. 360~B.C. 270)은 흔히 회의주의(懷疑主義) 철학자라고 불립니다. 무엇이든 쉽게 받아들이지 않고, 판단을 보류한 채로 일단 의심하고 회의한다는 뜻이겠지요? 제논과 에피쿠로스가 확실한 존재론을 바탕으로 어떻게 사는 것이 행복한 삶인지, 가치 있는 삶인지를 적극적으로 제시했다면, 퓌론은 마치 그들에게 "당신들의 주장이 옳다는 것을 어떻게 알지요? 당신들 말대로 했다가 그게 아니라면, 그대들은 어떻게 책임을 질 건가요? 당신들이 믿고 따르며 행동하는 것이 정말 옳은 일인지, 일단 판단을 중지하고 모든 것을 회의해 보는 게 어떻겠습니까"라고 말하는 것 같습니다.

그런데 사실 활동한 시기를 따져 보면, 퓌론의 회의주의가 가장 먼저입니다. 퓌론은 대략 기원전 360년에 태어나 기원전 270년에 죽은 것으로 추정되며, 90년 가까이 살았습니다! 그러니까 제논(B.C. 335~B.C. 263)보다 한 세대 정도 앞선 인물이고, 에피쿠로스(B.C. 341~B.C. 270)는 제논보다 연상이었지만 비슷한 시기에 활동했습니다. 그러니까 시기적으로 보면, 퓌론이 무엇이든 의심하고 회의하면서 판단을 중지하고 말과 행동을 머뭇거리니까, 에피쿠로스나 제논이 답답해서 '이렇게 살면 되는 거지!' 하며 쾌락주의와 금욕주의를 내세운 것 같습니다.

인도의 벌거벗은 현인들

그런데 퓌론이 처음부터 회의주의자는 아니었던 것 같습니다. 그의 이력 가운데 주목할 점은 그가 알렉산드로스대왕과 함께 동방 원정에 참여했다는 사실입니다. 알렉산드로스대왕은 그리스를 통합하고, 코린토스동맹을 결성한 후에 기원전 334년에 페르시아를 겨냥한 동방 원정을 감행해서, 멀리 인도 서쪽까지 갔습니다. 퓌론이 원정에 참여했을 때의 나이가 스물여섯 살이었으니, 나이로 본다면 군인으로서 원정에 참가했다고 볼 수도 있습니다. 그런데 당시 그의 스승이었던 아낙사르코스(당시 마흔여섯)와 함께 원정에 참여한 것을 보면, 알렉산드로스대왕의 철학적 동반자였을 가능성도 적지 않습니다. 퓌론은 아마도 싸울 땐 싸우고 공부할 땐 공부하면서 알렉산드로스대왕을 보필했던 것 같습니다.

잘 알려진 바와 같이, 알렉산드로스는 군사적으로도 탁월한 역량을 가지고 있었지만, 철학자 아리스토텔레스의 제자로서 철학적 교양이 상당히 높았고, 어디를 가든 현지 지식인들과 토론하는 것을 즐겼다고 합니다. 그런 학술적 기질 때문에 그가 원정을 떠날 때도 이미 그리스의 여러 지식인들을 모아, 군사적 원정길을 함께할 학문적 동반자요 멘토로 삼았습니다. 예를 들면 오네시크리토스(B.C. 360~B.C. 290)는 스승이었던 디오게네스를 대신해서 알렉산드로스와 함께 원정을 떠났고, 원정 내내 그의 곁에서 디오게네스의 사상을 알려 주며 조언하는 한편, 알렉산드로스의 동방 원정을 세세하게 기록하여 역사로 남겼습니다.

퓌론도 그런 이유로 알렉산드로스와 함께했을 겁니다. 그가 알렉산드로스와 함께 인도 서부에 도착했을 때의 일입니다. 그곳을 정복한 후,

알렉산드로스는 현지의 인도 철학자와 지식인들을 만났습니다. 그런데 그들은 거의 나체로 요가를 수행하던 철학자들이었다고 합니다. 그리스어로는 귐노소피스테스(Gumnosophistēs)라고 부릅니다. '귐노(Gumno)'는 '벌거벗은, 나체의'라는 뜻이고, '소피스테스(Sophistēs)'는 '지혜가 뛰어난 자'라는 뜻입니다.

그런데 그들은 오랜 수행을 통해 '인간의 머리로는 이 세상 만물을 제대로 파악할 수 없다'라는 깨달음을 얻었고, 그래서 사람들에게 '자신이 옳다고 믿는 확신이나 신념으로 사물이나 상대를 판단하지 말라'고 충고했다고 합니다. 퓌론은 그들과 교류하면서 그 깨달음에 깊이 공감했던 것 같습니다. 그렇다면 퓌론의 회의주의는 인도의 벌거벗은 현인들의 사상에 뿌리를 두고 있다고 말할 수 있겠지요.

완전한 판단 중지

퓌론은 펠로폰네소스반도의 서쪽에 있는 엘리스라는 도시에서 태어났습니다. 고대 올림피아 제전이 열렸던 성지 올림피아에서 가까운 곳이었지요. 그는 집이 가난해서 처음에는 화가가 되어 생계를 꾸렸습니다. 엘리스에 있는 한 체육관에 횃불 경기를 그린 그림으로 사람들에게 제법 좋은 평가를 받았지만, 퓌론은 화가로서 크게 성공하지는 못했던 것 같습니다. 사는 게 고달팠는지, 철학에 관심을 갖게 되었지요. 그가 찾아간 곳이 파이돈의 학교였습니다.

파이돈은 소크라테스의 친구이자 제자였는데, 그도 퓌론과 같은 엘리스 출신이었습니다. 소크라테스가 아테네의 시민들의 '민주적' 판결에 따라 억울하게 사형당하자, 깊이 상심한 파이돈은 고향 엘리스로 돌아와 학교를 세웠습니다. 그의 가르침을 따르는 사람들을 메가라학파라고 부르는데, 퓌론이 처음 철학을 접한 것은 그곳에서였다고 합니다. 그 당시에 엘리스의 메가라학파를 이끌던 사람은 스틸폰이었는데, 퓌론은 그에게 직접 배웠거나 아니면 그의 제자인 브뤼손에게 철학을 배웠던 것 같습니다.

그러고 보니, 퓌론도 학맥으로 보면 소크라테스에게 닿네요. 그리스 철학사에서 소크라테스의 영향력을 다시 한번 확인할 수 있습니다. 하지만 퓌론의 철학에는 소크라테스로부터 실질적으로 온 것이 없다고 말하는 사람들도 적지 않습니다. 그런데 또 잘 살펴보면, 소크라테스와 퓌론은 중요한 부분에서 통하는 것 같습니다. 소크라테스는 사람들이 뭔가를 알고 있다고 자신만만해하는 것을 가만두지 않았습니다. 소크라테스는 "나는 아무것도 모르는데, 당신이 알고 있는 것을 알고 싶습니다"라고 접근하여 그 사람과 묻고 답하면서 철학적 논의를 이어 갔지요. 그런데 그 대화의 끝에는 소크라테스가 그에게서 뭘 배우는 것이 아니라, 그도 결국 아무것도 제대로 알지 못하면서 알고 있다고 착각한다는 점을 드러내게 됩니다.

그런 점에서 보면, 소크라테스는 대화를 통해서 상대에게 섣불리 판단하지 말고, 뭘 알고 있다고 착각하지 말라고 경고한 셈이니, 모든 것을 의심하고, 사물을 파악했다고 믿고 판단하지 말라고 주장한 퓌론의 회의주의와 아주 잘 통한다고 볼 수 있습니다. 둘 다 글로써 자신들의 생각을 남기지 않았다는 점에서도 중요한 공통점이 있고요. 어쩌면 퓌론은 인도로 가서 벌거벗은 현자들을 만나기 전에 이미 소크라테스로부터 회의주의의 싹을 얻었던 것 같습니다.

그런데 잘 들여다보면, 소크라테스와 퓌론 사이에는 아주 주목할 만한 흥미로운 차이점이 있습니다. 소크라테스나 퓌론 둘 다 아무것도 제대로 알지 못한다고 주장했습니다. 그런데 소크라테스는 뭔가를 안다고 주장하는 사람이나 자신이 그 대상에 관해서 실제로는 잘 모른다는 점에서는 같지만 다른 사람들은 자신들이 무지하다는 사실은 알지 못하지만, 자신은 자기의 무지를 알기 때문에 그 점에서만은 자기가 다른 사람들보다 더 지혜롭다고 믿었지요. 그런데 퓌론은 소크라테스가 알고 있다는 그것마저도 의심했습니다. 내가 안다고 단정하는 것만큼이나 내가 모른다고 단정하는 것도 피해야 한다는 것입니다. 완전한 판단중지, 그리스어로 에포케(Epokhē)라고 하는데, 그것이 소크라테스와 퓌론의 차이점이라고 할 수 있습니다. 퓌론은 소크라테스보다 훨씬 더 철저히 회의하고 의심했다고 볼 수 있습니다.

퓌론은 어떤 이유에서인지는 몰라도, 스틸폰(또는 브뤼손)의 곁을 떠납니다. 원자론을 주장했던 데모크리토스의 책을 읽고 심취했기 때문이라고 합니다. 원자론은 당시로서는 매우 세련되고 지적인 주장이었지요. 세상은 오직 물질적인 원자로만 이루어져 있고, 정신이니 마음이니 하는 따위는 다 망상과도 같다고 했으니 말입니다. 신이라는 존재도 따로 있을 리가 없습니다. 세상을 아주 명료하게 설명할 수 있는 이성적인 이론이었습니다. 그 학설에 퓌론이 매료되었던 겁니다. 그래서 그는 당시 데모크리토스의 원자론을 가르치던 아낙사르코스를 따르게 됩니다.

물웅덩이에 빠져 허우적대는 스승을 무심히 지나치다

스승이 알렉산드로스대왕의 페르시아 원정에 동참하게 되자, 퓌론도 그 원정길에 함께하였지요. 그렇게 동쪽으로, 계속 진군하다가 마침내 인도 서쪽에 이르렀습니다. 그리고 그곳에서 퓌론은 인도의 '벌거벗은 현인'이요, 철학자들을 만났던 것입니다. 그런데 그중 한 사람이 퓌론에게 아낙사르코스를 두고 "저 사람은 궁중에서 왕의 곁에 머물며 벼슬살이를 하는 것 같은데, 그래서야 어디 다른 사람들에게 훌륭한 것을 가르칠 수 있겠는가!"라고 했답니다. 퓌론은 그 말에 깊은 충격을 받았습니다. '내가 훌륭하게 된다는 것, 그래서 훌륭한 것을 가르친다는 것은 무엇일까?' '과연 왕의 곁에 머물면서 그런 궁극의 길을 갈 수 있을까?' 고민이 깊었던 모양입니다. 그는 고향으로 돌아와서는 출세에 관심을 두지 않고, 은둔 생활을 하며 인생에 관해 깊이 사색했습니다.

그렇다고 그가 사람들을 전혀 만나지 않고, 고독한 사색가로 지냈던 것은 아닙니다. 대놓고 출세를 위해 길거리를 활보하지 않았을 뿐, 사람 만나는 것을 전혀 꺼리지 않았고, 오히려 그 누구와도 기꺼이, 진지하게 대화를 나누려고 했습니다. 동시에 다른 사람에게 지나친 관심과 간섭을 극도로 자제했다고 합니다. 유명한 예화가 있습니다. 어느 날, 퓌론이 길을 가는데, 그의 스승 아낙사르코스가 물웅덩이에 빠져 허우적댔습니다. 그런데 퓌론은 위험에 처한 스승을 도와주기는커녕, 무심하게 현장을 스쳐 지나갔습니다. 사람들은 그 모습을 보고 비난을 퍼부었습니다. 당연하지요. 적어도 발을 동동 구르며 안타까워하거나 구하려고 노력해야 하지 않을까요?

하지만 정작 아낙사르코스는 무심한 퓌론을 칭찬했다고 합니다. 자기 선생이라고 해서 유달리 더 많은 애정이나 관심을 갖지 않는 것이 사람을 차별적으로 대하지 않는 공정한 태도이며, 남의 일에 간섭하지 않는 무관심한 태도는 모두가 배워야 할 것이라고 평가했다나요. 그 스승에 그 제자, 정말 이해가 되지 않습니다. 상식과 일반적인 정서에 맞지 않는 것 같지요. 모든 사람이 그런 식으로 산다면, 얼마나 야박하고 냉랭할까 싶은데, 퓌론은 그것이 오히려 최고의 평안을 누리는 삶이라고 생각했답니다. 그런데 그 일화는 퓌론의 회의주의가 어떤 것인지를 극명하게 보여 주려는 극단적인 사례라고 할 수 있습니다. 그리고 사상적으로는 다른 길을 갔지만, 아낙사르코스도 그런 퓌론의 삶의 방식을 이해했던 거고요. 잘 따져 보면, 퓌론의 인정머리 없어 보이는 태도 깊은 곳에는 다른 사람의 생각과 삶에 대한 존중과 배려가 깔려 있다고도 볼 수 있지 않을까요?

우리는 간혹 삶의 현장에서 자기 생각이나 신념을 강하게 주장하고 행동하고, 다른 사람을 평가하고 비난하고 간섭함으로써 다른 사람을 불편하게 만드는 사람들을 경험하곤 합니다. 그런 사람은 마치 그리스 신화에서 프로크루스테스라는 인물과 비교될 수 있을 겁니다. 그는 여관을 운영하면서, 자신의 침대에 투숙객을 눕혀 놓고 침대보다 크면 삐져나온 부분을 절단하고, 침대보다 작으면 침대 크기에 맞춰 사람을 늘려 죽였다고 합니다. 우리 마음속에도 그런 프로크루스테스의 심성이 어느 정도는 자리 잡고 있지 않을까요? 신화 속 악당과 비교한다면, 퓌론의 생각과 행동은 타인에 대한 진지한 무관심이며 배려하는 마음이자, 세상에 대한 차별 없음과 초연함으로 해석되어도 좋을 것 같습니다.

제우스 신전 사제가 되다

그런 그의 진심이 사람들에게 통했던 것 같습니다. 그는 많은 사람들로 부터 깊은 존경을 받았고, 올림피아에 있는 제우스 신전의 대사제로 일했다고 합니다. 이것도 좀 이상하다고요? 철학자, 그것도 어떤 확신도 부인하고, 그 어떤 가치 판단의 기준도 유보했던 회의주의 철학자가 제우스 신전의 사제였다니 말입니다. 철학이란 종교적이고 신화적인 사고방식에서 벗어나 합리적이고 이성적인 지적 탐구를 하는 활동인데, 어떻게 퓌론은 제우스 신전의 사제 역할을 했을까요?

고대 그리스에서 철학은 종교나 신화와 통하는 바가 적지 않았다는 사실에 주목해야 합니다. 특히 철학자들은 종교와 신화를 비이성적인 상상력의 산물이라고 무조건 거부하거나 비판하지 않고, 그 속에 담긴 합리적이고 지성적인 뜻을 헤아려 상징적인 알레고리로 해석하려고 했습니다. 그런 맥락에서 퓌론을 이해하면 될 것 같습니다. 이성적이고 합리적이며 논리적인 탐구에 서툴렀고 오히려 종교적·신화적인 안목으로 세상을 바라보고 살아가던 일반 대중과 진지하게 소통하려면, 퓌론과 같은 유연한 태도가 필요할 것 같습니다. 영웅전의 작가로 유명한 플루타르코스가 당대 최고의 지식인이자 철학자로 존경을 받으며 자기 도시를 대표하는 외교사절로 활동했는데, 그가 델피의 아폴론 신전 사제로 활동했다는 사실도 같은 맥락에서 이해될 수 있을 것입니다.

절제는
아름다움의
꽃봉오리다

제논

왕조차 부러워할 행복을 누리는 철학자

마케도니아의 왕 안티고노스 2세(B.C. 320~B.C. 239)는 헛헛했습니다. 알렉산드로스대왕의 후계자로서 막강한 위세를 떨쳤던 할아버지 안티고노스 1세가 세운 왕국을 물려받았고, 정치적 혼란과 외세의 침략을 막아내며 권력과 명예가 절정에 달했음에도 행복하다는 생각이 들지 않았습니다. '나는 지금 잘 살고 있는가? 이 허전함은 왜일까? 행복하기 위해 나에게 필요한 것이 뭘까?' 물음이 끊이질 않았지요.

그는 한 사람에게 편지를 쓰기 시작했습니다. "나는 행운과 명성에서는 당신보다는 훨씬 앞서지만, 이성과 교양뿐만 아니라 당신이 누리는 궁극의 행복에서는 한참 뒤진다고 생각합니다. 바로 그것 때문에 나는 당신을 초청하기로 결심했지요. 부디 나와 모든 마케도니아인의 스승이 되어 주십시오." 왕은 자신이 누리는 권세와 부귀영화보다도 그 사람이 누리는 행복과 그를 행복하게 만든 고귀한 사상을 부러워했던 것입니다. 그 편지의 수신인은 헬레니즘 시대 스토아철학을 창시한 제논이었습니다. 그는 어떻게 왕조차 부러워할 행복을 누리는 철학자가 되었을까요?

제논(Zenon, Kypriōs, B.C. 334~B.C. 262)은 지금의 사이프러스, 고대 그리스에서는 퀴프로스라고 했던 커다란 섬나라의 도시 키티온 출신으로 알려져 있습니다. 사이프러스는 현재는 하나의 독립 국가지만, 예전에는 그리스와 포에니키아(=페니키아)의 식민도시들로 구성되어 있었습니다. 제논 당시에 키티온은 포에니키아의 식민도시였지만, 그리스어가 통용되었지요. 지금도 사이프러스에는 그리스어를 쓰는 사람이 적지 않고, 대부분의 국민이 기독교의 일종인 그리스정교 교인이기도 합니다. 제논은 그리스어에 능통한 포에니키아인이었던 것 같습니다. 아니, 태생이 그리스인이었을지도 모릅니다. 이에 관해서는 논쟁의 여지가 있지만, 우리는 그를 그리스 철학자로 기억합니다. 그런데 젊은 시절 제논은 해양 무역을 하며 부자가 될 꿈을 안았던 상인, 사업가 지망생이었습니다. 스토아철학이라고 하면 금욕주의를 먼저 떠올리게 되는데, 상인이 되어 돈을 많이 벌어 큰 부자가 되려는 야망과 금욕주의를 대표하는 철학자 제논의 모습은 어울리지 않습니다. 그의 삶에 어떤 극적인 변화가 있었던 것일까요?

알 수 없는 신탁

서른 살이 되었을 때 제논은 포에니키아로 건너가 해상무역을 시작했습니다. 어느 날, 자주빛(퍼플)을 내는 염료의 재료인 뿔고둥을 배에 잔뜩 싣고서 포에니키아에서 아테네로 가고 있었지요. 당시 자주색 염료는 가장 비싼 물품이었습니다. 자주색은 나중에 로마제국 시대에 황제만이 입는 색으로 통할 정도였으니, 제논이 얼마나 큰 사업을 했는지 짐작할 수 있습니다. 지금으로 말하자면, 구찌, 에르메스, 루이비통, 샤넬 같은 명품을 취급하는 거나 마찬가지였습니다. 서른 살의 젊은 사업가가 뿔고둥을 가득 실은 배를 타고 포이니케를 떠나 지중해와 에게해를 가로질러 아테네로 가는 모습을 상상해 보십시오. 빛나는 태양과 바람을 온몸으로 받으며, 무화과를 입에 넣고 맛있게 먹습니다. 기록에 따르면 제논은 말리지 않은 생무화과를 무척 좋아했다고 합니다. 그는 다리가 굵고 키가 컸지만, 마르고 다부지지 못한 몸매에 기운이 없어 보였습니다. 어쨌든 그는 이번 항해만 성공한다면 큰 부자가 될 거라는 꿈에 부풀어 항해를 즐기고 있었을 것입니다. 그의 집안은 부유했고, 큰 어려움 없이 자라 사업도 쉽게 꾸려 나갈 수 있었지요. 물려받은 것보다 더 많이 갖고, 더 큰 명성과 부를 누리고 싶었던 거죠.

하지만 그의 꿈과 희망은 순식간에 물거품이 되고 말았습니다. 아테네로 통하는 항구인 페이라이에우스(지금의 피레우스) 항을 눈앞에 두고 그만 배가 난파했던 것입니다. 폭풍을 만났는지, 아니면 뜻하지 않게 암초에 부딪혔는지, 아니면 배에 사고가 있었는지는 분명하지 않습니다. 어쨌든 배가 침몰하면서 그의 꿈을 이루어 줄 뿔고둥도 모두 바다 밑으로 가라앉았습니다. 그는 간신히 목숨만 건진 채로 항구에 도착했습니다. 얼마나 허탈하고 황망하고 절망했을까요? 목숨은 건졌지만, 모든 의욕을 잃고 나니 죽은 목숨이나 마찬가지였습니다. 재기를 꿈꾸며 새로운 사업을 계획하기엔 타격이 너무 컸고, 요즘 말로 갑자기 '현타'가 왔습니다. 뭘 해야 하나, 어떻게 살아야 하나, 막막하고 답답했던 제논은 자신의 미래를 신탁에 맡겼습니다.

그런데 그에게 수수께끼 같은 답이 주어졌습니다. "그대가 살아갈 수 있는 가장 좋은 삶은 죽은 자들과 사귀는 것이라네." 이게 무슨 의미일까요? 죽은 자들과 사귀라는 것은 이승에 머물지 말고 저승으로 가라는 건데, 자살이라도 하라는 것일까요? 제논의 사정에 비춰 보면, 딱 그렇게 해석될 판이었습니다. 사업에 뜻하지 않게 실패하고 모든 것을 잃은 제논은 그때 정말 살고 싶지 않아 죽을 맛이었을 겁니다. 어쩌면 제논도 처음엔 그렇게 받아들였을지 모릅니다. 하지만 죽기엔 너무 젊 잖아요? 그는 신탁에 혹시 다른 뜻이 있지 않을까, 다시 곱씹기 시작했 습니다.

살아 있는 제논, 죽은 소크라테스를 만나다

그러던 제논은 우연히 두루마리들이 진열된 가게를 지나가다가 그 가 운데 하나를 집어 들었습니다. 그가 읽은 책은 크세노폰이 쓴 『소크라 테스 회상』이었습니다. 라틴어로는 『메모라빌리아(Memorabilia)』이고, 그 리스어로는 『아포므네모네우마타(Apomnēmoneumata)』라고 하는데, 저자가 직접 소크라테스와 나누었던 대화를 되살려 쓴 책이었습니다. 우리가 부딪히는 여러 가지 중요한 문제에 관하여 소크라테스가 사람들과 대 화하는 내용을 재구성했지요. 예를 들면 선과 악, 아름다움과 추함, 정 의로움과 같은 도덕적인 문제에서부터 친구의 의미, 정치가의 조건, 출 세하는 방법 등 실용적이고 실제적인 문제들도 다루고 있습니다. 우리 는 소크라테스에 관해서는 대부분 철학자인 플라톤의 저술을 통해 알 고 있는 편인데, 군인이며 정치가였던 크세노폰은 사뭇 다른 시각에서 소크라테스를 그리고 있어 주목할 만합니다. 소크라테스가 얼마나 경 건하고 절제하는 사람이었는지, 그가 친구들과 식구들, 제자들에게 얼마나 훌륭한 존재였는지, 그 구체적인 내용도 읽을 수 있습니다.[•] 그 책은 절망에 빠진 제논을 구원한 '인생의 책'이 되었습니다.

가게에 앉아서 두루마리를 읽던 제논은 자기 삶에 새로운 빛이 비치는 느낌을 받았습니다. '아, 이거구나!' 그는 신탁의 의미를 깨달았습니다. '죽은 사람들과 사귀어라. 그러면 그대의 인생은 가장 좋은 삶이 될 것이다.' 이 말은 나보다 먼저 이 세상을 살았던 현인들의 삶과 생각, 사상을 읽고 깊이 숙고하며 삶을 살아간다면, 가장 좋은 삶을 살 수 있다는 것이었습니다. 제논이 읽었던 책을 쓴 크세노폰은 기원전 355년에 죽었고, 그가 쓴 작품 속의 소크라테스는 기원전 399년에 죽었으니, 모두 제논이 태어나기 전에 이미 죽은 사람들이었습니다. 제논은 기원전 334년에 태어나 262년에 세상을 떠났으니 말입니다. 제논은 크세노폰의 책을 읽고 소크라테스의 사상을 음미하고 자기 삶을 돌아보며 영혼을 돌보며 살아가는 것이 '죽은 사람들과 사귀는 방법'임을 깨달았습니다. 그는 책방 주인에게 아테네에 혹시 소크라테스 같은 사람이 있냐고 물어보았습니다. 그러자 책방 주인은 마침 가게 앞을 지나던 사람을 가리키며 "바로 저 사람이오, 저 사람을 따라가시오."라고 했지요.

• 크세노폰, 김주일 옮김, 『소크라테스 회상』, 아카넷, 2021. 서양 고전철학을 전공한 김주일 선생이 아주 정확하고 꼼꼼하게 번역했다.

제논

크라테스

소크라테스와 같은 사람, 그는 누구일까요? 제논이 따라간 사람은 크라
테스였습니다. 일종의 '아재 개그' 같지만, 그리스인들의 이름에는 '크
라테스'와 관련된 이름이 많습니다. 소크라테스를 설명할 때 이미 말씀
드렸다시피 크라테스는 '강한 자'라는 뜻인데, 신체적으로든 사회적으
로든 힘과 권력을 가진 사람을 가리키는 말입니다. 거기에 다양한 말을
접두사처럼 붙여 이름을 만듭니다. '소크라테스'는 '크라테스'에 '안전
한, 구원의'라는 뜻의 '소'를 붙여 만든 이름입니다. 많은 권력, 힘을 가

진 사람이라는 뜻의 '폴뤼크라테스'라는 이름도 있고, '손님, 주인'을 뜻하는 '크세노'를 붙인 '크세노크라테스'라는 이름도 있지요.

어쨌든 제논은 크라테스를 따라가게 되는데, 크라테스는 이름만큼이나 소크라테스와 긴밀한 관계가 있었습니다. 크라테스는 디오게네스의 제자였습니다. 디오게네스는 알렉산드로스대왕에게 "조금만 비켜 주시오, 태양이 가려지지 않게"라는 말로 유명해진 철학자입니다. 디오게네스의 스승은 안티스테네스라는 아테네의 철학자였는데, 이 안티스테네스가 바로 소크라테스의 제자였습니다. 그러니까 학연으로만 따지면 크라테스는 소크라테스의 증손자뻘이니, 제논의 사상적 뿌리도 역시 소크라테스에게 있었다고 볼 수 있겠네요.

안티스테네스는 소크라테스의 가르침 가운데 덕을 실천하는 방법으로 금욕주의를 가장 중요하게 생각했습니다. 디오게네스는 그 가르침을 이어받아 모든 소유를 버리고 '개처럼' 생활하는 것이 행복으로 가는 길이라고 생각하며 실천했지요. 그래서 디오게네스와 그 제자들을 '견유(犬儒)학파'라고 부르는데, '개(犬)처럼 사는 철학자들의 학파'라는 뜻입니다. 제논은 그런 크라테스를 따라가게 된 것입니다.

제논은 크라테스에게서 철학적인 삶의 태도를 배웠고, 금욕적인 생활을 통해 인생의 행복을 맛보았습니다. 그는 스승과 자주 충돌해 나중에는 결별하였지만, 그와 철학적 관계를 가진 것을 귀하게 생각했지요. 나중에 제논은 "그때 내가 난파당한 것은 성공적인 항해였다"라고 말했다고 합니다. 그때 만약 무사히 항구에 도착하여 뿔고둥을 팔아 막대한 재산을 얻고, 그것을 다시 투자하여 또 다른 사업을 추진하여 성공을 거듭했다면 그는 큰 부자가 되었을지언정, 철학에 관심을 두지 않았을 겁니다. 하지만 그는 욕망을 계속 채워 나가는 무한의 성취에서 행복을 찾기보다는 철학적인 삶을 통해 욕망을 절제하며 사는 데에서 더 큰 행복을 느꼈던 것입니다. "운명이 나를 난파시켜 철학으로 몰아가다니, 운명아, 정말 고맙구나"라고 말할 정도였습니다.

주랑의 철학자, 스토아학파를 이루다

정말 철학이 행복을 보장할 수 있을까, 의아할 수 있습니다. 그러나 제논은 그런 의아함을 일소하는 인물임에 틀림없습니다. 어쨌든 실패의 상황에서 절망을 딛고 일어서서 새로운 삶의 길을 모색한 도전 정신을 배울 만합니다. 소크라테스와 크라테스로부터, 그리고 크라테스를 떠난 후 여러 스승들로부터 배운 철학을 통해 제논은 새로운 삶을 이어 나갔습니다. 그의 핵심 주제는 행복이었지요. 그가 설파하는 행복의 비결에 많은 사람들이 귀를 기울였고, 그의 가르침을 듣고자 몰려들었습니다. 그는 자신을 찾아오는 사람들을 '페이시아낙스의 주랑'이라 불리는 곳에서 가르쳤습니다. 아테네에서 사람들이 가장 많이 모이는 아고라의 북쪽에 세워진 건물인데요, 비가 내려도 사람들이 걸어 다니고 모일 수 있도록 큰 기둥에 지붕을 얹은 건물이었습니다. 그곳에 사람들을 모아놓고 가르쳤기 때문에 제논의 무리를 스토아학파라고 불렀습니다. '주랑, 기둥'을 그리스어로 '스토아'라고 했기 때문입니다.

앞서 이야기한 것처럼, 마케도니아의 왕 안티고노스도 그를 사사하고자 왕실로 초청할 정도였으니, 제논은 정말 철학자로서 큰 성공을 거둔 것 같습니다. 그러나 제논은 안티고노스 왕의 제안을 정중하게 거절하며 이런 답장을 보냈습니다.

배우기를 좋아하는 당신의 마음을 나는 기쁘게 받아들입니다. 하지만 나는 노령에 따른 쇠약한 육신에 시달리고 있습니다. 여든의 나이니까요. 바로 그 때문에 나는 당신과 함께할 수가 없습니다. 대신 영혼과 관련해서는 나보다 뒤지지 않지만, 육신과 관련해서는 나보다 훨씬 앞선 나의 학문적 동료를 보냅니다. 그들과 사귄다면, 당신은 궁극적인 행복에 다다른 그 누구에게도 뒤지지 않을 것입니다.

그리고 유능한 제자들을 파견했답니다. 안티고노스는 철학을 사랑하며 나라를 잘 다스렸고, 그래서 플라톤이 말한 철학자 왕에 가까웠다고 합니다. 건강상의 이유로 마케도니아로 가는 것을 거절한 제논이었지만, 그는 그로부터 18년을 더 살고 아흔여덟에 세상을 떠났는데, 병 없이 평생을 건강하게 살았다고 합니다. 어떻게 그렇게 잘 살 수 있었을까요?

아파테이아

제논의 건강과 장수의 비결을 그의 철학에서 찾을 수 있습니다. 그는 인간의 영혼에는 이성과 감성, 욕망, 의지 등이 있는데, 이성이 주인이 되어 욕망과 격정을 잘 다스리고 절제하면 행복에 이른다고 주장했습니다. 그는 검소하고 단정하게 생활했지요. "적은 양의 빵과 꿀을 먹고 소량의 향기 좋고 도수가 약한 포도주를 마셨다"는 기록에서 알 수 있듯이, 식욕을 절제하는 소식가였습니다. 그는 "절제는 아름다움의 꽃봉오리다." "아니, 아름다움은 절제가 피워 내는 꽃봉오리다"라고 말했습니다. 이렇듯 절제하는 생활, 소식하는 생활 습관이 그의 건강과 장수의 비결입니다.

이를 가능하게 하는 가장 중요한 개념은 '아파테이아(apatheia)'입니다. '파토스(pathos)가 없는 상태' 또는 '파토스를 없애는 일'이라는 뜻이지요. 파토스는 '겪는다, 경험한다'는 말에서 온 것인데, 일차적으로는 바깥으로부터 오는 어떤 자극에서 내가 겪는 모든 것을 가리킵니다. 그래서 감정을 뜻하기도 합니다. 감정도 외부의 자극에서 내가 겪는 것, 경험하는 것이기 때문이겠지요. 특히 분노, 슬픔, 두려움과 같이 격정적인 감정을 파토스라고 부르는 경우가 많습니다. 그리고 그런 격정을 일으키는 불행 자체를 뜻하기도 합니다. 이런 불행이나 격정에 흔들리지 않는 단단한 태도를 아파테이아라고 합니다. 그리스어에서 '아'는 '없다'는 뜻입니다. 그러니까 외부의 어떤 자극과 불행에도 격정(pathos)에 흔들림이 없는(a-) 평온함을 느끼는 태도, 그런 것을 아파테이아라고 합니다. 스트레스를 안 받는 단단한 마음이나 태도라고 할까요? 모든 병의 근원이 스트레스라고 하는데, 아파테이아를 실천한 것이 제논의 건강과 장수 비결이 된 것 같습니다.

로고스를 존중하라

그런 태도는 이성을 존중하는 스토아철학에서 나옵니다. '이성'은 그리스어로 '로고스'인데, '말'이라는 뜻도 있습니다. 논리학을 영어로 로직(Logic)이라고 하는데, 이 말이 바로 로고스에서 왔습니다. 그래서 제논의 여러 일화 가운데에는 수다스럽게 떠드는 것을 경계하는 사례들이 많았답니다. 이성이 주인이 되어 감정과 욕망, 격정을 다스려야 한다고 주장한 것과 통합니다. 쓸데없는 말을 많이 한다는 것은 욕망과 격정에 이성이 굴복하는 현상인 셈이니까요. 제논은 수다스럽게 헛소리를 지껄이는 젊은이를 보고 이렇게 일침을 놓았다고 합니다. "이것 보게, 젊은이. 우리에게 귀가 둘, 입이 하나인 것은 더 많이 듣고 더 적게 말하라는 신의 뜻이 있는 것이네." 나아가 제논은 이 세상을 지배하고 움직이는 신 자체가 로고스라고 믿었습니다. 말이 곧 신이라는 뜻입니다. 그러니 말을 함부로 하는 것은 신성모독이 되겠지요. 좋은 말, 정제된 말을 신중하게 할 때, 비로소 신의 뜻에 부합하는 경건한 삶이 되는 것입니다.

이런 점에서 제논의 스토아 사상은 기독교와 통하는 바가 많습니다. 예수의 제자 중에 요한이 쓴 글에는 "태초에 로고스(말씀)가 있었다. 로고스가 신과 함께 있었고, 로고스가 곧 하나님이다. 그로 인해 세상이 창조되었고, 그 안에 생명이 있었으니, 이 생명이 사람들에게 빛이다"라는 내용입니다. 사실 이 내용이 스토아철학의 사상과 아주 유사합니다. 제논도 신이 곧 로고스라고 했고, 로고스가 스스로를 드러내면서 세상이 만들어졌다고 설명했기 때문입니다. 아마도 기독교가 성립된 시기는 로마제국 시대였고, 로마제국에서 가장 영향력이 컸던 철학이 바로

스토아철학이었으니, 서로 모종의 영향을 주고받은 것이 아닐까 생각합니다. 네로의 스승이었던 철학자 세네카도 스토아 철학자였는데, 그가 신약성서의 여러 책을 써서 기독교의 교리를 정리한 사도 바울과 친구였다는 이야기도 전설처럼 전해지고 있습니다.

그렇기에 스토아학파에서는 논리학을 매우 중요하게 다루었습니다. 고대 그리스에서 논리학을 최초로 체계화시킨 사람은 아리스토텔레스였습니다. 그 유명한 삼단논법을 창시한 사람이 바로 그입니다. '사람은 모두 죽는다. 소크라테스는 사람이다. 따라서 소크라테스는 죽는다.' 바로 이런 식의 삼단논법을 더욱더 심화하고 연구한 사람들이 스토아학파입니다. 이들은 철학을 크게 세 가지로 나누었는데, 말을 다루는 학문인 논리학을 가장 기초적인 것으로 놓고, 말을 가지고 세상과 자연을 파악해 나가는 자연학과 인간의 삶과 행동에 관련된 윤리학을 그 위에 정초하는 식으로 스토아철학의 체계를 이루었습니다. 이런 철학적 사상의 구조는 신으로 규정된 로고스를 중심에 놓고, 그것에서 자연과 인간이 다 나온 것으로 파악하는 태도에서 비롯된 것이라 할 수 있습니다.

욕망을 줄이는 길

그러나 많은 독자들은 의아할지도 모르겠습니다. 욕망을 채워 나가는 성취와 만족감에서 행복을 느끼는 것이 인지상정인데, 금욕과 절제가 어떻게 행복을 보장할 수 있을까요? 오히려 그것이 사람을 힘들게 만드는 경우도 있잖아요. 이런 의문에 답하기 위해 행복이 무엇인지, 간단하게 살펴볼까요? 철학자들은 행복을 다음과 같은 간단한 분수의 공식으로 제시하곤 합니다. '행복은 욕망 분의 성취(Happiness = Achievement / Desire)' 라는 거예요. 이 공식이 절대적인 것은 아니며, 행복에 대한 정의도 다양하지만, 우리가 상식적으로 생각하는 것과 잘 맞습니다. 이 공식에 따르면, 내가 바라고 욕구하는 것보다 성취가 많으면 많을수록 행복감이 커지고, 성취가 적으면 적을수록 행복감이 적어지고 불만에 싸여 불행을 느끼게 된다는 결론이 나옵니다.

그런데 이 공식대로 하면 행복의 길은 두 가지로 열립니다. 열심히 노력해서 최대한 성취의 값, 즉 분자의 값을 높이는 것, 야망을 크게 가지면서도, 그보다 더 많은 것을 갖고, 더 높은 자리에 오르고, 더 먼 곳까지 나아가는 것이 하나의 길이라면, 반대로 욕망의 값을 작게 하는 것, 즉 분모의 값을 작게 하는 것도 행복에 이르는 좋은 길이 되지요. '소확행' '소소하지만 확실한 행복'이라는 말이 있습니다. 작지만 확실하게 실현할 수 있는 행복이나 그러한 행복을 추구하는 삶의 경향을 뜻합니다. 이 말은 1986년에 일본의 소설가 무라카미 하루키의 『랑겔한스섬의 오후』라는 책에서 처음 등장했는데, 우리나라에서도 크게 유행했습니다.

어떤 사람들은 이 두 공식을 기독교와 불교에 적용하여 설명하기도 합니다. 기독교의 창세기에는 창조주가 이 세상을 만들고 사람을 창조한 후에 '생육하고 번성하라'라고 축복했는데, 이를 무한 확장, 무한 성취의 태도로 해석한 겁니다. 즉 '행복은 욕망 분의 성취'라는 공식에서 분자인 성취 값을 키워서 행복의 크기를 키우는 삶의 태도를 기독교적인 것으로 본 셈이지요. 반면, 불교는 나의 감정과 욕망을 지워 나가면서, 무아의 경지에 이르러 해탈해야 한다는 지침을 '행복은 욕망 분의 성취'라는 공식에서 분모인 욕망의 값을 줄여서 행복의 크기를 크게 하는 방법으로 해석한 겁니다. 물론 기독교와 불교를 잘 설명했느냐에 관해 논쟁이 있을 수는 있겠지만, 설명의 핵심은 우리가 너그럽게 이해할 수 있는 설명인 것 같습니다.

이런 점에서 본다면, 금욕과 절제를 주장한 제논은 성취를 크게 하는 쪽으로 가는 길이 아니라 욕망을 줄이는 길로 행복에 이르려고 했습니다. 이성을 통해 욕망을 조절하고 누르면 행복해질 수 있다고 생각했던 겁니다. 반면 쾌락주의로 알려진 에피쿠로스학파는 적극적으로 욕망을 채우는 것, 즉 성취에 집중하는 길이 행복에 이르는 길이라고 주장하면서 스토아학파와 대립했다고 볼 수 있지요. 행복의 공식에서 한쪽은 분자인 성취를 크게 하는 쪽으로, 한쪽은 분모인 욕망을 적게 하는 쪽으로 각각 행복의 값을 크게 하려고 했다는 말입니다.

운명이여, 왜 나를 소리쳐 부르는가?

금욕주의적 생활 태도를 지키던 제논은 큰 병치레를 하지 않고 아흔여덟 살까지 건강하게 살다가 세상을 떠났습니다. 그러나 그의 죽음은 매우 충격적입니다. 여느 때와 마찬가지로 제논은 스토아학당에서 학생들을 가르치며 대화를 나누었습니다. 강연을 마치고 스토아에서 나오던 그는 무언가에 걸려 넘어져 발가락이 부러졌다는군요. 그러자 그는 주먹으로 땅바닥을 치면서, 비극작품의 한 구절을 인용하며 크게 소리를 질렀답니다. "간다. 운명이여, 왜 나를 소리쳐 부르는가?" 그리고 세상을 떠났는데, 스스로 목숨을 끊었다고 합니다. 자살? 왜 그랬을까요? 정말 어이없는 일이 아닐 수 없습니다. 왜 그가 갑자기 자살했는지, 정확한 이유는 알려지지 않았습니다. 그의 자살은 단식이었다는 설도 있습니다. 단서가 되는 것이 있다면, 스토아학파에서는 자살을 금지하지는 않았다는 겁니다. 짐작건대, 스토아학당을 나오면서 아마도 크게 다치자, 신이 자신을 부른다고 생각했던 것은 아닐까 싶습니다. 그것이 정녕 운명의 부름이라면, 이를 거부하고 더 살고자 하는 것은 지나친 욕심이라고 생각했던 거지요. 그의 자살은 어쩌면 자연에 순응하며 사는 것이 인간의 행복을 보장한다는 스토아철학에 충실한 선택이었던 것 같습니다. 그리고 젊은 시절 그가 들었던 신탁대로, 이제 죽어서 소크라테스와 같이 죽은 철학자들의 친구가 되려고 했던 것이 아닐까요?

아테네인들은 행복의 철학을 가르쳤던 제논을 무척 존경했습니다. 그의 가르침이 아테네의 청년들에게 덕과 절제를 존중하게 했고, 최선의 삶을 살 수 있는 길로 그들을 인도했다면서 아테네 시민들은 그에게 명예의 관도 씌어 주었고, 고대 아테네의 공동묘지인 케라미코스에 묻어 주었습니다. 그 모든 비용을 아테네가 지원했고, 플라톤의 학교가 있는 아카데미아와 아리스토텔레스의 학교가 있는 뤼케이온에 제논의 뜻을 기리는 두 개의 비석도 모두 국비로 세웠다고 합니다. 철학자를 극진하게 존중하고 대접하는 아테네, 역시 철학의 도시라고 할 만합니다. 제논처럼 죽어서 존경을 받는다는 것은, 인생을 제대로 잘 살았다는 의미겠지요?

나는 물과
소박한 빵 하나면
충분하다

에피쿠로스

인생을 즐겨라, 그것이 행복이니

'카르페 디엠(Carpe Diem)'이라는 말을 많이 들어 보았을 것입니다. 특히 〈죽은 시인의 사회〉라는 영화에서 "캡틴, 오 마이 캡틴"이라고 불리며 존경받던 키딩 선생님이 학생들을 데리고 학교의 역사가 담긴 사진들, 특히 오래전 선배들의 사진을 보면서 했던 말이었습니다. 1989년 개봉되었을 때, 그 장면을 보면서 소름이 돋았던 기억이 있습니다. '오늘을 즐겨라, 시간이 지나면 남는 것은 없나니' 뭐, 대략 이런 뜻으로 통합니다. 대학 시절에 친구들, 선후배들과 어울려 술 마시며, "노세, 노세, 젊어서 노세, 늙어지면 못 노나니…"라고 노래 부르면서, 외쳤던 말이기도 합니다.

그런데 이 말의 정확한 뜻은 뭘까요? 라틴어 '카르페(Carpe)'는 원래 '꽃이나 과일을 따다'라는 뜻이고 '디엠(Diem)'은 '하루, 날'이라는 뜻입니다. 카르페(Carpe)라는 동사는 소나 염소, 양이 풀을 뜯어 먹을 때, 벌이 꽃에 앉아 꿀을 빨아 먹을 때, 쓰기도 합니다. 넓게는 '즐기다, 만끽하다'라는 뜻으로도 쓰이지요. 예컨대, '카르페트 눈크 몰레스 솜노스(Carpet nunc molles somnos)'라고 하면 '그는 지금 단잠을 즐기고 있습니다'라는 뜻이 됩니다. 따라서 카르페 디엠(Carpe Diem)이라고 하면, 마치 농부가 잘 익은 과일을 따듯, 소가 평원에서 풀을 뜯어 먹듯, 벌이 꽃에 앉아 꿀을 빨 듯이, 오늘, 지금 이 순간을 놓치지 말고, 즐기라는 뜻이 되겠지요. 시의 전문을 감상해 볼까요?

그대 묻지 마라, 아는 것이 불경이니, 나에게 그대에게
신들이 어떤 종말을 주게 될는지, 레우코노에, 바빌론의
점성술에 기대지 마라. 뭐든 견디는 것 얼마나 더 좋은가?
더 많은 겨울을 읍피테르가 허락하든, 아니면 지금
튀레눔 바다를 맞선 바위로 힘을 빼는 이 겨울이 끝이든,
현명함을, 술을 흐르게 하라. 짧은 인생에서
긴 희망은 잘라 버려라. 말하는 사이에도 달아난다, 샘 많은
세월은. 오늘을 즐겨라, 내일은 가능한 한 조금만 믿고.

Tu ne quaesieris, scire nefas, quem mihi, quem tibi
finem di dederint, Leuconoe, nec Babylonios
temptaris numeros. ut melius, quidquid erit, pati.
seu pluris hiemes seu tribuit Iuppiter ultimam,
quae nunc oppositis debilitat pumicibus mare
Tyrrhenum: sapias, vina liques, et spatio brevi
spem longam reseces. dum loquimur, fugerit invida
aetas: carpe diem quam minimum credula postero.

　그런데 이 말, '카르페 디엠' '오늘을 즐겨라'는 에피쿠로스의 쾌락주
의와 잘 어울리는 것 같습니다. 그런데 '즐긴다'는 것이 무엇일까요?

치즈가 든 작은 단지만 있다면

에피쿠로스가 말한 쾌락의 진정한 의미가 무엇인지 깊게 따져 보지 않는다면, 흥청망청 유흥과 향락에 빠져드는 무절제한 모습을 생각하기 쉽습니다. 지금도 많은 사람이 그렇게 생각하기도 하고, 실제로 에피쿠로스가 살던 시대부터 그의 사상에 대하여 그 같은 편견과 오해가 있었습니다. 특히 이성을 따라 자연에 순응하고, 금욕적인 절제를 통해 행복에 이를 수 있다고 주장하던 당시 스토아학파 사람들은 쾌락주의에 대해 노골적으로 비판하고 조롱했지요.

물론, 괜히 그런 편견이 생지는 않았겠지요. 에피쿠로스를 그렇게 비판하는 데에는 다 이유가 있지 않을까요? '아니 땐 굴뚝에 연기가 나랴?' 이런 속담도 있으니까요. 무엇보다도 "나는 에피쿠로스 학파다"라고 자칭하거나 그 사상을 따라 산다고 주장하는 사람들의 생활방식이 방탕해 보였던 사례가 적지 않았습니다. 오죽하면 로마의 스토아철학자 세네카는 "자신의 육체적 욕망과 이기적 탐욕에 젖어 악에 굴복하고 방탕하게 살아가는 사람들이 자신을 그럴듯하게 포장하기 위해 에피쿠로스의 이름을 들먹이는 것 같다"라고 지적한 바가 있습니다.

그러면 에피쿠로스는 잘못된 쾌락주의자들에 의해 일방적으로 악용당한 것일까요? 혹시 그 자신이 그런 빌미를 준 것은 없을까요? 그런데 남아 있는 자료들을 살펴보면, 에피쿠로스가 빌미를 제공한 점도 있는 것 같습니다. 그가 했다고 전하는 말이 있습니다. "미각적인 쾌락을 떼어 내고, 성적 쾌락과 청각적 쾌락과 형태들에 대한 시각적 쾌락을 제거한다면, 도대체 이 세상에, 우리에게 좋은 것은 무엇이 있을 수 있는가?

에피쿠로스

무엇을 좋은 것이라고 이해해야 할지 나는 모르겠다." 이 말만 놓고 본다면, 에피쿠로스는 감각적인 쾌락을 가장 좋은 것으로 생각했던 사람임이 분명합니다.

그러나 감각적 쾌락을 폄하하거나 부정하지 않고, 그것이 좋다는 것을 인정하는 것과 그것을 무절제하게 탐닉하는 것은 사뭇 다릅니다. 에피쿠로스가 감각적인 쾌락이 사람들에게 나쁜 것이라기보다는 오히려 좋은 것이며, 우리를 행복하게 하는 데에 기여도가 높은 중요한 조건이라는 것을 인정하면서도, 그것에 무분별하게 빠져드는 것은 좋지 않다고 생각했다면, 그에 대한 평가는 훨씬 더 긍정적이 될 수 있을 겁니다. 그의 주장은 감각적인 쾌락을 무작정 무시하지 말고 긍정하되, 적절하게, 적법하게 즐기라는 뜻으로 이해된다면, 인간의 자연적인 본성에 잘 맞는 건전한 사상과 생활방식이 될 수 있을 겁니다.

저는 에피쿠로스가 그런 사람이었다고 생각합니다. 그런데 한때 그의 제자였던 티모크라테스는 그에 대해 아주 부정적인 의미의 쾌락주의자인 것처럼 말했던 적이 있긴 합니다. 에피쿠로스가 식탐을 주체하지 못해서 하루에 두 번 토했다는 둥, 매일 식탁을 차리는 데에 1므나•를 썼다는 둥 관계를 가진 기녀들의 이름만도 무려 다섯 명이나 된다는 둥, 무분별한 생활로 인해 여러 해 동안 가마에서 제대로 일어나지도 못할 정도로 건강이 망가진 상태였다는 둥, 이 같은 티모크라테스의 말만 들으면 에피쿠로스가 쾌락의 수렁에 빠져 헤어 나오지 못하는 어리석

• 약 100드라크마로 이는 당시 노동자 100일 치 임금에 해당하고 대략 현재의 가치로 1천만 원 정도에 해당하는 큰 돈이다.

고 타락한 향락적인 사람처럼 보입니다. 하지만 이것은 악의적인 비방 같습니다.

그러면 에피쿠로스의 말도 들어 볼까요? 그는 종종 "나는 물과 소박한 빵 하나면 충분하다" "치즈가 든 작은 단지만 있다면 나는 언제든 원할 때면 진수성찬을 누릴 수 있다"고 말했다고 합니다. 이 말이 사실이라면, 그는 검소한 식생활을 통해 미각의 즐거움을 긍정한 철학자라고 해야 할 것 같습니다.

정원학교

에피쿠로스는 많은 친구와 제자들이 있었고, 그의 가르침은 그리스·로마 신화에 나오는 세이렌처럼 치명적인 매력을 가졌다고 전해집니다. 소아시아, 지금의 튀르키예 서쪽에 있는 뮈틸레네와 람프사코스에서 사람들을 가르치다가 기원전 306년, 아테네로 돌아와 '케포스', 즉 정원을 조성하였습니다. 일부 기록에 따르면, 정원을 구입하는 데 약 80므나●를 썼다고 합니다. 이를 흔히 '에피쿠로스의 정원'이라고 하는데요, 프랑스의 노벨상 수상 작가인 아나톨 프랑스는 자신의 명상록에 『에피쿠로스의 정원』이라는 제목을 붙이기도 했습니다. 어쨌든 그곳에서 에피쿠로스는 자신의 가르침을 듣고 삶의 방식에 따라 함께 살아가기를

● 8,000드라크마, 즉 노동자의 대략 20년 임금에 해당하는 돈으로 현재 가치로 대략 8억 정도이다.

원하는 친구들을 모아 학교를 운영했습니다.

정원이 학교라니, 학교 다닐 맛이 나겠지요? 함께 생활했다면 기숙학교 기분도 날 겁니다. 그런데 학교라고 표현을 했지만, 좀 더 구체적이고 정확하게 말하자면, 삶의 방식을 공유하는 사람들이 모여 함께 사는 생활 공동체라고 할 수 있을 겁니다. 그들은 그곳에 모여서 자신들의 삶을 끊임없이 숙고하고 질문하고 답을 찾아 나가면서, 그것을 실제 삶에서 실천하고 다시 그 실천을 반성하면서 진정한 행복에 이르기를 원했습니다. 그런 삶의 방식을 서양 고대의 철학이라고 할 수 있습니다. 철학을 실천하며 숙고하며 사는 삶을 '에피쿠로스의 정원'이 지향했습니다. 그 정원은 당시 아테네에서 가장 유명한 학교인 플라톤의 아카데미아와 제논의 스토아학파 학교 중간쯤에 있었다고 합니다.

아타락시아

그런데 에피쿠로스의 쾌락주의에 대해 부정적인 편견을 가졌던 사람들은 '에피쿠로스의 정원'도 유흥가나 퇴폐적인 장소라고 비난했을 것 같습니다. 하지만 그를 공격하고 비판하는 사람들과는 달리, 많은 아테네 시민들은 그를 존경했고, 나중에는 그의 동상까지 세워, 그의 생애를 기렸다고 합니다. 그가 죽은 후에도 그의 학교는 지속적으로 유지되었고, 많은 학자와 지성인, 인재들을 길러 냈지요. 에피쿠로스는 부모에게 효자였고, 형제들에 대한 우애도 깊었으며, 심지어 노예나 하인들에게도 친절했다는 미담도 전해집니다. 또한 에피쿠로스가 보여 준 신들에 대한 종교적인 경건함, 애국심도 칭찬과 존중의 대상이었습니다.

이렇게 건전하고 품격 있는 에피쿠로스에게 쾌락주의자라는 이름이 붙었고, 이런 이름은 일반적으로 부정적인 느낌을 주지만, 그것은 대체로 오해와 편견에서 비롯된 것 같습니다. 그리고 그 가장 큰 이유는 그가 추구하던 쾌락이 무엇인지를 제대로 이해하지 못했기 때문인 것 같습니다. 우리가 무척 배고플 때, 맛있는 음식을 먹는다면 아주 강한 쾌락을 느낄 것입니다. 그리고 허기를 채우고 배부르고 난 뒤에, 편안한 상태에서 우리는 또 다른 쾌락을 느낄 수 있습니다. 그러면 이 두 가지 쾌락 중에 어떤 쾌락이 더 강하고 클까요?

다른 예도 볼까요? 또한 음식을 잘못 먹어서 배가 너무 아팠다가, 치료받고 아픈 배가 서서히 가라앉을 때도, 발가락에 가시가 박혀 따갑고 걷지도 못할 지경이었다가 다른 사람이 그 가시를 빼 주었을 때도, 앓던 이가 빠졌을 때도, 느끼는 쾌락이 있습니다. 반면 음식을 조심해서 먹어서 전혀 배가 고프지 않고 아프지도 않은 상태, 가시도 안 박히고 치아 관리도 잘해서 아예 아프지 않은 건강한 상태일 때에도 느끼는 편안함이 있지요 이것도 쾌락이라고 할 수 있을 겁니다. 두 가지 다 쾌락일 수 있으며, 둘 다 모종의 고통에서 벗어나 고통이 없는 상태, 즉 '아포니아(aponia)'라고 할 수 있습니다. 그런데 여러분은 둘 중에서 어떤 쾌락이 좋게 보이시나요?

에피쿠로스는 고통에서 벗어나는 운동 과정에서 느끼는 극적인 쾌락(운동적 쾌락)보다는 아예 고통 상태에 들어가지 않고 처음부터 항상 편안하고 진정된 상태에 머물면서 느끼는 쾌락(정지적 쾌락)을 더 좋은 것으로 생각했습니다. 그리고 육체적인 고통에서 벗어나는 쾌락이나 편안함에서 오는 쾌락보다도 마음에서 고통을 느끼지 않는 상태, 즉 마음의 쾌락을 육체적 쾌락보다 더 좋은 것으로 여겼습니다. 그처럼 '흐트러짐이 없는, 요동치지 않는 평정의 상태'를 '아타락시아(ataraxia)'라고 불렀습니다. 이런 상태에서 느끼는 쾌락이 지고의 고품격 쾌락이고, 그것이 행복의 비결이라고 생각한 것입니다.

죽음을 기억하라, 그리고 즐겁게 살아라

앞서 본 것처럼, 로마의 시인 호라티우스의 '카르페 디엠'은 '하루하루를 즐겨라, 인생을 즐겨라'라는 뜻으로 해석되고, 에피쿠로스의 쾌락주의를 대표하는 표어처럼 사용됩니다. 그리고 이 구절과 함께 향락과 방탕한 생활을 조장하는 사상처럼 오해받곤 하지요. 그런 오해와 잘 통하는 성경 구절도 있습니다. 예언자들의 셰익스피어라고 불리는 이사야의 글입니다. 그는 정신을 못 차리고 방탕하게 살아가는 이스라엘 사람들에게 외쳤습니다. "당신들은 기뻐하며 즐거워하여 소를 죽이고 양을 잡아 고기를 먹고 포도주를 마시면서, 내일 죽으리니 먹고 마시자 하는구나!"(이사야서 22:13) 이 성경 구절은 나중에 에피쿠로스학파를 자처하는 사람들에 대한 비판의 문구로 자주 사용되었습니다.

사실 죽음을 생각하면 인생이 허무하긴 합니다. 그래서 하루하루 즐겁게 살자고 생각하는 것은 자연스러운 것 같습니다. '인생 뭐 있나, 먹고 마시고 놀자'라는 말도 죽음으로 끝날 인생이 허무하다고 생각해서 나오는 것 같습니다. 그러니 에피쿠로스학파의 말 그대로 '쾌락주의'가

귀에 솔깃한 건 사실입니다. '죽음으로 끝나 버릴 인생의 허무함을 어떻게 극복할 것인가?' 우리 인간들이 끊임없이 던지는 철학적 질문인데요, 그래서 '죽기 전에, 살아 있는 동안 즐겁게 사는 것이 최고'라는 의미의 에피쿠로스의 철학이 지금도 살아 있는 것 같습니다. 고대 로마제국에서는 '카르페 디엠(Carpe diem)'이라는 말과 함께 '메멘토 모리(Memento mori)'라는 말이 자주 쓰였습니다. '죽음을 기억하라!'는 뜻의 메멘토 모리는 '인생을 즐기라'는 '카르페 디엠'과 잘 어울리는 것 같습니다. 앞서 인용한 성경 구절과도 잘 어울리지요. 실제로 에피쿠로스학파를 자처하는 사람들 가운데에는 '메멘토 모리, 카르페 디엠(Memento mori, carpe diem)'을 인생의 모토처럼 사용하던 사람들도 있었다고 합니다.

그런데 '죽음을 기억하라(Memento mori)'의 의미를 정확하게 말하면, '당신은 지금 죽어 가고 있음을 기억하라'는 뜻입니다. 그래서 언젠가는 죽을 것이라는 예언의 뜻을 품고 있지요. 사실 지금 살아 있다는 것, 살아가고 있다는 건, 서서히 죽음을 향해 한 걸음, 한 걸음 다가가고 있다는 뜻이기도 합니다. 고대 로마제국에서는 이 말을 개선장군들에게 했다고 합니다. 박수갈채와 환호성을 보내야 할 개선장군들에게 죽음을 기억하라고 했다니, 이상하지요? 물론 개선장군을 맞이하는 시민들은 환호하면서 성대하게 의식을 거행했고, 그의 업적과 무공을 기렸습니다. 할 수 있는 한 아낌없이 개선장군에게 영광을 돌린 것입니다.

하지만 한 번의 승리에 취해서 그것이 인생의 전부인 양, 언제나 그렇게 승승장구할 것처럼 오만하게 행동하다가 실수하고 실패하지 말라는 경고를 덧붙였던 겁니다. 개선장군 뒤에 노예를 세워 두고, 개선장군을 향해서 '메멘토 모리'를 외쳤던 것입니다. '지금 당신이 누리고 있는 승리의 기쁨과 영광도 시간과 함께 흘러가고, 당신은 점점 쇠약해지고, 끝내 죽음으로 생을 마감한다는 것을 기억하라'는 뜻이었지요. 또한 "당신의 주위를 둘러보시오. 당신이 인간임을 기억하시오(Respice post te! Hominem te esse memento!)"라고 외치기도 했습니다.

매우 의미 있는 관행입니다. 그런데 그런 뜻으로 했던 '메멘토 모리'는 '카르페 디엠'과 잘 어울리는 것 같지는 않습니다. 죽음을 생각한다면, 흥청망청 놀고, 먹고 마시고 세월을 허송하기보다는 뭔가 의미 있는 일을 해야 한다고 생각하는 것이 바람직하기 때문입니다. 그런 의미라면, '카르페 디엠'이라는 말은 단지, 인생을 즐기라는 향락적인 의미로 받아들이기보다는 하루하루를 소중히 여기고 소중하게 가꾼 열매를 따듯이 알차게 살아가라는 뜻으로 풀 수 있습니다. 꿀벌이 꽃송이를 돌아다니며 열심히 일하듯이, 삶을 소중하게 가꾸어 나가라는 뜻으로 말입니다. 그리고 이런 의미의 쾌락이 에피쿠로스가 추구한 진정한 쾌락이라고 할 수 있습니다.

진정한 쾌락

그런데 죽음을 생각하다 보면, 허무하기도 하고 두렵지 않은가요? 그래서 죽는다는 생각을 하기보다는 지금 우리가 누리고 있는 삶 자체에 집중하는 것이 바람직할 것 같습니다. 실제로 '메멘토 모리'는 에피쿠로스가 한 말은 아닙니다. 오히려 그는 죽음을 두려워할 필요가 없다고 말했고, 죽음에 너무 집착하지 말고 의식할 필요도 없다고 주장했던 사람입니다. 왜냐하면 죽음이라는 것은 살아 있는 우리와는 아무 상관이 없기 때문이죠. 아니, 죽음이 우리와 상관이 없다니, 이건 또 무슨 말일까요? 모든 사람이 결국 죽는데, 어떻게 죽음을 의식하지 않을 수 있을까요?

그의 논리는 아주 명쾌합니다. 살아 있는 동안 우리에게 죽음은 없다는 거지요. 다른 사람의 죽음을 보고 나도 죽겠구나 상상하지만, 정작 그것은 상상일 뿐, 나에게 있는 것은 아니라고 합니다. 한번 따져 볼까요? 언젠가는 나에게 찾아올 죽음이지만, 죽기 직전까지 나에게는 생명이, 삶이 있을 뿐입니다. 그러니 살아 있는 나에게는 죽음이란 결코 없습니다. 반면 삶에 마침표를 찍는 순간, 나는 사라집니다. 내가 죽어서 완전히 사라진다는 것은 나의 죽음을 느낄 주체가 없어진다는 것을 의미합니다. 따라서 살아 있든, 죽게 되든 나에게는 결코 죽음은 없는 것이 됩니다. 살아 있는 동안 나에게는 죽음이 없고, 죽으면 죽음을 의식할 수 있는 내가 없기 때문이지요. 그러니 그 어떤 경우에도 죽음은 나와 아무런 상관이 없는 것입니다. 따라서 나와 상관없는 죽음을 두려워할 필요는 전혀 없다는 것이 에피쿠로스의 주장입니다.

논리적으로는 맞는 것 같은데, 궤변 같기도 하지요? 사실 우리가 두려워하는 것은 죽음 자체이기도 하지만, 살아 있는 상태에서 죽어 가는 과정이 고통스럽기 때문이기도 하잖아요. 특히 에피쿠로스의 말처럼 인생을 하루하루 즐겁고 알차게, 진정한 쾌락을 누리고 사는 사람들은 삶을 매우 사랑하게 될 겁니다. 그래서 더 오래, 건강하게 살고 싶고, 삶의 즐거움을 계속 누리고 싶은 마음이 생깁니다. 그런데 죽음이 언젠가는 찾아와 나의 삶을 없애 버린다고 생각하니 두려운 것이 아닐까요? 우리가 정말로 두려워하는 것은 죽음이라기보다는 죽음으로 없어질 삶, 삶의 기쁨일 테니까요. 게다가 죽어 가는 과정에서 우리가 겪어야 할 고통이 너무 크기 때문에, 즉 죽음이 나의 삶을 파괴하는 과정에서 내가 겪어야 하고 견뎌 내야 하는 고통이 너무 크기 때문에 우리가 '죽음'을 두려워하는 것이 아닐까요?

죽음이 없는 존재로

하지만 에피쿠로스는 진정한 죽음은 없다는 존재론을 가지고 있었던 것 같습니다. 그는 철저한 유물론자였거든요. 이 세상에는 오직 물질만이 존재하고, 그 존재의 근원에는 더 이상 쪼갤 수 없는 원자라는 것이 있다고 했습니다. 더 이상 쪼갤 수 없는 존재의 원형을 '아토모스(Atomos)'라고 불렀는데, 나중에 서양인들은 이를 '아톰(Atom)'이라 했고, 우리는 그것을 '원자(原子)'라고 번역합니다. 그래서 그의 존재론을 원자론(Atomism)이라고 하지요.

　일본의 애니메이션 중에 〈우주 소년 아톰〉이 있는데, 그 아톰이 바로 그리스 철학의 원자론에서 온 이름입니다. 원조는 그리스의 철학자 데모크리토스였고요, 에피쿠로스는 그가 사용한 개념을 고스란히 받아들였지요. 그들에 따르면, 원자는 생겨나지도 소멸하지도 변하지도 않습니다. 그것들은 언제부터인가, 어떤 이유로 움직이기 시작하더니 서로 붙어 뭉치기도 하고, 흩어지기도 하는데, 눈에 보이지 않는 그 원자들의 이합집산에 따라 우리가 눈으로 보는 모든 존재와 현상이 나타나는 것입니다. 우리 인간도 바로 그런 원자들의 결합체에 지나지 않습니다. 그리고 우리의 죽음이란, 우리를 이루는 원자들이 결합한 상태에서 느슨해지고 흩어지는 것일 뿐, 우리를 이루는 원자 자체는 절대로 사라지지 않습니다. 그러니 우리의 죽음도 역시 우리를 이루고 결합하던 원자들이 느슨해지고 흩어지는 것뿐입니다.

그러니까, 완전한 파멸로서의 죽음, 진정한 의미의 죽음은 없다는 것이지요. 물론 한 사람은 그 사람으로서는 사라지겠지만, 그 사람을 이루고 있는 수많은 원자는 사라지지 않고 또 다른 결합으로 다른 존재로 나타납니다. 이런 의미에서 본다면, 우리는 죽음을 두려워할 필요가 없습니다. 우리를 이루고 있는 원자들은 사라지지 않고 다른 그 무엇의 구성 요소들이 되어 새로운 모습을 되살아날 테니까요.

따뜻한 목욕물에 독주 한 잔, 에피쿠로스의 죽음

에피쿠로스의 말년은 병으로 인한 고통이 심했던 것으로 보입니다. 요도에 돌이 박힌 방광결석이나 요로폐색을 앓았던 것 같은데, 죽기 직전 14일 동안 극도의 고통으로 시달렸다고 합니다. 마지막 순간 그는 욕조에 따뜻한 물을 받아놓고 들어가서 희석하지 않은 독한 포도주를 한 잔 마신 뒤 숨을 거두었다고 합니다. 그의 죽음을 지켜보던 헤르미포스가 그의 최후를 시로 남겼습니다.

안녕히, 가르침을 기억하시게. 에피쿠로스는 친구들에게 이렇게 말하고 마지막 숨을 거두었다네. 따뜻한 물 가득한 욕조에 들어가서 물을 섞지 않은 독한 포도주를 들이켰다네. 그리고 차디찬 하데스를 연이어 들이켰다네.

당시 따뜻한 물로 목욕을 한다는 것은 대단한 사치였습니다. 독한 포도주를 희석하지 않고 마시는 것도 마찬가지였고요. 그런 이유로 역시 에피쿠로스는 사치스러운 쾌락주의자였다고 비판한 사람들도 있었습니다. 그리고 그의 죽음이 자살이었다고 해석하기도 합니다. 병으로 인한 고통을 견디기가 너무 힘들어지자, 따뜻한 물로 몸을 덥힌 후 독주를 마셔 죽음을 재촉했다는 것이지요. 그것이 비난받을 행동이었을까요? 삶을 사랑하고 쾌락을 지향했던 철학자가 지독한 고통을 단축하고, 고통을 느끼는 자신을 없앰으로써 고통에서 벗어나기 위한 마지막 노력으로 사치를 부렸다는 것이 정말로 비난받을 일일까요? 그는 마지막 순간까지 자신의 사상에 충실했던 것이라 보고 싶습니다.

죽기 전에 에피쿠로스는 자신이 평생을 두고 가꾸고 제자들을 길렀던 정원, 에피쿠로스의 정원에서 철학을 연구하는 삶이 가장 안전할 수 있는 방식으로 정원을 관리하고, 어려움 없이 연구에 전념할 수 있도록 모든 지원을 아끼지 말라고 부탁하는 유언을 남겼다고 합니다. 자신이 살아가면서 누렸던 가장 큰 즐거움, 즉 철학의 즐거움을 자신이 사랑하는 사람들이 그대로 누리기를 바라는 마음이었던 것입니다.

에필로그

철학자들처럼

살아 있다는 것이, 살아간다는 것이 무거울 때가 있습니다. 힘들고 피곤하기도 하고, 지루하고 지긋지긋할 때도 있습니다. 삶이 너무 고통스러울 때는 죽음을 생각하기도 합니다. 목숨을 단숨에 끊어서, 고통스럽기만 한 것 같은 이 삶을 완전히 끝장내 버리고 싶은 것이지요. 하지만 그래도 잘 버티고 살아 있어서 좋고, 다행이라 생각합니다. 고통의 순간을, 끝나지 않을 것 같은 기나긴 터널 같은 절망의 시간을 견뎌 내고 나니, 어느덧 환한 빛이 삶을 비추는 것 같아서, 섣불리 목숨을 끊지 않은 것이 다행이라고 안도의 한숨을 내쉬곤 합니다. 아직 삶은 끝나지 않았으니, 남은 시간도 만만치는 않을 것입니다. 하지만 지금까지 그랬듯, 그렇게 삶을 견디다 보면, 조금 더 훗날에는 지친 내 몸과 마음에 찾아오는 죽음이 반가울 수도 있을 것 같습니다. 내가 재촉하여 일부러 찾아가지 않더라도 오는 그 묵직한 죽음의 방문을, 담담하게 받아들일 수 있을 것 같습니다. 점잖고, 의연하게, 침착하게, 모질고 아팠던 나날들을 견뎌온 인간으로서의 고결한 품격을 지키면서 "그래, 참 잘 살았어. 이젠 정말 푹 쉬고 싶어"라고 말하며 웃으면서 죽음에게 악수의 손을 내밀 수 있으면 좋겠습니다.

1983년. 벌써 40년이 지났습니다. 내가 가장 의지하던 아버지가 병마와 싸우시다가, 그놈을 이겨내지 못하고 끝내 피를 토하고 쓰러지셨을 때를 생생하게 기억합니다. 나는 무엇을 해야 할지, 아무것도 몰랐습니다. 번득이는 칼날처럼 살을 에는 추위에 난도질당하는 고통을 느끼며 삽에 흙을 떠서 구덩이에 내려진 관 위로 내던졌습니다. 슬프고 억울해서 흘리는 눈물이 미처 다 흘러내리지 못하고 뺨 위에서 얼어붙을 지경이었습니다. 검은 교복에 검은 코트 한 벌로는 어림없는 추위에 벌벌 떨면서도, 따뜻한 곳에 가서 몸을 녹여야겠다는 생각보다는, 어떻게 살아 있던 사람이 그렇게 시치미 뚝 떼고 눈을 딱 감고 딱딱하게 굳어 눕게 되는 것인지, 관 속에 갇힌 채로 땅속에 묻히는 것인지, 도무지 이해할 수 없어서 미칠 지경이었습니다. 한동안 내 생활에 문득문득 광기가 엄습하기도 했습니다. 호되게 뺨을 때리듯, 나를 정신 차리게 한 것은, 이를 악물고 나와 내 동생들을 키워 내신 어머님의 단단함이었습니다. 나보다 더 어이없게, 더 분통 터지게 사랑하는 사람들을 잃었던 사람들이 묵묵하게 살아 내는 치열한 삶이었습니다. 그리고 이 세상을 살다 간, 이미 죽은 사람들이 죽기 전에 남긴 인생에 대한 깊은 통찰들이었습니다.

지금은 살아 있는 나도 언젠가는 나의 아버지처럼, 그리고 나에게 글로 대화를 나누었던 수많은 철학자들처럼 삶을 내려놓고 죽을 것입니다. 죽기 전까지 살아 있는 나의 하루하루는 답을 찾기 어려운 고된 숙제입니다. 하루하루 살면서 제가 겪는 절실함이 이 책 속에 제대로 담겼다고 자신 있게 말할 수는 없습니다. 아마도 이 책에다 내가 정리한 그들의 삶과 통찰과 사상이 내가 이해하고 표현한 것보다 훨씬 더 심오하고 오묘하며, 더 처절하고 절실하기 때문일 것입니다. 아직도 저는 더 살아야 하고, 더 읽고 더 많이 배워야 합니다. 그리고 더 깨닫는 것이 있다면, 함께 살아가고 있는 사람들에게 전해 주고 싶은 소중한 것이 생긴다면, 좀 더 잘 벼리고 다듬어 내겠습니다.

2023. 12월

전쟁터로 간 소크라테스

철학자의 삶에서 배우는 유쾌한 철학 이야기

ⓒ 김헌 2024

초판 발행   2024년 1월 26일

지은이   김헌
펴낸이   고진
편집   김정은
디자인   김진영 이현미
마케팅   이보민 양혜림 손아영

펴낸곳   (주)북루덴스
출판등록   2021년 3월 19일 제2021-000084호
주소   04043 서울시 마포구 양화로 12길 16-9(서교동 북앤빌딩)
전자우편   bookludens@naver.com
전화번호   02-3144-2706
팩스   02-3144-3121

ISBN 979-11-981256-7-5   03160

이 책의 판권은 지은이와 (주)북루덴스에 있습니다.
이 책 내용의 전부 또는 일부를 재사용하려면 반드시 양측의 서면 동의를 받아야 합니다.